中国法学会 2021 年度部级法学研究课题结项成果

重大法学文库

见义勇为立法研究及专家建议稿

宋宗宇　张晨原◎著

中国社会科学出版社

图书在版编目(CIP)数据

见义勇为立法研究及专家建议稿／宋宗宇，张晨原著．—北京：中国社会科学
出版社，2022.2

（重大法学文库）

ISBN 978-7-5203-9701-8

Ⅰ.①见… Ⅱ.①宋…②张… Ⅲ.①精神文明建设—先进事迹—保护—立法—
研究—中国 Ⅳ.①D922.182.394

中国版本图书馆 CIP 数据核字（2022）第 022449 号

出 版 人	赵剑英
责任编辑	梁剑琴
责任校对	夏慧萍
责任印制	郝美娜

出 版	中国社会科学出版社
社 址	北京鼓楼西大街甲 158 号
邮 编	100720
网 址	http://www.csspw.cn
发 行 部	010-84083685
门 市 部	010-84029450
经 销	新华书店及其他书店

印刷装订	北京市十月印刷有限公司
版 次	2022 年 2 月第 1 版
印 次	2022 年 2 月第 1 次印刷

开 本	710×1000 1/16
印 张	13.5
插 页	2
字 数	226 千字
定 价	78.00 元

凡购买中国社会科学出版社图书，如有质量问题请与本社营销中心联系调换
电话：010-84083683

《重大法学文库》编委会

出版寄语

　　《重大法学文库》是在重庆大学法学院恢复成立十周年之际隆重面世的，首批于 2012 年 6 月推出了 10 部著作，约请重庆大学出版社编辑发行。2015 年 6 月在追思纪念重庆大学法学院创建七十年时推出了第二批 12 部著作，约请法律出版社编辑发行。本次为第三批，推出了 20 本著作，约请中国社会科学出版社编辑发行。作为改革开放以来重庆大学法学教学及学科建设的亲历者，我应邀结合本丛书一、二批的作序感言，在此寄语表达对第三批丛书出版的祝贺和期许之意。

　　随着本套丛书的逐本翻开，蕴于文字中的法学研究思想花蕾徐徐展现在我们面前。它是近年来重庆大学法学学者治学的心血与奉献的累累成果之一。或许学界的评价会智者见智，但对我们而言，仍是辛勤劳作、潜心探求的学术结晶，依然值得珍视。

　　掩卷回眸，再次审视重大法学学科发展与水平提升的历程，油然而生的依然是"映日荷花别样红"的浓浓感怀。

　　1945 年抗日战争刚胜利之际，当时的国立重庆大学即成立了法学院。新中国成立之后的 1952 年院系调整期间，重庆大学法学院教师服从调配，成为创建西南政法学院的骨干师资力量。其后的 40 余年时间内，重庆大学法学专业和师资几乎为空白。

　　在 1976 年结束"文化大革命"并经过拨乱反正，国家进入了以经济建设为中心的改革开放新时期，我校于 1983 年在经济管理学科中首先开设了"经济法"课程，这成为我校法学学科的新发端。

　　1995 年，经学校筹备申请并获得教育部批准，重庆大学正式开设了经济法学本科专业并开始招生；1998 年教育部新颁布的专业目录将多个部门法学专业统一为"法学"本科专业名称至今。

1999 年我校即申报"环境与资源保护法学"硕士点，并于 2001 年获准设立并招生，这是我校历史上第一个可以培养硕士的法学学科。

值得特别强调的是，在校领导班子正确决策和法学界同人大力支持下，经过校内法学专业教师们近三年的筹备，重庆大学于 2002 年 6 月 16 日恢复成立了法学院，并提出了立足校情求实开拓的近中期办院目标和发展规划。这为重庆大学法学学科奠定了坚实根基和发展土壤，具有我校法学学科建设的里程碑意义。

2005 年，我校适应国家经济社会发展与生态文明建设的需求，积极申报"环境与资源保护法学"博士学位授权点，成功获得国务院学位委员会批准。为此成就了如下第一：西部十二个省区市中当批次唯一申报成功的法学博士点；西部十二个省区市中第一个环境资源法博士学科；重庆大学博士学科中首次有了法学门类。

正是有以上的学术积淀和基础，随着重庆大学"985 工程"建设的推进，2010 年我校获准设立法学一级学科博士点，除已设立的环境与资源保护法学二级学科外，随即逐步开始在法学理论、宪法与行政法学、刑法学、民商法学、经济法学、国际法学、刑事诉讼法学、知识产权法学、法律史学等二级学科领域持续培养博士研究生。

抚今追昔，近二十年来，重庆大学法学学者心无旁骛地潜心教书育人，脚踏实地地钻研探索、团结互助、艰辛创业的桩桩场景和教学科研的累累硕果，仍然历历在目。它正孕育形成重大法学人的治学精神与求学风气，鼓舞和感召着一代又一代莘莘学子坚定地向前跋涉，去创造更多的闪光业绩。

眺望未来，重庆大学法学学者正在中国全面推进依法治国的时代使命召唤下，投身其中，锐意改革，持续创新，用智慧和汗水谱写努力创建一流法学学科、一流法学院的辉煌乐章，为培养高素质法律法学人才，建设社会主义法治国家继续踏实奋斗和奉献。

随着岁月流逝，本套丛书的幽幽书香会逐渐淡去，但是它承载的重庆大学法学学者的思想结晶会持续发光、完善和拓展开去，化作中国法学前进路上又一轮坚固的铺路石。

陈德敏
2017 年 4 月

目　　录

第一部分

制定我国《见义勇为人员奖励和保护法》的必要性和可行性

　　自 1991 年 11 月 30 日《辽宁省奖励和保护维护社会治安见义勇为人员条例》出台以来，全国 31 个省、自治区、直辖市均出台了与见义勇为相关的地方性法规或者政府规章。在我国见义勇为地方立法的 30 年里，涌现了一大批见义勇为先进事迹，对于培育和践行社会主义核心价值观、弘扬社会正气具有重要作用。然而，总体上看目前我国社会风气仍然有待进一步改进，见义勇为表彰和奖励制度仍然存在较多问题，其中许多问题已经无法在地方立法层面解决。从 2007 年起，不断有人大代表向人民代表大会或者常委会提出议案（共计 31 项），建议开展全国性见义勇为立法。① 虽然 2017 年公安部公布了《见义勇为人员奖励和保障条例（草案公开征求意见稿）》，但时至今日该部条例却杳无音讯，这从侧面证明见

---

　　① 参见《全国人民代表大会内务司法委员会关于第十二届全国人民代表大会第五次会议主席团交付审议的代表提出的议案审议结果的报告》（2017 年 10 月 31 日）；《全国人民代表大会内务司法委员会关于第十二届全国人民代表大会第三次会议主席团交付审议的代表提出的议案审议结果的报告》（2015 年 10 月 30 日）；《十二届全国人大三次会议秘书处关于第十二届全国人民代表大会第三次会议代表提出议案处理意见的报告》（2015 年 3 月 14 日）；《全国人大内务司法委员会关于第十二届全国人民代表大会第二次会议主席团交付审议的代表提出的议案审议结果的报告》（2014 年 10 月 27 日）；《十二届全国人大二次会议秘书处关于第十二届全国人民代表大会第二次会议代表提出议案处理意见的报告》（2014 年 3 月 12 日）；《全国人民代表大会内务司法委员会关于第十二届全国人民代表大会第一次会议主席团交付审议的代表提出的议案审议结果的报告》（2013 年 10 月 21 日）；《十二届全国人大一次会议秘书处关于第十二届全国人民代表大会第一次会议代表提出议案处理意见的报告》（2013 年 3 月 13 日）；《全国人民代表大会内务司法委员会关于第十一届全国人民代表大会第五次会议主席团交付审议的代表提出的议案审 （转下页）

义勇为全国性立法难度较大、理论争议较多。本书正是在归纳总结全国已有见义勇为地方性法规和规章的基础上，结合现有学界观点，尝试回答目前存在的争议问题，提出《见义勇为人员奖励和保护法（专家建议稿）》。

一　见义勇为全国性立法的必要性和可行性

（一）见义勇为全国性立法的必要性

国家顶层设计要求进行全国性见义勇为立法。2015 年 4 月，中共中央办公厅、国务院办公厅印发《关于加强社会治安防控体系建设的意见》，明确要求"完善见义勇为人员认定机制、补偿救济机制，加强见义勇为人员权益保障工作，扩大见义勇为基金规模，加大对见义勇为人员的表彰力度，按照有关规定严格落实抚恤待遇"。2016 年 12 月，中共中央办公厅、国务院办公厅印发了《关于进一步把社会主义核心价值观融入法治建设的指导意见》，其中明确提到，"注重把一些基本道德规范转化为法律规范，把实践中行之有效的政策制度及时上升为法律法规，推动文明行为、社会诚信、见义勇为、尊崇英雄、志愿服务、勤劳节俭、孝亲敬老等方面的立法工作"。在 2019 年 1 月的中央政法工作会议上，习近平总书记更是作出直接要求，"改进见义勇为英雄模范评选表彰工作，让全社会充满正气、正义"①。而在 2020 年 12 月中共中央印发的《法治社会建设实施纲要（2020—2025）》中更是明确提出，"完善弘扬社会主义核心价值观的法律政策体系，加强见义勇为、尊崇英烈、志愿服务、孝老爱亲等方面立法"。不管是国家领导人，还是中央的相关文件，都表现出对见义勇为工作的高度重视，同时也明确了见义勇为立法已

（接上页）议结果的报告》（2012 年 10 月 23 日）；《十一届全国人大五次会议秘书处关于第十一届全国人民代表大会第五次会议代表提出议案处理意见的报告》（2012 年 3 月 13 日）；《全国人民代表大会内务司法委员会关于第十一届全国人民代表大会第一次会议主席团交付审议的代表提出的议案审议结果的报告》（2008 年 10 月 7 日）；《十一届全国人大一次会议秘书处关于第十一届全国人民代表大会第一次会议代表提出议案处理意见的报告》（2008 年 3 月 14 日）；《全国人大内务司法委员会关于第十届全国人民代表大会第五次会议主席团交付审议的代表提出的议案审议结果的报告》（2007 年 10 月 15 日）。

　　① 习近平：《全面深入做好新时代政法各项工作　促进社会公平正义 保障人民安居乐业》，《人民日报》2019 年 1 月 17 日第 1 版。

经被提上日程。

地方立法已经不能解决目前存在的问题。就目前见义勇为地方立法而言，最突出的问题即见义勇为行政确认是否可诉。从具体行政行为的一般理论出发，见义勇为行政确认会直接影响见义勇为申请人的权益，应当属于具体行政行为，属于行政诉讼可诉的范畴。但是目前各地方见义勇为法规或规章的规定极为混乱，大体分为以下六种：其一，向上一级部门申请再次确认，包括甘肃、吉林、内蒙古、宁夏、山东；其二，向上一级部门申请复核，包括贵州、海南、河南、陕西、西藏、云南、湖北、江西、上海、广西；其三，向上一级部门申诉，包括河北和辽宁；其四，行政复议或行政诉讼，包括福建和湖南；其五，向上一级部门复核、行政复议或行政诉讼，主要是安徽；其六，未作规定，包括北京、广东、江苏、山西、四川、天津、浙江、黑龙江、新疆。由上可知，只有福建、湖南和安徽承认可诉，绝大多数并未直接规定。究其原因，各个地方对于见义勇为的行政确认是否可诉未达成共识当然是首要原因，诉讼制度属于《立法法》第八条[①]的法律保留事项也是重要理由，因此，必须通过全国性立法来明确见义勇为行政确认的可诉性。

（二）见义勇为全国性立法的可行性

国内见义勇为地方性法规和政府规章、国内外学界有关见义勇为研究为全国性见义勇为立法提供了丰富的素材和基础。

已有的地方性法规和见义勇为行政确认的实践为全国性立法提供了实践基础。从 1991 年《辽宁省奖励和保护维护社会治安见义勇为人员条例》出台之后，除了青海的见义勇为条例还在制定外，全国其他省、自治区、直辖市均先后颁布了见义勇为条例或规章，这些地方性法规已经在见义勇为的概念界定、认定标准、表彰奖励、权益保障和法律责任方面进行了有益的尝试，为全国性见义勇为立法提供了多种可供备选的方案。此外，见义勇为行政确认的实践也提供了大量的素材，笔者在参与《重庆市见义勇为人员奖励和保护条例》修订过程中，就获得了重庆市 2013—2019 年确认的见义勇为事迹 191 件，可以预见如果扩展到全国范围，其行政确认案例数量必然更为庞大。因此，可以通过大量案例的梳理归纳总结见义勇为行政确认的判断标准，进而为全国性的见义勇为立法中概念界

---

① 《立法法》第八条："下列事项只能制定法律：……（十）诉讼和仲裁制度。"

定和行政确认判断标准提供标准依据。

国内学界有关见义勇为的研究为立法提供了理论基础。我国有关见义勇为的研究大致可分为三个阶段：第一阶段是 20 世纪 80 年代到 21 世纪初，1986 年《民法通则》第一百〇九条首次提出见义勇为人员的民事救济制度，20 世纪 90 年代至 21 世纪初期也有辽宁、云南等 15 个省、市、自治区相继出台了见义勇为地方性法规，这期间国内学者的研究多集中在见义勇为是否应当专门立法①与见义勇为人员的民事救济完善。② 第二阶段自 21 世纪初至 2010 年，行政法学界逐渐将重心转移到见义勇为的行政法激励，③ 民法学界则继续民事救济研究。④ 第三阶段是 2010 年至今，虽然公安部于 2017 年公布了《见义勇为人员奖励和保障条例（草案公开征求意见稿）》，但行政法学界关注较少，仅有以见义勇为行政确认的判断标准为研究对象进行实证研究，⑤ 民法学界则借《民法典》颁布继续民事救济的研究。⑥ 国内见义勇为的研究基本沿袭行政法和民法两个视阈。行政法学界的研究重点有二：一是见义勇为专门立法的必要性，分为"否定立法派"⑦ 和"支持立法派"⑧；二是见义勇为法律制度的完善，张素凤等⑨、金强⑩分别从改进见义勇为认定的标准和程序、加强见义勇为人员权益保障等方面进行具体阐述。民法学界的研究成果更多，聚焦以下几

---

① 陈朝阳：《见义勇为激励机制法律化探讨》，《道德与文明》1994 年第 4 期。

② 徐武生、何秋莲：《见义勇为立法与无因管理制度》，《中国人民大学学报》1999 年第 4 期。

③ 杨海坤：《试析行政法意义上的见义勇为行为——兼评我国见义勇为法律制度之不足》，《法学论坛》2008 年第 1 期。

④ 徐国栋：《见义勇为立法比较研究》，《河北法学》2006 年第 7 期。

⑤ 张晨原、宋宗宇：《见义勇为行政确认的判断标准》，《广东社会科学》2020 年第 2 期。

⑥ 冯德淦：《见义勇为中救助人损害救济解释论研究》，《华东政法大学学报》2020 年第 2 期。

⑦ 孙学华：《论见义勇为的法律性质——兼论专门立法的不必要性》，《云南民族大学学报》（哲学社会科学版）2006 年第 3 期。

⑧ 孙日华：《见义勇为认定的法理反思与制度建构》，《东北大学学报》（社会科学版）2013 年第 1 期。

⑨ 张素凤、赵琰琳：《见义勇为的认定与保障机制》，《法学杂志》2010 年第 3 期。

⑩ 金强：《见义勇为权益保障的地方立法完善》，《东南大学学报》（哲学社会科学版）2011 年第 6 期。

点：一是见义勇为民事救济条款与无因管理的制度竞合，包括"紧急无因管理说"①"法定补偿责任说"② 和"拆分法条说"；③ 二是细化研究见义勇为民事救济条款，在"鼓励见义勇为"的立法目的下，深入剖析《民法典》第一百八十三条的司法适用；④ 三是见义勇为造成伤害的豁免，王利明⑤、崔建远⑥、陈华彬⑦均认可《民法典》第一百八十四条的无例外豁免，王道发⑧、贾银生⑨则认为适当的豁免例外仍属必要。

　　国外学界相关研究为见义勇为立法提供了相应参考。早在《圣经·路加福音》中就曾记述"好撒玛利亚人"的善举。大陆法系在 19 世纪确定了见危不救的刑事责任，如 1853 年意大利《托斯卡纳刑法典》第九十七条、1871 年《德国刑法典》第三百六十条等，而 1896 年《德国民法典》与 1912 年《瑞士民法典》中的无因管理部分均可解决见义勇为者的民事救济问题。英美法系深受 19 世纪曼彻斯特经济自由主义学派的影响，拒绝承认陌生人之间的救助义务，见危不救者不需承担法律责任。但 1964 年在纽约发生的"38 人对卡特琳娜见死不救"事件引发了广泛讨论，美国各州相继制定好撒玛利亚人法，豁免救助人轻过失的责任。美国私法学界也有所突破，"危险招致救助"的特殊因果关系与"专业救助者可以请求补偿"也在 21 世纪出版的《美国侵权法重述（第三版）：人身与精神损害》第三十二条与《美国返还法重述》（第三版）第二十条确立。由于国外尚不存在政府对见义勇为行为的表彰制度，而多是以私法的视角，研究见义勇为人员的民事救济。大陆法系国家学者提出见义勇为者可依据

---

　　① 章程：《见义勇为的民事责任——日本法的状况及其对我国法的启示》，《华东政法大学学报》2014 年第 4 期。

　　② 王轶：《作为债之独立类型的法定补偿义务》，《法学研究》2014 年第 2 期。

　　③ 肖新喜：《我国〈民法总则〉中见义勇为条款与无因管理条款适用关系的教义学分析》，《政治与法律》2020 年第 6 期。

　　④ 宋宗宇、张晨原：《救助他人受到损害私法救济的法制构造——兼评〈民法典（草案）〉第 183 条》，《法学评论》2020 年第 3 期。

　　⑤ 王利明：《民法总则的本土性与时代性》，《交大法学》2017 年第 3 期。

　　⑥ 崔建远：《我国〈民法总则〉的制度创新及历史意义》，《比较法研究》2017 年第 3 期。

　　⑦ 陈华彬：《〈民法总则〉关于"民事责任"规定的评视》，《法律适用》2017 年第 9 期。

　　⑧ 王道发：《论中国"好人法"面临的困境及其解决路径》，《法律科学》2018 年第 1 期。

　　⑨ 贾银生：《〈民法总则〉第 184 条之刑民秩序冲突及其解决》，《新疆大学学报》（哲学·人文社会科学版）2018 年第 7 期。

《德国民法典》第六百八十三条请求被救助人（本人）支付"必要费用"，从而填补见义勇为者的损失。① 英美法系不存在无因管理制度，学者致力于以"危险招致救助"确定特殊的侵权责任因果关系。② 此外，Mulheron Rachael 从英国《英雄主义法案》的视角对见义勇为展开了深入的研究。③

二　《见义勇为人员奖励和保护法》核心概念界定

全国性见义勇为立法中首先要界定的概念就是"见义勇为"，这也是见义勇为立法最为核心的前提性概念。下文将结合学界相关观点，拆解阐述见义勇为的概念和要件。

（一）见义勇为之主体：救助人无作为义务

学界通说认为，见义勇为的行为主体不应具有法定或约定的救助义务，下文就从法定和约定义务两个层面具体分析见义勇为的主体要件。

负有法定救助义务的人员应当被排除在见义勇为范畴之外。我国法律明文规定的负有救助义务的人员包括两类：其一，以义务正面规定，例如现役军人④、人民警察⑤、消防员⑥、执业医师⑦、监护人⑧、父母、成年

---

① Vgl. Esser/ Weyers, *Schuldrecht*, Ⅱ/1, Heidelberg：C. H. Müller, 1998, §35 Ⅲ 2, S. 139.

② Christopher H. White, "No Good Deed Goes Unpunished：The Case for Reform of the Rescue Doctrine", *Northwestern University Law Review*, 2002（1）.

③ Mulheron Rachael, "Legislating Dangerously, Bad Samaritans, Good Society, and the Heroism Act 2015", *Modern Law Review*, 2017（1）.

④ 《国防法》第五十八条："现役军人应当发扬人民军队的优良传统，热爱人民，保护人民，积极参加社会主义物质文明、精神文明建设，完成抢险救灾等任务。"

⑤ 《人民警察法》第二十一条："人民警察遇到公民人身、财产安全受到侵犯或者处于其他危难情形，应当立即救助；对公民提出解决纠纷的要求，应当给予帮助；对公民的报警案件，应当及时查处。人民警察应当积极参加抢险救灾和社会公益工作。"

⑥ 《消防法》第四十四条："消防队接到火警，必须立即赶赴火灾现场，救助遇险人员，排除险情，扑灭火灾。"

⑦ 《执业医师法》第二十四条："对急危患者，医师应当采取紧急措施进行诊治；不得拒绝急救处置。"

⑧ 《民法典》第三十四条："监护人的职责是代理被监护人实施民事法律行为，保护被监护人的人身权利、财产权利以及其他合法权益等。监护人依法履行监护职责产生的权利，受法律保护。监护人不履行监护职责或者侵害被监护人合法权益的，应当承担法律责任。"

子女①、家庭成员②，他们均负有对特定人群的救助义务。将法定救助义务排除的理由在于：其一，负有法定救助义务者实施救助行为是分内之事，法定救助义务的来源可类型化为特定职业和家庭亲密关系，前者包括军人警察等，后者包括监护人、父母与成年子女、其他家庭成员。一方面，理性人在职业选择时应当已经充分了解特定职业的职责，既已做出选择，就应推定其自愿承受相应的救助义务；另一方面，家庭一般由血亲或拟制血亲成立，主流的伦理道德要求家庭成员之间相互救助，将家庭成员之间的救助纳入见义勇为将挑战公众的认知，有损法律的权威。其二，未履行法定的救助义务将会面临法律责任。以责任反推义务的群体自不必言，军人、警察、消防员和执业医师未履行法定的救助义务也会遭受行政处分甚至刑事处罚，若将此类群体纳入见义勇为，则会使见义勇为与法律责任相并列，有违见义勇为的道德崇高性。此外，见义勇为的行政确认应当严格依据法条所规定救助义务的对象、范围，若救助行为超出上述义务范围，则见义勇为的主体要件仍然成立。例如，退役军人为保护民众与歹徒搏斗，当然超出了法定的"现役军人"范畴，应当纳入见义勇为。

　　负有约定义务的人员可以在一定情况下纳入见义勇为范畴。将负有约定救助义务的人员排除在见义勇为之外是学界的通说，③ 但是，实践中负有约定义务的保安实施见义勇为的事迹时有发生。④ 珠海市甚至颁布条例，规定保安员、治安巡防队员履行工作职责的行为可以确认为见义勇为。⑤ 基于比例原则，在权益未获完全保障或事迹未充分宣传表彰时，负

---

① 《民法典》第二十六条："父母对未成年子女负有抚养、教育和保护的义务。成年子女对父母负有赡养、扶助和保护的义务。"

② 《婚姻法》第四条："夫妻应当互相忠实，互相尊重；家庭成员间应当敬老爱幼，互相帮助，维护平等、和睦、文明的婚姻家庭关系。"

③ 参见徐武生、何秋莲《见义勇为与无因管理》，《中国人民大学学报》1999年第4期；傅昌强、甘琴友《见义勇为行为的行政法思考》，《行政法研究》2002年第2期；崔建远《关于无因管理的探讨》，《法学家》1989年第3期；杨立新、贾一曦《〈民法总则〉之因见义勇为受害的特别请求权》，《国家检察官学院学报》2017年第3期；王家福主编《中国民法学·民法债权》，法律出版社1991年版。

④ 韦慧、周竟：《浙"最美保安"获授"见义勇为勇士"》，《新华每日电讯》2013年11月23日第1版。

⑤ 《珠海经济特区见义勇为人员奖励和保障条例》第三条第二款："保安员、治安巡防队员在履行工作职责时的行为，符合前款规定的，确认为见义勇为行为。"

有约定救助义务的人员应当被纳入见义勇为。比例原则一般适用于侵益型行政行为,[1] 但随着给付行政和非权力行政的发展,比例原则也渐渐扩展到授益型行政行为,而其核心由"禁止过度侵害"扩展到涵盖"禁止过度资助",这也是考虑到过度资助可能会对公共资金的不当使用,有损公共利益。[2] 见义勇为人员被行政确认之后,将会获得奖金及其他政策优待,见义勇为的行政确认当属授益型行政行为,可以适用比例原则。比例原则的检视过程主要发生在手段与目的之间,即行政行为与其目的,具体包括适当性、必要性和均衡性三个子原则。[3] 此处需审视的手段是见义勇为的行政确认行为,目的是表彰宣传见义勇为行为、保障见义勇为者的合法权益进而弘扬社会正气,而特定情形下上述手段均符合比例原则三个子原则的要求。其一,纳入符合适当性原则。将负有约定救助义务的人员纳入见义勇为有助于扩大表彰范围,树立更多的先进典型,更有利于弘扬社会正气。其二,特定情形下纳入是必要的。为了避免过度资助,如果有其他手段可以保护负有约定救助义务人员的合法权益、宣传其见义勇为进而弘扬社会正气,就无须归入见义勇为。单就权益保护而言,负有约定救助义务的人员一般为劳动者,应然之下可以通过工伤保险或用人者责任获得补偿。但是由于劳动者在人格与经济上从属于用人单位,[4] 现实中用人单位未购买工伤保险的不在少数,此时劳动者就需直接向用人单位索赔,而强势的用人单位可能会用尽各种办法来逃避或拖延,[5] 极大损害劳动者的权益。此外,由于财力有限,用人单位很可能对本单位员工的见义勇为表彰宣传不够,甚至不予表彰,起不到弘扬社会正气的目的。其三,均衡性的检视。特定情形下将负有约定救助义务的人员纳入见义勇为是适当与必要的,但此类人员救助他人或多或少是在履行自己的工作职责,因此其见义勇为表彰定级应当适当降低,与弘扬社会正气的目的相称。

(二) 见义勇为之行为:危险性和利他性

见义勇为行为应当具有危险性,具体的判断以救助人客观上面临生命

[1] 黄学贤:《行政法中的比例原则研究》,《法律科学》2001 年第 1 期。
[2] 齐建东:《行政资助法治化研究》,法律出版社 2016 年版,第 35 页。
[3] 郑晓剑:《比例原则在民法上的适用及展开》,《中国法学》2016 年第 2 期。
[4] 冯彦军、张颖慧:《"劳动关系"判断标准的反思与重构》,《当代法学》2011 年第 6 期。
[5] 参见顾敏、朱秀霞《劳动保障,别落下"快递哥"》,《新华日报》2015 年 12 月 10 日第 8 版;杨维松《工伤四年终获赔偿》,《工人日报》2007 年 7 月 2 日第 5 版。

健康等人身危险为原则，救助行为不存在危险但救助人有较大贡献为例外。由于见义勇为危险性的具体判断标准在学界讨论较少，笔者主要结合国内外见义勇为的实践而分析归纳。例如，中学教师为救学生导致自己被卷入车轮之下，造成双腿粉碎性骨折、高位截肢；[①] 为救邻居进入火场终因体力不支壮烈牺牲。[②] 同时，国外类似制度也采人身危险标准，典型如美国卡耐基英雄基金（Carnegie Hero Fund），其评审标准第一条就规定："救助者必须是自主自愿地将自己的生命置于超乎平常的危险境地。"[③] 结合国内外的相关实践，危险性应当是指救助人实施行为时可能受到生命健康等人身损害的风险。此外，经过行政确认的见义勇为事迹中也存在当事人未面临危险的情形，譬如看到巨石破坏了铁路及时报警、挺身而出救助昏迷倒地的乞丐。及时报警和救助倒地的乞丐当然不具有危险性，但当下我国整体社会风气冷漠，有必要适当降低见义勇为的认定标准以引导社会风气的改良。这也可能导致见义勇为与好人好事相混淆，应当从量上区分，以救助人的贡献程度，即被救助人（包括自然人、法人与国家）的受益程度判断，只有在贡献较大时才得以认定为见义勇为。同时，由于救助行为不存在危险，见义勇为的表彰定级应当降低。

见义勇为的行政确认，应当坚持高标准的利他性要求，体现在主客观的双重利他。这是因为利他性行为属于道德金字塔的上层。美国学者富勒将道德分为愿望道德和义务道德，前者是人类所能达到最高境界的卓越道德，例如积极关爱他人；后者是使社会井然有序或进一步达成特定目标的基本规则，例如不得伤害他人。[④] 即使利他行为不存在，社会依然可以有序运转，但是如果人人均只顾及自己事务，那么人类所期望达到的最高境界不会来临。因此，利他性行为应当属于愿望道德，位于道德金字塔的上层。由于见义勇为人员享有"特权"般的政策奖励与优待，必然要求对见义勇为的行政确认应当严格把关。纵观全国数十个省市出台的见义勇为相关条例，见义勇为行为一旦被认定，行为主体不仅可获得奖金形式的物质奖励，还可获得诸如子女优先入学、优先配套保障性住房、优先落户等

---

① 张烁：《像火炬般传递光明》，《人民日报》2012年9月11日第17版。

② 李光明：《罗腊英：逆向奔入火海的女英雄》，《法制日报》2017年8月24日第2版。

③ Amelia H. Ashton，"Rescuing the Hero：the Ramifications of Expanding the Duty to Recue on Society and the Law"，59 *Duke L. J.* 69（2009）.

④ ［美］富勒：《法律的道德性》，郑戈译，商务印书馆2005年，第7—8页。

政策上的优待。这在结果上形成了见义勇为人员的"特权",分析法学派的代表人物霍菲尔德认为,特权与无权利始终为相关关系,① 见义勇为人员在拥有政策优待的特权时,其他公民通常并不具有这些权利。如果见义勇为的行政确认标准过低,将会引发一般民众的强烈不满。由于社会风气的日渐冷漠,通过降低见义勇为认定标准来扩张见义勇为范围势在必行,但作为见义勇为核心要件的利他性仍应维持高标准,这样才能尽量减少民众对于见义勇为范围扩张的怀疑与不满。由于学理通说认为见义勇为属于无因管理,② 利他性可借鉴无因管理中的"事务属他性"要件来判断。由此,主观的利他是指救助人主观上有为他人的意思,但并不要求救助人将利他的意思表示于外,只需存于内心即可。③ 客观的利他是指救助行为在客观上利于他人,即符合一般社会观念或公共利益。这也排除了"帮倒忙"的救助行为。例如幼儿园模拟歹徒攻击校园,路人误认为有险情存在挺身而出制服"歹徒"。④ 虽然救助人主观有利他的意思,但是,救助人的行为在客观上并没有利于他人,甚至妨碍了幼儿园演练的正常进行,不宜认定为见义勇为。

(三) 见义勇为之行为结果:多向度的结果弱化

见义勇为的行为结果分为两个方向:一是受益结果,即救助行为是否成功;二是损害结果,即救助行为对救助人、加害人或被救助人造成损害。在见义勇为行政确认中,上述两个方向的行为结果要求均应弱化。

见义勇为不要求救助行为必须成功,具体以救助行为已经着手为判断标准。如前所述,见义勇为行为具有危险性,特别是在同犯罪分子做斗争或抢险救灾过程中发生意外的可能性极高,行为的结果并非救助人的主观意志所能决定,救助行为未能成功也在情理之中。见义勇为弘扬的并非救助成功的结果本身,而是见义勇为行为以及其为他人提供了安全保障的精

---

① [美] 霍菲尔德:《基本法律概念》,张书友译,中国法制出版社 2009 年版,第 33 页。

② 参见王家福主编《中国民法学·民法债权》,法律出版社 1991 年版;徐武生、何秋莲《见义勇为与无因管理制度》,《中国人民大学学报》1999 年第 4 期。

③ 黄茂荣:《债法通则之四:无因管理与不当得利》,厦门大学出版社 2014 年版,第 9—10 页。

④ 《重庆幼儿园安全演习 市民不知情一脚踹倒"暴徒"》,http://news.sina.com.cn/s/2018-12-07/doc-ihprknvt4956283.shtml,最后访问时间 2019 年 12 月 4 日。

神，[①] 因此对救助行为并不要求必须成功。在时间节点上，如果救助行为尚在准备，则其行为没有被表彰的必要，具体的判断标准可参照刑法中的着手理论。刑法上的着手理论有主观说和客观说之分，前者把危险性作为刑法评价的基点，以行为人的主观意思的危险性为判断标准；后者以行为及其实害作为刑法评价的基点，主张在客观行为的危险中探寻未遂犯的处罚根据。[②] 自近代以来，无论是德日还是英美，着手理论的发展都表现出从客观论转向主观论的倾向，这是因为以行为人的主观认识作为判断依据更有利于为未遂犯处罚范围的扩张提供正当性依据，更有利于实现刑法预防犯罪的目的。[③] 但是，在见义勇为行政确认中却应当采用客观说。着手是刑事不法可罚的起点，为了国家与社会安全的需要，刑事可罚的范围可以适度扩张。然而，针对行为作出判断的见义勇为行政确认，行为人的主观意思不应纳入确认范围之内。因为赋予见义勇为荣誉称号是公权力对个人的表彰，具有典型的宣传意义，仅凭行为人的主观意思来确认见义勇为实属荒谬，此种典型也将被公众所不屑。因此，只有在救助人客观上已经开始实施救助行为时，此种行为才有可能被确认为见义勇为。

当救助行为对被救助人造成损害时，不应当排除在见义勇为之外，除非救助人对损害的结果具有重大过失或故意。救助人故意自不必言，争议集中在重大过失。在我国现行法律中，救助行为造成被救助人损害集中体现在《民法典》第一百八十四条，[④] 其对救助人责任的完全豁免过度扩张了救助人的自由，被救助人的利益面临"任人宰割"的危险。[⑤] 应当回归《民法总则》三审稿及大会审议稿，添加救助人重大过失不免责的但书条款。事实上，大会审议中各位代表提出，保留但书条款"不能完全消除救助人的后顾之忧，不利于倡导培育见义勇为，乐于助人的良好社会风尚"[⑥]，这反映了他们对民法中重大过失的认识不足。重大过失对应的注

---

① 参见浙江省象山县人民法院民事判决书，（2017）浙 0225 民初 5710 号。

② 钱叶六：《犯罪实行行为着手研究》，中国人民公安大学出版社 2009 年版。

③ 劳东燕：《论实行的着手与不法的成立依据》，《中外法学》2011 年第 6 期。

④ 《民法典》第一百八十四条："因自愿实施紧急救助行为造成受助人损害的，救助人不承担民事责任。"

⑤ 王道发：《论中国式'好人法'面临的困境及其解决路径》，《法律科学》2018 年第 1 期。

⑥ 扈纪华编：《民法总则起草历程》，法律出版社 2017 年版。

意义务为一般人所能注意之起点，即一般人最低的注意义务。① 如果救助人违反了一般人最起码的注意义务造成被救助人损害，这样的救助不可能成为赖以改良社会风气之典型，公众只会记住救助人的愚蠢与无知。因此，除非救助人对损害存在重大过失，救助行为造成被救助人损害不承担民事责任。进而，见义勇为的行政确认是否需要提高救助人的注意义务？笔者认为，仅就救助行为造成被救助人损害，见义勇为的行政确认与民事责任豁免应采同一标准。将救助人的注意程度确定为一般人最低的注意义务，在结果上扩张见义勇为行政确认的范围，可在公众接受的范围内树立尽量多的典型以弘扬社会正气。此外，当救助人对被救助人的损失存在较轻过失时，其见义勇为的表彰等级应当降低，给予的奖励与优待也相应减少。

当救助行为造成侵害人损害时，应当适用正当防卫理论，确定救助行为造成的损害是否超过必要限度。为了非本人的人身、财产和其他权利免受正在进行的不法侵害所实施的正当防卫是典型的见义勇为行为，判定见义勇为是否成立时，可类推适用正当防卫相关理论。在审查是否构成防卫过当时，我国司法实践曾经存在只看结果，不分是非的唯结果论，② "赵宇案"中公安与检察机关最初认定为过失致人重伤罪与防卫过当就是例证，反映出实践中并未完全正确理解《刑法》第二十条第二款有关防卫过当的要求。学界对上述认识多有批判，认为是否防卫过当的判断应当设身处地地站在防卫人的角度，结合防卫人的实际能力以及当时所能获得的信息进行判断。③ 而是否"明显超过必要限度"应当检视：如果不采取某种防卫手段就不能制止不法侵害，或者虽可能制止但会为防卫人带来人身或财产安全不合理的风险。④ 近年来我国司法实践也意识到了上述问题，著名的"昆山龙哥案""涞源反杀案"中，虽然防卫人导致被防卫人死亡，但法院均以未超出必要限度认定构成正当防卫，我国司法实践对于正当防卫中必要限度的认识也愈发科学化。构成正当防卫的救助行为当然无

---

① 曾世雄：《损害赔偿法原理》，中国政法大学出版社 2001 年版。

② 陈兴良：《赵宇正当防卫案的法理评析》，《检察日报》2019 年 3 月 2 日第 33 版。

③ 邹兵建：《正当防卫中"明显超过必要限度"的法教义学研究》，《法学》2018 年第 11 期。

④ 劳东燕：《防卫过当的认定与结果无价值论的不足》，《中外法学》2015 年第 5 期。

刑事责任，又由于《民法总则》第一百八十一条①的规定，构成正当防卫的也无须承担民事责任，法律应当对正当防卫作出完全正向的评价。如果此种救助行为符合见义勇为的其他要件，没有理由不给予行政确认。

三 《见义勇为人员奖励和保护法（专家建议稿）》的主要内容

《见义勇为人员奖励和保护法（专家建议稿）》共有七章、五十条，主要从评选认定、奖励优待、经费保障、权益保护、法律责任等方面进行了规定。

（一）明确了见义勇为行为的认定范围与认定程序

专家建议稿对见义勇为评选认定的条件与程序做出了全面具体的规定。通过列举与排除的方式确定了见义勇为行为的认定条件（第七条）。认定程序包括启动、调查、评审、公示和复核（第八条至第十二条）。

专家建议稿本部分的亮点有三：一是确定专门的见义勇为工作专门机构（第四条），规定由省级人民政府确定具体的见义勇为工作专门机构来负责见义勇为工作的开展实施。这与见义勇为工作的实践相符，一方面，必须确定具体的机关机构来负责见义勇为的日常工作；另一方面，各地方具体负责见义勇为工作的机关大不相同，包括综治部门、公安、民政，因此将确定见义勇为工作专门机构的职责交给省级人民政府，符合当下见义勇为工作的实际。二是见义勇为工作联席会议机制（第五条），见义勇为工作涉及的部门众多，包括教育、财政、人力社保、宣传、住房城乡建设、卫生健康、税务、交通、公安等部门，单纯依靠见义勇为工作专门机构可能无法协调其他机构开展工作。以重庆市为例，重庆市见义勇为工作专门机构为公安机关，与教育、税务等部门同属于政府组成部门，很难站在全局的角度统筹协调相关工作，因此需要建立相应的工作联席会议制度，由政府或党委机关牵头，更好地开展见义勇为相关工作。三是明确见义勇为行政确认的救济途径（第十二条、第四十六条）。针对见义勇为的行政确认，行政机关及其工作人员作出的行政行为应当是符合可诉和可复议要求的，理由在于，《行政复议法》第六条第（十一）项明确规定了

---

① 因正当防卫造成损害的，不承担民事责任。正当防卫超过必要的限度，造成不应有的损害的，正当防卫人应当承担适当的民事责任。

"认为行政机关的其他具体行政行为侵犯其合法权益的"，在这种情形下，可以提起行政复议。《行政诉讼法》第十二条第一款第（十二）项也做了同样规定。见义勇为的行政确认与见义勇为人员及其家属合法权益紧密相关，甚至直接关系到见义勇为人员的人身财产安全。就这个意义上来说，不妨将与此有关的行政行为视作《行政复议法》和《行政诉讼法》中兜底条款所规定的情形。

（二）加强见义勇为人员的表彰奖励与政策优待

按照见义勇为行为表现的突出程度及其影响力，划定不同的表彰等级，同时由县级以上人民政府或者见义勇为工作专门机构给予相应的奖金（第十四条、第十五条）。同时，确立见义勇为人员及其配偶、子女、父母在同等条件下享有就业、入伍、教育、税收、住房、户籍、出行、医疗等优待优惠政策（第十七条至第二十五条），大幅提高了见义勇为人员的奖励水平。

专家建议稿此部分亮点有三：一是赋予各级人民政府和见义勇为工作专门机构确定奖金的权限。目前各地方对于见义勇为奖金的数额差异较大，当然这也是各地经济情况不一决定的。因此，国家层面的统一立法不宜直接规定具体的奖金数额，应当交由各地方根据当地实际情况具体确定。二是将见义勇为的政策优待扩展到了见义勇为人员的配偶、父母和子女。为了鼓励民众见义勇为，不仅要保障见义勇为人员更应保障与见义勇为人员利益相关的配偶、父母、子女的合法权益，免除见义勇为人员的后顾之忧。对于因见义勇为导致家庭生活困难的，可以给予见义勇为人员的配偶、子女、父母就业优待、教育优待、录用优待等各种优惠政策。三是最大限度地扩大了见义勇为人员及其配偶、子女、父母可以享受的优待政策种类。在《国务院办公厅转发民政部等部门关于加强见义勇为人员权益保护意见的通知》赋予见义勇为人员的政策优待基础之上，又添加了录用优待、税收优待、户籍优待、出行优待、医疗优待，最大限度地给予见义勇为人员政策优待，鼓励出现更多的见义勇为先进事迹，弘扬社会正气。

（三）强化见义勇为人员的权益保护与社会保障

突出见义勇为基金（会）的重要作用，确保见义勇为经费充足。立法建议稿规定了省级人民政府应当设立见义勇为基金会，县级以上人民政府应当设立见义勇为基金，明确了见义勇为基金的来源渠道（第二十六条）。在鼓励捐赠的基础上，规范见义勇为基金的管理（第二十七条、第二十八条）。专家建议稿与《民法典》相衔接，规定见义勇为人员实施紧急救助造成受助人损害的予以责任豁免（第三十八条）。因见义勇为负伤人员必须得到及时救治（第三十条）。因见义勇为受伤产生的医疗费、护理费等合理费用，依法由加害人、受益人、社会保险基金、见义勇为基金承担（第三十一条）。见义勇为人员因见义勇为致残或者死亡的，按照国家有关规定享受烈士、因公牺牲、工伤等待遇（第三十二条）。同时，将见义勇为人员纳入社会救助体系、法律援助范围和公益诉讼体系，从保护见义勇为人员人身和财产权益等方面加强了保障（第三十三条至第三十七条）。

专家建议稿此部分的亮点有四：一是规定了因见义勇为受伤医疗机构的紧急救治。紧急情况下的先行认定是现实所需，见义勇为行为具有较大的人身危险性，有可能会承受巨大的身体伤害乃至生命危险，对其进行救治刻不容缓。但是由于见义勇为的认定流程存在滞后性，因此对于尚未认定而需立即救治的情形，医疗机构若仅因该伤员未经认定而拒绝给予见义勇为人员的特殊优待，则难免有所遗漏。因此赋予医疗机构判断是否初步符合见义勇为认定条件的权限，后续由见义勇为基金兜底，可以为见义勇为人员打消后顾之忧。二是见义勇为专项基金的先行垫付制度。从见义勇为具备的公法性质进行考察，见义勇为人员系延伸履行了警方对公共秩序的管理职责，具有行政协助的属性。因而，在见义勇为行为的法律关系中，国家与社会其实也是受益人。见义勇为人员之所以能奋不顾身、挺身而出，是基于对社会的信赖，对公众的维护。是故无论是政府、专项基金还是医疗机构，作为社会责任主体，理应承担起救助见义勇为人员的责任。三是保护见义勇为人员的公益诉讼制度。根据《民法典》第一百八十五条规定，侵害对象为"英雄烈士等"的人格权并且损害公共利益时，侵权人应当承担民事责任，同时《英雄烈士保护法》第二十五条进一步规定上述民事责任的承担由公益诉讼的途径完成，"见义勇为人员"符合人们对于英雄的定义与期待，见义勇为人员人格权侵权纳入公益诉讼并无不妥，这样不仅可以为见义勇为人员提供更为全面的保护，也使见义勇为人员的荣誉感更强。四是见义勇为造成第三人损失的由见义勇为基金给予适当补助。第三人系见义勇为事件之外的无辜主体，见义勇为救助行为对第三人造成损害，理应在立法框架内予以救济，避免见义勇为行为产生不必要的消极影响。因此在豁免见义勇为人员的责任的同时，规定由见义勇为基金给予适当的经济补助。一方面，明确为第三人的损失提供了救济；另一方面，再次彰显政府对见义勇为人员提供全面保障的立法立场。

第二部分

见义勇为人员奖励和
保护法（专家建议稿）

目 录

第 一 章　总　　则

第一条（立法目的） 为了保障见义勇为人员的合法权益，鼓励见义勇为行为，弘扬社会正气，培育和践行社会主义核心价值观，根据宪法，制定本法。

第二条（见义勇为人员定义） 本法所称见义勇为人员，是指在法定职责、法定义务或者约定义务之外，为保护国家利益、集体利益、社会公共利益或者他人人身、财产安全，制止正在发生的违法犯罪行为或者抢险、救灾、救人的行为人。

第三条（基本原则）　见义勇为人员的认定、奖励和保护，应当公开、公平、公正、及时，坚持党委领导、政府主导、社会协同、公众参与，精神鼓励与物质奖励相结合，抚恤优待与社会保障相结合的原则。

第四条（管理职责）　县级以上人民政府负责见义勇为工作的组织实施，具体工作由省级人民政府确定的见义勇为工作专门机构负责。

民政、财政、人力社保、宣传、住房城乡建设、卫生健康、医疗保障、退役军人事务、教育、司法行政、税务、交通、应急管理、市场监管等部门应当依法履行职责，开展见义勇为相关工作。

工会、共青团、妇联、残联等人民团体和基层群众性自治组织应当协助开展见义勇为相关工作。

依法成立的见义勇为基金会或者协会，协助县级以上人民政府做好见义勇为人员奖励和保障工作。

第五条（工作机制与经费保障）　建立健全见义勇为工作联席会议制度，统筹协调见义勇为相关工作，完善见义勇为人员权益保护长效机制。

县级以上人民政府应当将见义勇为人员奖励和保护经费纳入本级政府预算。

第六条（加强宣传）　广播、电视、报刊、网站等媒体应当加强见义勇为宣传，普及科学实施见义勇为知识，及时报道见义勇为事迹，营造崇尚和支持见义勇为的良好氛围。

第二章　评审认定

第七条（见义勇为的列举与排除）　符合本法规定，行为人有下列情形之一且事迹突出的，应当认定为见义勇为人员：

（一）制止正在实施的危害国家安全、公共安全或者妨害社会管理秩序的违法犯罪行为；

（二）制止正在实施的侵害国有财产、集体财产或者他人人身、财产安全的违法犯罪行为；

（三）主动抓获或者协助有关机关追捕犯罪嫌疑人、逃犯，侦破重大刑事案件；

（四）抢险、救灾、救人；

（五）实施其他见义勇为行为。

保安员、治安巡防队员、交通协管员、辅警等负有约定义务的人员实施上述行为表现特别突出的，可以认定为见义勇为，但表彰等级应当相应降低。

国家工作人员依法履行职责、执行公务表现突出的，按照国家有关规定给予表彰和奖励，不认定为见义勇为人员。救助有赡养、抚养、扶养义务的近亲属，有监护职责的人员救助被监护人，不认定为见义勇为人员。

第八条（见义勇为认定程序的发起） 行为人或者其近亲属可以向行为发生地的县级见义勇为工作专门机构申请认定见义勇为人员。

见义勇为工作专门机构可以主动认定见义勇为人员。

其他单位、组织或者个人可以向县级见义勇为工作专门机构推荐认定见义勇为人员。

申请、推荐见义勇为人员，应当提供基本事实和理由。

第九条（见义勇为的受理期限） 见义勇为人员认定的申请、推荐应当自行为发生之日起一年内向行为发生地的县级见义勇为工作专门机构提出。因不可抗力或者其他正当理由耽误申请、推荐期限的，申请、推荐期限自障碍消除之日起继续计算。

第十条（见义勇为的调查评审） 见义勇为工作专门机构应当及时进行调查核实。有关乡（镇）人民政府、街道办事处以及其他相关单位、组织应当配合调查核实工作；见义勇为的受益人、见证人应当如实提供证明。

见义勇为工作专门机构可以组织宣传、民政、司法行政、财政、人力社保、卫生健康、应急管理等部门以及专家、群众代表组成评审委员会进行评审。

见义勇为工作专门机构调查评审的期限由省级人民政府确定。

第十一条（见义勇为的公示） 见义勇为工作专门机构应当将拟认定为见义勇为人员的主要事迹向社会公示，征求公众意见。公示期限为五个工作日，公示时间不计入认定期限。

为保护见义勇为人员及其近亲属安全或者因其他情况需要保密的，不予公示。

第十二条（不予认定为见义勇为）　对不予认定为见义勇为人员的，见义勇为工作专门机构应当书面告知申请人、推荐人，并说明理由。

见义勇为申请人、推荐人对不予认定结论持异议的，可以自收到不予认定结论后二十个工作日内向上一级见义勇为工作专门机构申请复核。上一级见义勇为工作专门机构应当自收到复核申请之日起二十个工作日内作出决定，并书面告知申请人、推荐人。

第十三条（建立数据库）　省级见义勇为工作专门机构应当建立统一的见义勇为人员基础信息数据库，及时录入、更新见义勇为人员的基础信息，加强与相关部门和单位的信息共享，为保护见义勇为人员合法权益提供便利。

第三章　奖励优待

第十四条（见义勇为人员表彰）　根据见义勇为人员的事迹、贡献、影响力，给予以下表彰：

（一）通报嘉奖；

（二）见义勇为先进个人；

（三）见义勇为英雄；

（四）全国见义勇为英雄；

（五）其他表彰。

因见义勇为符合烈士评定条件的，按照《烈士褒扬条例》有关规定办理。

第十五条（见义勇为人员的奖金）　受到表彰的见义勇为人员，由各级人民政府或者见义勇为工作专门机构发给奖金。

表彰单位应当结合本地实际情况具体确定奖金数额。

第十六条（其他单位组织的奖励）　国家机关、社会团体、企业事业单位和其他社会组织应当对本系统、本单位的见义勇为人员给予奖励。

第十七条（就业优待）　见义勇为人员就业困难的，由人力社保部门优先介绍就业。

对因见义勇为死亡、致残的人员，所在县级残联和人力社保等部门应当优先帮扶其共同生活的近亲属就业。

见义勇为人员或者其配偶、父母、子女申请从事个体经营的，有关部门应当给予优先办理证照等优待，依法落实税费减免等优惠政策。

第十八条（录用优待） 国家机关、人民团体、国有企业、事业单位招聘工作人员的，根据有关规定优先录用见义勇为人员，或者因见义勇为死亡、致残人员的配偶、子女、父母。

鼓励民营企业招聘工作人员时，优先录用见义勇为人员，或者因见义勇为死亡、致残人员的配偶、子女、父母。

第十九条（入伍优待） 见义勇为人员或者其子女符合征兵条件的，可以优先推荐应征入伍。

第二十条（教育优待） 教育部门应当对见义勇为人员、因见义勇为死亡或者致残人员的子女给予下列优待：

（一）在同等条件下优先安排进入公办幼儿园；

（二）义务教育阶段，按照就近入学的原则安排在公办学校就读；

（三）参加中考、高考的，按照国家和地方相关规定给予优待。

对因见义勇为死亡、致残以及家庭经济困难的见义勇为人员或者其子女，教育部门应当根据有关规定优先给予教育资助。

第二十一条（税收优待） 见义勇为人员按照国家规定享受的奖金、补助金、抚恤金、抚慰金和奖品等依法免征个人所得税。

第二十二条（住房优待） 符合城市住房保障条件的见义勇为人员家庭，优先纳入住房保障，优先配租、配售保障性住房或者发放住房租赁补贴。符合农村危房改造条件的见义勇为人员家庭给予优先安排。

第二十三条（户籍优待） 见义勇为人员在见义勇为行为发生地申请落户的，行为发生地公安机关应当放宽落户条件，优先办理。

第二十四条（出行优待） 见义勇为人员从事以下行为时，应当享受优惠：

（一）乘坐公共交通工具；

（二）游览政府投资主办的公园、旅游风景区等场所。

第二十五条（医疗优待） 因见义勇为负伤的人员，医疗机构和有关单位应当及时组织抢救和治疗，不得以任何理由拒绝或者拖延治疗。

见义勇为负伤人员的后续治疗，按照分级诊疗流程就医，优先挂号、优先就诊、优先取药、优先住院。治疗期间的医疗费用，医疗机构可以适当予以减免。

第四章 经费保障

第二十六条（基金来源） 省、自治区、直辖市应当设立见义勇为基金会，县级以上行政区应当设立见义勇为基金。

见义勇为基金的来源包括：

（一）财政拨款；

（二）社会捐赠；

（三）见义勇为基金的收益；

（四）其他合法收入。

第二十七条（鼓励捐赠） 鼓励单位和个人向见义勇为基金进行捐赠，向见义勇为人员提供捐助和服务。

单位和个人向见义勇为基金的捐赠，按照国家有关规定准予在缴纳所得税前的所得额中扣除。

第二十八条（基金用途） 见义勇为基金用于：

（一）表彰、奖励、慰问见义勇为人员；

（二）救治见义勇为人员，抚恤、补助、救助见义勇为人员及其近亲属；

（三）购买、办理见义勇为不记名人身保险等商业保险；

（四）法律法规规定的其他用途。

第二十九条（基金管理） 见义勇为基金应当严格管理，专款专用，接受民政、财政、审计部门，捐赠人以及社会公众的监督，每年向社会公布收入、支出情况。

第五章 权益保护

第三十条（紧急救治） 遇有急需救治，并且有可能认定为见义勇为人员的，医疗机构应当及时作出判断。对初步符合见义勇为认定条件的，医疗机构应当优先救治。因救治而产生的医疗费、护理费等费用，由见义勇为基金垫付。

第三十一条（责任承担） 见义勇为人员的医疗费、护理费、交通费、营养费、住院伙食补助费等为治疗和康复支出的合理费用，因误工减少的收入、残疾辅助器具费、残疾赔偿金、丧葬费、死亡赔偿金、精神损害抚慰金以及其他财产损失，由加害人或者其他责任人依法承担。没有加害人、其他责任人，或者加害人、其他责任人下落不明或者无力承担的，按照下列方式支付：

（一）见义勇为人员符合社会保险法律法规规定，享受工伤保险、医疗保险待遇的，按照有关规定支付；

（二）由受益人依法给予适当补偿；

（三）通过前两项方式未能解决的费用，由见义勇为基金支付。

通过前款方式不能及时解决相关费用的，由见义勇为基金先行垫付相关费用。见义勇为基金管理机构自向见义勇为人员或者其近亲属垫付相关费用之日起，在垫付金额范围内有权向加害人、其他责任人追偿。

第三十二条（抚恤待遇） 因见义勇为死亡的人员，依法被评定为烈士、被确认为因公牺牲或者被认定为视同因工死亡的，按照国家有关规定享受相应待遇。不属于上述情形的，补助金发放标准按照国家和各省、自治区、直辖市有关规定执行。

因见义勇为致残的人员，凡符合享受工伤保险待遇条件的，依据《工伤保险条例》落实相应待遇；不符合享受工伤保险待遇条件的，按照《伤残抚恤管理办法》以及有关规定，由退役军人事务部门评定伤残等级落实相应待遇。

见义勇为负伤人员不够评定伤残等级而又生活困难，或者已享受见义勇为伤亡人员抚恤补助待遇仍有特殊生活困难的，当地县级人民政府应当采取措施给予帮扶。

第三十三条（劳动待遇保障） 对因见义勇为负伤的人员，用人单位不得降低其医疗期间的工资福利待遇。

对因见义勇为致残不能适应原工作岗位的人员，用人单位应当根据实际情况适当调整工作岗位，非因法定事由和非经法定程序不得辞退或者解除劳动关系。

第三十四条（生活保障） 见义勇为人员及其家庭符合城乡居民最低生活保障条件的，应当按照有关规定纳入城乡居民最低生活保障范围，因见义勇为享受的奖金、补助金、抚恤金、抚慰金和奖品在申请时不计入家庭收入；符合相关条件的，可以申请相应的专项救助和临时救助。

因见义勇为死亡人员的家庭成员符合特困人员供养条件的，纳入特困人员供养保障范围；致孤儿童符合孤儿供养条件的，纳入孤儿保障范围。

第三十五条（法律援助、司法救助）　因主张见义勇为产生的民事权益申请法律援助的，法律援助机构应当依法及时提供援助。

见义勇为人员交纳诉讼费用确有困难，向人民法院申请缓交、减交、免交诉讼费用的，人民法院应当依法准予缓交、减交、免交诉讼费用。

第三十六条（公益诉讼）　对侵害见义勇为人员姓名、肖像、名誉、荣誉的行为，见义勇为人员的近亲属可以向人民法院提起诉讼。没有近亲属或者近亲属不提起诉讼的，人民检察院可以对侵害见义勇为人员的姓名、肖像、名誉、荣誉且损害社会公共利益的行为提起公益诉讼。

第三十七条（保障人身财产安全）　因见义勇为导致人身、财产安全受到威胁、侵害，见义勇为人员及其近亲属请求保护的，公安等有关部门和单位应当采取有效措施予以保护。

第三十八条（见义勇为责任豁免）　见义勇为人员实施紧急救助造成受助人损害的，依法不承担民事责任。

第三十九条（见义勇为造成第三人损失）　因见义勇为造成第三人人身伤害或者财产损失的，由见义勇为基金依法给予适当经济补助。

第六章　法律责任

第四十条（相关机构及其工作人员的责任）　有关单位及其工作人员有下列情形之一的，对主管人员及直接责任人员依法予以处分；构成犯罪的，依法追究刑事责任：

（一）在见义勇为认定、奖励和保护等工作中滥用职权、玩忽职守、徇私舞弊的；

（二）贪污、侵占或者挪用见义勇为人员奖励保护经费或者见义勇为基金的；

（三）其他侵害见义勇为人员及其近亲属合法权益的行为。

第四十一条（医疗机构责任）　医疗机构或者医务人员拒绝、推诿或者拖延救治因见义勇为负伤人员的，由卫生健康部门给予处分；构成犯罪的，依法追究刑事责任。

第四十二条（用人单位责任） 用人单位未依法保障见义勇为人员治疗期间的工资福利待遇，或者未经法定事由、法定程序违法解除因见义勇为致残人员的劳动关系，由人力社保部门责令改正。

第四十三条（惩处打击报复行为） 采取威胁、侮辱、殴打等行为打击报复见义勇为人员及其近亲属，由公安机关依法予以治安管理处罚；构成犯罪的，依法追究刑事责任。

第四十四条（虚假申报见义勇为的责任） 弄虚作假骗取见义勇为奖励或者保护的，由原认定或者批准机关公开注销其奖励证书，追回所获奖励以及其他有关的经济利益，取消相关待遇，依法追究法律责任。

弄虚作假骗取紧急优先救治的，依前款规定追究法律责任。

第四十五条（受助人、见证人的责任） 受助人、见证人等实施侮辱、诽谤、敲诈勒索、诬告陷害等侵害见义勇为人员合法权益的行为，见义勇为人员可以向人民法院提起民事诉讼，要求受助人、见证人等承担赔礼道歉、赔偿损失、消除影响、恢复名誉等民事责任。

受助人、见证人等实施侮辱诽谤、敲诈勒索、诬告陷害等侵害见义勇为人员合法权益的行为，或者伪造、隐匿、毁灭证据、提供虚假证言、谎报案情等影响行政执法机关依法办案的行为，由公安机关依法予以治安管理处罚；构成犯罪的，依法追究刑事责任。

第四十六条（行政复议与行政诉讼） 有关个人和组织认为行政机关及其工作人员实施的与见义勇为认定、奖励和保护等相关的行政行为侵犯其合法权益，有权依照《行政复议法》或《行政诉讼法》提起行政复议或行政诉讼。

本条所称有关个人和组织包括见义勇为申请人、见义勇为人员及其近亲属、受助人、被救助单位或组织、加害人、受害人等。

第七章　附　　则

第四十七条（普通好人好事的奖励） 对尚未达到见义勇为认定标准、产生一定社会影响的善举、义举，所在单位、村（居）民委员会以及有关组织应当给予奖励。

第四十八条（属人适用）　中国公民在境外见义勇为的，参照本法执行。

第四十九条（见义勇为群体）　对见义勇为群体的表彰、奖励和保护，参照本法相关规定执行。

第五十条（生效时间）　本法自　年　月　日起实施。

第三部分

《见义勇为人员奖励和保护法（专家建议稿）》的立法理由

第一章 总 则

第一条【立法目的】

为了保障见义勇为人员的合法权益，鼓励见义勇为行为，弘扬社会正气，培育和践行社会主义核心价值观，根据宪法，制定本法。

【说明】

本条的内容是立法目的。《见义勇为人员奖励和保护法》的立法目的分为以下几个方面：一是微观的，即保障见义勇为人员的合法权益；二是中观的，即鼓励见义勇为；三是宏观的，即弘扬社会正气，培育和践行社会主义核心价值观。微观、中观、宏观三个层次的目的共同组成了本法的立法目的。由于微观和中观的立法目的相对更为直接，更加容易理解，下文的理由部分仅论述见义勇为的宏观目的方面。

【理由】

在已有的中央到地方的各项法规或者立法草案中，都有社会主义核心价值观和弘扬社会正气的体现。天津市①和公安部的草

---

① 《天津市见义勇为人员奖励和保护条例》（天津市人民代表大会常务委员会公告第七十三号，2017 年 11 月 28 日）第一条："为了倡导见义勇为精神，弘扬社会正气，培育和践行社会主义核心价值观，根据有关法律、行政法规的规定，结合本市实际情况，制定本条例。"

案①也都在第一条中明确指出条例的修订目的，既强调了"培育和践行社会主义核心价值观"，也强调了"弘扬社会正气"。此外，在笔者统计的 16 个省、自治区、直辖市的地方性法规中，有 15 个都明确指出见义勇为的条例制定需要"弘扬社会正气"，其中以安徽②、北京③、广东④为代表。唯一没有明确指出"弘扬社会正气"的江苏省也运用了"弘扬中华民族见义勇为传统美德，匡扶社会正义"的表述，基本意思一致。所以立法目的应当包含社会主义核心价值观和弘扬社会正气。

立法目的的厘定也是顺应了国家社会的发展需求。一直以来，见义勇为相关工作的开展属于精神文明建设的重要组成部分，但是现阶段社会主义精神文明的提法较少，作为社会主义精神文明建设的时代新内容，培育和践行社会主义核心价值观已经被提升到战略高度。见义勇为作为我国优秀传统文化的重要体现，与社会主义核心价值观相一致。此外，自从"彭宇案"等典型案例发生之后，社会互帮互助的风气每况愈下，急需通过相关制度的构建鼓励见义勇为，弘扬社会正气，营造良好社会风尚。

将社会主义核心价值观与弘扬社会正气加入立法目的，符合见义勇为工作的实际需要。课题组曾赴重庆市巫溪县调研，巫溪县委政法委的同志提到，见义勇为是中华民族的宝贵精神，政府应该为见义勇为立法和规定各种有力的保障与奖励措施，帮助见义勇为者解除后顾之忧，让他们在面对邪恶时能挺身而出，有效地预防和制止犯罪。当人们面对他人陷于危险

---

① 公安部《见义勇为人员奖励和保障条例（草案公开征求意见稿）》第一条："为了倡导见义勇为精神，弘扬社会正气，培育和践行社会主义核心价值观，根据有关法律、行政法规的规定，结合本市实际情况，制定本条例。"

② 《安徽省见义勇为人员奖励和保护条例》（安徽省人民代表大会常务委员会公告第 34 号，2011 年 4 月 28 日）第一条："为了弘扬社会正气，促进社会主义精神文明建设，奖励和保护见义勇为人员，根据有关法律、行政法规，结合本省实际，制定本条例。"

③ 《北京市见义勇为人员奖励和保护条例》（北京市人民代表大会常务委员会公告［14 届］第 28 号，2016 年 11 月 25 日）第一条："为了奖励和保护见义勇为人员，弘扬社会正气，加强社会主义精神文明建设，根据有关法律、法规，结合本市实际情况，制定本条例。"

④ 《广东省见义勇为人员奖励和保障条例》（广东省第十三届人民代表大会常务委员会公告第 66 号，2020 年 9 月 29 日）第一条："为了弘扬社会正气，鼓励见义勇为并保障见义勇为人员的合法权益，根据有关法律法规，结合本省实际，制定本条例。"

时能伸出援助之手，弘扬了社会主义道德风尚，必然促进社会的和谐发展。但是，各种制度上的缺失和不足导致很多人不敢见义勇为，这就要求政府部门根据实际情况，结合人民群众的积极参与与反馈的情况，逐步完善见义勇为的保障制度，使得见义勇为正常化、法律化、规范化、制度化，让社会正义弘扬、让乐于助人的精神深入人心。这才是和谐社会的应有之义。

第二条【见义勇为人员定义】

本法所称见义勇为人员，是指在法定职责、法定义务或者约定义务之外，为保护国家利益、集体利益、社会公共利益或者他人人身、财产安全，制止正在发生的违法犯罪行为或者抢险、救灾、救人的行为人。

【说明】

本条主要规定见义勇为人员的定义。见义勇为的构成要件应当包括义务排除要件、危险性要件和贡献性要件。义务排除要件是指见义勇为人员应当不负有法定和约定的救助义务。危险性要件主要通过具体事例的列举来实现，留待本法第七条具体规定。贡献性要件是指应当明确"事迹突出"的条件，适当提高见义勇为行政奖励的条件。

【理由】

一　应当排除法定或约定的救助义务

排除法定与约定义务符合学理上关于见义勇为属于无因管理的认定。例如，中国人民大学法学院教授杨立新认为"见义勇为在性质上属于无因管理，民法视野中的见义勇为行为是紧急无因管理行为，属于高层次的无因管理"[①]；中国政法大学王雷认为"见义勇为属于民法上的紧急无因管理"[②]。而无因管理的前提要件就是管理人没有法定或约定的义务，因此见义勇为的认定中应当明确排除法定与约定义务的适用。

各省市的规定有排除法定义务和约定义务的先例。中央及各地方性法

[①] 杨立新、贾一曦：《〈民法总则〉之因见义勇为受害的特别请求权》，《国家检察官学报》2017 年第 3 期。

[②] 王雷：《见义勇为行为中的民法学问题研究》，《法学家》2012 年第 5 期。

规中都有类似的规定，例如公安部的草案①、海南②、重庆③、吉林④、天津⑤、黑龙江⑥都直接排除了法定和约定义务。此外，部分省市自治区只排除了"法定职责和特定义务"，"特定义务"的表述太过模糊，应直接用"法定义务、法定职责和约定义务"的表述。

二　不应当以"事迹突出"作为标准

各地方性法规中有不规定"事迹突出"的先例。在笔者统计的 17 个省市自治区法规中，有 14 个未在见义勇为的定义中提及"表现突出"或

---

① 公安部《见义勇为人员奖励和保障条例（草案公开征求意见稿）》第二条："本条例所称见义勇为人员，是指不负有法定职责、法定义务或约定义务，为保护国家利益、社会公共利益或者他人的人身财产安全，挺身而出，同正在实施的违法犯罪行为作斗争，或者抢险、救灾、救人，事迹突出的公民。"

② 《海南省见义勇为人员奖励和保障规定》（海南省人民代表大会常务委员会公告第 73 号，2020 年 12 月 2 日）第三条："本规定所称见义勇为，是指非因法定职责、法定义务或者约定义务，为保护国家利益、集体利益、社会公共利益或者他人的人身、财产安全，与违法犯罪行为作斗争或者救人、抢险、救灾的合法行为。"

③ 《重庆市见义勇为人员奖励和保护条例》（重庆市人民代表大会常务委员会公告〔5 届〕第 127 号，2021 年 3 月 31 日）第三条："本条例所称见义勇为人员，是指在法定职责、法定义务或者约定义务之外，为保护国家利益、集体利益、社会公共利益或者他人人身、财产安全，制止正在发生的违法犯罪行为或者抢险、救灾、救人等，事迹突出的行为人。"

④ 《吉林省见义勇为人员奖励和保护条例》（吉林省第十届人民代表大会常务委员会公告第 19 号，2004 年 9 月 25 日）第二条："本条例所称见义勇为是指公民在法定职责或者约定义务之外，为维护公共利益和他人人身、财产安全，不顾个人安危，与正在发生的违法犯罪行为做斗争或者抢险救灾、救人等行为。"

⑤ 《天津市见义勇为人员奖励和保护条例》（天津市人民代表大会常务委员会公告第 73 号，2017 年 11 月 28 日）第二条："本条例所称见义勇为是指不具有法定职责、法定义务或者约定义务的人员，为保护国家利益、社会公共利益或者他人的人身、财产安全，挺身而出，同正在发生的违法犯罪行为作斗争，或者在抢险、救灾、救人中事迹突出的行为。"

⑥ 《黑龙江省见义勇为人员奖励和保护规定》（黑龙江省人民政府令第 4 号，2015 年 5 月 22 日）第二条："本规定所称的见义勇为，是指法定职责、法定义务、约定义务之外为保护国家利益、社会公共利益或者他人人身、财产安全，制止正在发生的违法、涉嫌犯罪的行为或者实施抢险、救灾、救人的行为。"

其他贡献性要件，例如安徽①、北京②、广东③、海南、湖南、吉林、内蒙古、宁夏、山东、陕西、四川、云南、浙江，剩余仅有 4 个省市自治区明确写明见义勇为的认定需要"表现突出"，具体包括辽宁、山西、天津、江苏。从数量上可以明显看出，不在见义勇为定义中规定"表现突出"是全国的通例。

将"事迹突出"移除见义勇为的认定也是一线见义勇为工作人员的诉求。课题组在重庆市綦江区和九龙坡区调研时，一线的见义勇为工作人员、曾获见义勇为表彰的公民和其他部门的同志均提到，见义勇为的认定不应当有"事迹突出"或其他的结果性要件，在当下社会风气不佳的大背景下，只要公民不顾危险实施了见义勇为的行为，其行为就应当得到表彰和鼓励。也只有这样做才能更加鼓励公民实施见义勇为，营造良好的社会氛围。

第三条 【基本原则】

见义勇为人员的认定、奖励和保护，应当公开、公平、公正、及时，坚持党委领导、政府主导、社会协同、公众参与，精神鼓励与物质奖励相结合，抚恤优待与社会保障相结合的原则。

【说明】

本条是整部法律的基本原则部分。课题组在参照其他省市相关规定的基础上添加了上述基本原则的表述。此条文主要涉及两个层面的问题：第一，应当坚持公开、公平、公正和及时的原则；第二，见义勇为工作开展中应当首先坚持党委领导、政府主导、社会协同和公众参与的

---

①　《安徽省见义勇为人员奖励和保护条例》（安徽省人民代表大会常务委员会公告第 34 号，2011 年 4 月 28 日）第二条："本条例所称见义勇为，是指不负有法定职责、特定义务的人员为保护国家利益、公共利益或者他人人身财产安全，制止正在发生的违法犯罪行为或者救人、抢险、救灾等行为。"

②　《北京市见义勇为人员奖励和保护条例》（北京市人民代表大会常务委员会公告第 21 号，2000 年 8 月 1 日）第二条："本条例所称见义勇为，是指为保护国家、集体利益或者他人的人身、财产安全，不顾个人安危，与正在发生的违法犯罪作斗争或者抢险救灾的行为。"

③　《广东省见义勇为人员奖励和保障条例》（广东省第十一届人民代表大会公告第 89 号，2011 年 1 月 1 日）第三条："本条例所称见义勇为，是指不负有法定职责、法定义务的人员，为保护国家利益、社会公共利益或者他人的人身、财产安全，制止正在发生的违法犯罪行为或者实施救人、抢险、救灾等行为。"

原则，其次坚持精神鼓励与物质奖励相结合、抚恤优待与社会保障相结合的模式。

【理由】

一 坚持"公开、公平、公正和及时"的原则

公开、公平、公正和及时是立法的必然要求。首先，公平、公正是所有立法的必然要求，平等与法律的核心价值，国家机关工作人员在处理见义勇为相关工作应当践行公平、公正的核心价值，公平认定见义勇为行为，并公平地对见义勇为人员给予奖励和保护。其次，公开是当代行政管理的要求。行政机关的行政行为需要全社会的监管，而监管的前提就是信息的透明，见义勇为人员一旦认定就会获得较多的政策优惠，如果见义勇为的公开不充分或不及时，那么社会资源对见义勇为人员的配置可能就会招来非议，因此应当在一开始就做好见义勇为的公开，具体制度主要体现在见义勇为确认的公示。最后，及时是法律时效性的要求。正如法谚所云，"迟到的正义非正义"，如果针对见义勇为人员的确认、奖励或者保护的工作处理得不够及时，可能会造成不可预见、不可逆的严重后果，对见义勇为人员及其家庭极其不公，所以及时应当是见义勇为工作的基本原则之一。

各省市已有类似的表述。笔者统计了全国 17 个地方性法规，关于见义勇为的原则主要分为四种模式：一是完整提到四项原则，包括天津①、辽宁②；二是只提到及时、有效原则，只有四川③；三是只提到公开、公

---

① 《天津市见义勇为人员奖励和保护条例》（天津市人民代表大会常务委员会公告第 73 号，2017 年 11 月 28 日）第四条："对见义勇为人员的奖励和保护，应当坚持公开、公平、公正、及时，坚持政府主导和社会参与相结合，精神鼓励和物质奖励相结合，抚恤优待和社会保障相结合的原则。"

② 《辽宁省奖励和保护见义勇为人员条例》（辽宁省人民代表大会常务委员会公告第 4 号，2013 年 8 月 2 日）第四条："奖励和保护见义勇为人员，实行政府主导与社会参与相结合，精神鼓励、物质奖励与权益保护相结合，坚持及时、公开、公平、公正的原则。"

③ 《四川省保护和奖励见义勇为条例》（四川省第十三届人民代表大会常务委员会公告第 80 号，2021 年 5 月 28 日）第六条："对见义勇为人员的保护，坚持及时、有效的原则；对见义勇为人员的奖励，坚持精神鼓励与物质奖励相结合的原则。"

平、公正，只有陕西①；四是只提到客观、公正、及时，只有内蒙古②；五是只提到公正、公开、及时，包括海南③、广东④。剩余 10 个地方性法规中并未明确提到上述四项原则。

通过统计分析，虽然完整规定四个基本原则的地方并不多，但它们都是近年来的规定，在时效层面具有一定可参考性。更为重要的是，公开、公平、公正和及时是法律层面的基本原则，见义勇为条例作为地方性立法当然应当遵从。

二　坚持四主体参与以及"两结合"的工作模式

坚持四主体参与以及"两结合"的工作模式是新时代见义勇为工作的必然要求。第一，见义勇为工作的开展应当坚持由党委领导、政府主导、社会协同、公众参与。具体体现为见义勇为工作要在各级党委政法委的统一领导下开展，具体工作交由政府部门确定的见义勇为工作专门机构实施，同时辅之以社会捐赠等社会协同，最终当然需要公众的广泛参与，才能达到良好的社会效果。第二，见义勇为人员的奖励应当坚持物质奖励和精神奖励并重，见义勇为人员的个人情况千差万别，对其奖励应当量体裁衣，奖励手段的丰富可以满足现实中的具体要求。第三，对见义勇为的保障应当坚持抚恤优待与社会保障双管齐下，特别是针对因见义勇为致残

---

① 《陕西省奖励和保护见义勇为人员条例》（陕西省第十三届人民代表大会常务委员会第五次会议修订，2018 年 9 月 28 日）第四条："奖励和保护见义勇为人员坚持公开、公平、公正，实行政府主导与社会参与相结合、精神鼓励与物质奖励相结合、抚恤优待与社会保障相结合的原则。"

② 《内蒙古自治区见义勇为人员奖励和保护条例》（内蒙古自治区第九届人民代表大会常务委员会公告第六十六号，2001 年 11 月 21 日）第四条："对见义勇为人员的奖励和保护应当客观、公正、及时，坚持精神鼓励和物质奖励相结合的原则。"

③ 《海南省见义勇为人员奖励和保障规定》（海南省人民代表大会常务委员会公告第 73 号，2020 年 12 月 2 日）第四条："对见义勇为人员的奖励实行精神鼓励、物质奖励和提供社会保障相结合的原则，坚持公正、公开、及时的原则。"

④ 《广东省见义勇为人员奖励和保障条例》（广东省第十三届人民代表大会常务委员会公告第 66 号，2020 年 9 月 29 日）第四条："见义勇为人员的奖励和保障，实行政府主导与社会参与相结合，精神鼓励、物质奖励和社会保障相结合，坚持公正、公开、及时的原则。"

人员，不仅要给予金钱上的抚恤，还应当具体了解其难处，解决其生活中的实际问题，动用多方面的资源，全方位解决见义勇为人员的生活问题，尽力避免"英雄流血又流泪"的悲剧的出现。

坚持精神鼓励与物质奖励相结合、抚恤优待与社会保障相结合的模式在其他省市已有尝试。课题组统计了 17 个省、自治区和直辖市的规定，关于见义勇为的工作模式共有四种分类：一是完整规定上述三个结合，包括天津①、山东②；二是只规定物质奖励与精神奖励、抚恤优待和社会保障两个结合，包括云南③、海南④；三是只规定政府主导与社会参与相结合，物质奖励与精神奖励相结合的，包括辽宁⑤、广东⑥、安徽⑦，虽然上述三省的条文具体表述略有不同，但都只是规定了政府主导与社会参与相结合和物质奖励与精神奖励相结合两类；四是只规定物质奖励和精神奖励

---

① 《天津市见义勇为人员奖励和保护条例》（天津市人民代表大会常务委员会公告第 73 号，2017 年 11 月 28 日）第四条："对见义勇为人员的奖励和保护，应当坚持公开、公平、公正、及时，坚持政府主导和社会参与相结合，精神鼓励和物质奖励相结合，抚恤优待和社会保障相结合的原则。"

② 《山东省见义勇为人员奖励和保护条例》（山东省人民代表大会常务委员会公告第 133 号，2012 年 9 月 27 日）第四条："对见义勇为人员的奖励和保护实行政府主导与全社会参与相结合，精神鼓励与物质奖励相结合，抚恤优待与社会保障相结合的原则。"

③ 《云南省奖励和保护见义勇为人员条例》（云南省人民代表大会常务委员会公告〔13 届〕第 53 号，2021 年 5 月 28 日）第四条："奖励和保护见义勇为人员，遵循精神奖励、物质奖励、抚恤优待和社会保障相结合的原则。"

④ 《海南省见义勇为人员奖励和保障规定》（海南省人民代表大会常务委员会公告第 73 号，2020 年 12 月 2 日）第四条："对见义勇为人员的奖励实行精神鼓励、物质奖励和提供社会保障相结合的原则，坚持公正、公开、及时的原则。"

⑤ 《辽宁省奖励和保护见义勇为人员条例》（辽宁省人民代表大会常务委员会公告第 4 号，2013 年 8 月 2 日）第四条："奖励和保护见义勇为人员，实行政府主导与社会参与相结合，精神鼓励、物质奖励与权益保护相结合，坚持及时、公开、公平、公正的原则。"

⑥ 《广东省见义勇为人员奖励和保障条例》（广东省第十三届人民代表大会常务委员会公告第 66 号，2020 年 9 月 29 日）第四条："见义勇为人员的奖励和保障，实行政府主导与社会参与相结合，精神鼓励、物质奖励和社会保障相结合，坚持公正、公开、及时的原则。"

⑦ 《安徽省见义勇为人员奖励和保护条例》（安徽省人民代表大会常务委员会公告第 34 号，2011 年 4 月 28 日）第四条："对见义勇为人员的奖励和保护实行政府主导与社会参与相结合，宣传表彰与物质奖励相结合。"

相结合，包括四川①、陕西②、内蒙古③、江苏④、山西⑤。剩余还有五个地方性法规并没有规定此项原则。

通过统计分析，虽然完整规定四主体参与以及"两结合"的省市并不算很多，但它们都是近年来的规定，时效上具有一定的可参考性。更为重要的是，这种工作方式符合见义勇为工作的开展，其中四主体参与适用于见义勇为工作的全部，物质奖励与精神奖励相结合适用于奖励部分，抚恤优待与社会保障相结合适用于保护部分。每一项制度都有适用的范畴，缺一不可。

综上，在基本原则的条款中，应当做到：在公开、公平、公正和及时原则的基础上，坚持党委领导、政府主导、社会协同、公众参与，精神鼓励与物质奖励相结合、抚恤优待与社会保障相结合的工作模式，对见义勇为的认定、奖励和保护工作进行全方位的开展。

第四条【管理职责】

县级以上人民政府负责见义勇为工作的组织实施，具体工作由省级人民政府确定的见义勇为工作专门机构负责。

民政、财政、人力社保、宣传、住房城乡建设、卫生健康、医疗保障、退役军人事务、教育、司法行政、税务、交通、应急管理、市场监管等部门应当依法履行职责，开展见义勇为相关工作。

---

① 《四川省保护和奖励见义勇为条例》（四川省第十三届人民代表大会常务委员会公告第80号，2021年5月28日）第六条："对见义勇为人员的保护，坚持及时、有效的原则；对见义勇为人员的奖励，坚持精神鼓励与物质奖励相结合的原则。"

② 《陕西省奖励和保护见义勇为人员条例》（陕西省第十三届人民代表大会常务委员会第五次会议修订，2018年9月28日）第四条："奖励和保护见义勇为人员实行精神鼓励和物质奖励相结合的原则，坚持公开、公平、公正的原则。"

③ 《内蒙古自治区见义勇为人员奖励和保护条例》（内蒙古自治区第九届人民代表大会常务委员会公告第六十六号，2001年11月21日）第四条："对见义勇为人员的奖励和保护应当客观、公正、及时，坚持精神鼓励和物质奖励相结合的原则。"

④ 《江苏省奖励和保护见义勇为人员条例》（江苏省第十三届人民代表大会常务委员会第六次会议，2018年11月23日）第五条："奖励见义勇为人员应当实行精神奖励和物质奖励相结合的原则。"

⑤ 《山西省见义勇为人员保护和奖励条例》（山西省人民代表大会常务委员会公告，2006年5月26日）第四条："见义勇为人员的保护和奖励工作，坚持精神鼓励、物质奖励和社会保障相结合的原则。"

工会、共青团、妇联、残联等人民团体和基层群众性自治组织应当协助开展见义勇为相关工作。

依法成立的见义勇为基金会或者协会,协助县级以上人民政府做好见义勇为人员奖励和保障工作。

【说明】

本条主要涉及见义勇为工作的主管机关、联动机关、支持机关和协助组织。主管机关由县级以上人民政府负责,具体的实施机关由省级人民政府另行确定。联动机关是指配合主管机关、实施机关开展见义勇为工作的部门,主要是涉及见义勇为人员的政策优待和权益保障方面,包括民政、财政、人力社保等。支持机关主要是指人民团体和群众性组织,主要在自身的职责范围内协助开展见义勇为相关工作。协助组织主要是指依法成立的见义勇为基金会或者见义勇为协会,它们主要协助见义勇为工作实施机关来完成一些日常事务。

【理由】

一 具体实施机关由省级人民政府确定

见义勇为工作的负责机关由县级以上人民政府担任,这是全国所有地方性法规的共识。然而,各个地方对于见义勇为工作的具体实施机关则规定多有不同。查阅所统计的 37 个省市分别出台的地方性法规与市级规章对见义勇为确认机关的规定,其中,安徽[①]、辽宁[②]、南昌[③]等 22 个省市将社会治安综合治理工作机构作为见义勇为的确认机关;吉林[④]、

[①] 《安徽省见义勇为人员奖励和保护条例》(安徽省人民代表大会常务委员会公告第 34 号,2011 年 7 月 1 日)第九条:"见义勇为由行为发生地县级以上综治机构确认。"

[②] 《辽宁省奖励和保护见义勇为人员条例》(辽宁省人民代表大会常务委员会公告第 4 号,2013 年 11 月 1 日)第七条:"符合本条例第二条规定,有下列行为之一的,应当向见义勇为行为发生地的县级社会管理综合治理工作机构申报确认见义勇为行为……"

[③] 《南昌市见义勇为人员奖励和保护条例》(南昌市人民代表大会常务委员会公告第 15 号,2003 年 5 月 1 日)第五条:"本条例由市、县(区)人民政府组织实施,市、县(区)社会治安综合治理委员会负责具体工作。"

[④] 《吉林省见义勇为人员奖励和保护条例》(吉林省第十届人民代表大会常务委员会公告第 19 号,2004 年 11 月 1 日)第八条:"见义勇为行为发生后,有关单位或者个人应当及时向行为发生地县级公安机关书面申请确认见义勇为行为。"

洛阳①、南京②等 9 个省市将公安机关作为见义勇为的确认机关；广东③、深圳④、珠海⑤规定在县级以上人民政府成立见义勇为评定委员会，负责见义勇为的确认；北京⑥将民政部门作为见义勇为的确认机关；南宁⑦规定公安部门和民政部门共同负责见义勇为的确认工作；宁夏⑧等地则未在条例中明示见义勇为的确认机关，而是规定由行为发生地的人民政府确定的相关机构负责见义勇为的确认工作。

由上可知，各地方对于见义勇为的具体实施机关规定大不相同，加之各地方开展见义勇为工作已有较长时间，各地方已经形成了见义勇为工作的某种惯例，全国性立法明确指定并不适宜。此外，在 2018 年全国机构改革之前，全国大部分省市的见义勇为工作交由综治部门具体负责，但是 2018 年机构改革将综治部门撤销，其职能交由各级党委政法委来承担，

---

①　《洛阳市保护和奖励维护社会治安见义勇为人员条例》（河南省第九届人民代表大会常务委员会第三十一次会议，2003 年 2 月 1 日）第八条："见义勇为行为由见义勇为发生地的县级以上公安机关认定。"

②　《南京市奖励和保护见义勇为人员条例》（南京市人民代表大会常务委员会公告第 36 号，2017 年 1 月 1 日）第五条："公安机关承担见义勇为工作的下列职责：（一）受理见义勇为的举荐、申报，进行调查、核实和确认。"

③　《广东省见义勇为人员奖励和保障条例》（广东省第十三届人民代表大会常务委员会公告第 66 号，2020 年 9 月 29 日）第六条："县级以上人民政府成立见义勇为评定委员会，负责见义勇为的确认。"

④　《深圳经济特区奖励和保护见义勇为人员条例》（深常发［1997］17 号，1997 年 2 月 26 日）第七条："见义勇为人员可以向基金会申请确认其见义勇为行为。"

⑤　《珠海经济特区见义勇为人员奖励和保障条例》（珠海市第八届人民代表大会常务委员会公告第 18 号，2014 年 9 月 1 日）第七条："市人民政府成立见义勇为评定委员会（以下简称评定委员会），负责见义勇为的确认。评定委员会由相关部门、人民团体、社会组织和市民代表组成，办公室设在市公安局。"

⑥　《北京市见义勇为人员奖励和保护条例》（北京市人大常委会第 21 号，2000 年 8 月 1 日）第八条："区、县民政部门接到组织或者个人关于见义勇为情况的反映或者申请，应当及时组织核实、确认。"

⑦　《南宁市奖励和保护见义勇为人员条例》［广西壮族自治区人大（含常委会），2004 年 12 月 1 日］第十条："县、区公安部门和民政部门负责接受办理申请确认见义勇为人员的工作。"

⑧　《宁夏回族自治区见义勇为人员奖励和保护条例》（宁夏回族自治区人民代表大会常务委员会公告第 78 号，2010 年 12 月 1 日）第六条："行为人或者其亲属可以向见义勇为行为发生地县（市、区）人民政府申报见义勇为行为。"

但是因为政法委属于党委机关，不适宜承担见义勇为行政确认的相关行政职能，也给新进的地方性立法造成了一些困难，因此近几年的立法中对于见义勇为工作具体实施机构多采用模式的表述。例如，陕西将见义勇为实施机关表述为："县级以上人民政府确定的工作机构"，① 海南②、云南③表述为"见义勇为工作机构"，四川④、广西⑤等省市表述为"各级负责社会治安综合治理工作的职能部门"。由此可见在全国层面见义勇为工作具体实施机关较为混乱，不宜在全国层面的立法将具体实施机关具体指定为某一机关，应当把这一权限下放给各省级人民政府，交由各地方在具体工作中不断实践，加以研究，结合本地实际具体确定。

二 联动机关的扩张

关于见义勇为工作的部门联动，针对见义勇为工作的重点，下文主要论述宣传和教育两个部门。

见义勇为工作的开展需要宣传和教育部门的支持。首先，见义勇为先进事例的宣传在见义勇为工作开展中有着极其重要的地位。宣传部门作为

---

① 《陕西省奖励和保护见义勇为人员条例》（2018 年 9 月 28 日陕西省第十三届人民代表大会常务委员会第五次会议，2018 年 9 月 28 日）第五条第一款："县级以上人民政府负责见义勇为人员的奖励和保护工作，建立健全各部门工作联动协调机制，其确定的工作机构（以下统称见义勇为工作机构）具体承担相关工作。"

② 《海南省见义勇为人员奖励和保障规定》（海南省人民代表大会常务委员会公告第 73 号，2020 年 12 月 2 日）第五条第一款："县级以上人民政府负责见义勇为人员的奖励和保障工作，建立健全各部门联动工作机制，日常事务由同级见义勇为工作机构办理。"

③ 《云南省奖励和保护见义勇为人员条例》（云南省人民代表大会常务委员会公告［13 届］第 53 号，2021 年 5 月 28 日）第五条第二款："县（市、区）见义勇为工作机构负责见义勇为行为的确认。各级见义勇为工作机构协调各部门共同做好见义勇为人员申报、评审、推荐表彰、优抚保障、宣传等日常工作，联系本级见义勇为基金会（协会）。"

④ 《四川省保护和奖励见义勇为条例》（四川省第十三届人民代表大会常务委员会公告第 80 号，2021 年 5 月 28 日）第七条第一款："各级人民政府负责实施本条例，具体工作由各级负责社会治安综合治理工作的职能部门负责。"

⑤ 《广西壮族自治区见义勇为人员奖励和保护条例》（广西壮族自治区人大常委会公告［13 届］第 37 号，2020 年 9 月 22 日）第六条第一款："县级以上负责统筹协调社会治安综合治理工作的部门（以下简称社会治安综治统筹部门）负责见义勇为人员的确认、奖励和保护工作的组织、协调、考核。"

外界了解见义勇为事例的窗口，担负着通过见义勇为先进事例的宣传从而践行社会主义核心价值观，弘扬社会正气的重要作用，宣传部门作为见义勇为的联动部门理所应当。其次，教育部门在见义勇为的奖励中也发挥着不可或缺的作用。在本法的第三章"奖励"中，见义勇为人员（或其子女）在入学和教育费用的承担上享有一定的优惠，此种具体的措施当然需要教育部门组织实施。因此，教育部门应当作为见义勇为的联动部门。

教育部门作为联动部门在全国其他地区没有争议。纵观全国其他地区的规定，共有11个地方性法规提到教育部门，例如浙江①、天津②、四川③。可见，教育部门作为联动部门在全国其他省市已是通例。但并没有一个地方性法规将宣传部门列为联动部门。究其原因，其他省市可能认为在已经规定了广播、报刊等媒体对见义勇为的宣传义务之后，实在无必要将宣传部门列为联动部门之一。但是我们认为，当下社会风气日趋冷漠，为了更好地宣传见义勇为先进事例，更应当将作为统筹各种媒体的主管部门的宣传部门列为联动部门之一，进而将宣传工作提升到新的高度。

三　重视人民团体和群众性自治组织的作用

将人民团体与群众性自治组织纳入见义勇为工作的协同组织更有利于保障见义勇为者的权益。相较于国家机关，诸如工会、共青团、妇联、残联等人民团体与居委会、村委会等群众性自治组织与普通公民的距离更

---

①　《浙江省见义勇为人员奖励和保障条例》（浙江省第十三届人民代表大会常务委员会公告第38号，2020年11月27日）第四条第三款："民政、人力资源社会保障、卫生健康、教育、财政等部门应当按照规定职责，做好有关见义勇为人员奖励、保障的相关工作。"

②　《天津市见义勇为人员奖励和保护条例》（天津市人民代表大会常务委员会公告第73号，2017年11月28日）第五条："市和区人民政府负责本行政区域内见义勇为人员奖励和保护工作，并将所需经费纳入同级财政预算。公安机关负责见义勇为人员奖励和保护日常工作。民政、财政、人力社保、卫生计生、国土房管、司法行政、教育等部门按照各自职责做好见义勇为人员奖励和保护相关工作。工会、共青团、妇联、残联协助政府做好见义勇为人员奖励和保护相关工作。"

③　《四川省保护和奖励见义勇为条例》（四川省第十三届人民代表大会常务委员会公告第80号，2021年5月28日）第七条第二款："教育、公安、民政、财政、人力资源社会保障、卫生健康、退役军人事务、保险等部门，应在各自的职责范围内协助做好对见义勇为人员的保护和奖励工作。"

近，它们更能够知晓见义勇为人员的难处，为了更全面地保护见义勇为人员的权益，这些组织最少应当负有向有关机关报告相关情况的义务。此外，因为它们与普通民众的距离更近，也可以它们为主体开展见义勇为的宣传活动，此种活动也更容易被民众所接受，宣传的效果也更好。

将工会、共青团、妇联、残联等人民团体纳入见义勇为的协同机关在其他省市也有规定。课题组统计了 17 个省市的地方性法规，其中提到工会、共青团、妇联、残联等人民团体的有 6 个，6 个为广东①、海南②、辽宁③、山西④、天津⑤、云南⑥，虽然数量不算多，但是也表明其他省市的地方性法规已经注意到了这个问题。但是纵观全国其他省市的地方性法规，均未有提及将群众自治组织作为协同机关，但是我们认为应当将其纳入见义勇为的协同机关。因为群众性自治组织是最接近见义勇为人员和普通民众的组织之一，不论是见义勇为人员权益的保障，还是见义勇为先进

---

① 《广东省见义勇为人员奖励和保障条例》（广东省第十三届人民代表大会常务委员会公告第 66 号，2020 年 9 月 29 日）第五条第三款："工会、共产主义青年团、妇女联合会、残疾人联合会等应当协助做好见义勇为人员的奖励和保障工作。"

② 《海南省见义勇为人员奖励和保障规定》（海南省人民代表大会常务委员会公告第 73 号，2020 年 12 月 2 日）第五条第三款："工会、妇联、共青团、残联等人民团体和企事业单位，应当在各自的工作范围内，协助做好见义勇为人员的奖励和保障相关工作。"

③ 《辽宁省奖励和保护见义勇为人员条例》（辽宁省人民代表大会常务委员会公告第 4 号，2013 年 8 月 2 日）第五条第四款："工会、共青团、妇联、残联等社会团体，以及企事业单位、基层群众自治组织，在各自的工作范围内，协助做好见义勇为人员的奖励和保护工作。"

④ 《山西省见义勇为人员保护和奖励条例》（山西省人民代表大会常务委员会公告，2006 年 5 月 26 日）第五条第三款："财政、民政、劳动和社会保障、人事、卫生、司法、教育、工商、税务等行政主管部门，以及工会、共青团、妇联、残联，应当在各自的职责范围内做好见义勇为人员保护和奖励工作。"

⑤ 《天津市见义勇为人员奖励和保护条例》（天津市人民代表大会常务委员会公告第 73 号，2017 年 11 月 28 日）第五条第三款："工会、共青团、妇联、残联协助政府做好见义勇为人员奖励和保护相关工作。"

⑥ 《云南省奖励和保护见义勇为人员条例》（云南省人民代表大会常务委员会公告〔13 届〕第 53 号，2021 年 5 月 28 日）第六条第一款："公安、民政、司法行政、人力资源社会保障、住房城乡建设、教育、卫生健康、退役军人、应急管理、财政等有关部门，以及工会、妇女联合会、共青团、残疾人联合会等人民团体和企业事业单位、基层组织应当按照各自的职责，做好奖励和保护见义勇为人员的工作。"

事例的宣传，居委会、村委会等群众性自治组织的效果一定是最及时，效果最为显著的。因此，应当将群众性自治组织纳入见义勇为的协同机关。

四　见义勇为基金会或协会的协助

见义勇为基金会（协会）协助开展见义勇为工作在大部分省市已有实践。在 2018 年机构改革之后最新颁布的 11 个省级见义勇为地方性法规中，有 8 个明确了见义勇为基金会（协会）的协助义务，包括浙江[①]、云南[②]、海南[③]、贵州、广西、天津、重庆、江苏。从数量上看，规定见义勇为基金会（协会）应当协助开展见义勇为工作的占多数。目前而言，各省、自治区、直辖市均已经设立了见义勇为基金会，在各省级行政区划范围内对下一级的见义勇为基金会、见义勇为基金或者见义勇为协会均有相应的指导作用，因此本条也没有给各地方增添额外的负担。

规定见义勇为基金会（协会）的协助义务符合见义勇为工作的需要。课题组曾赴贵州、海南调研，与贵州省见义勇为基金会、海南省见义勇为基金会进行了座谈。贵州和海南两地的见义勇为基金会属于社会团体，当然不具有确认见义勇为的行政职能，但是可以协助当地见义勇为主管机关开展日常的见义勇为工作，在见义勇为人员遭遇困难时也都会及时伸出援手，给予相应的经济支持，也会定期组织见义勇为人员先进事迹的宣讲活动，通过先进事迹的宣讲传播正能量，弘扬社会正气。见义勇为基金会（协会）是社会参与见义勇为工作的重要窗口，应当在见义勇为立法中关注见义勇为基金会（协会），使更多的社会力量参与到见义勇为工作中来，最大限度地弘扬社会正气。

---

① 《浙江省见义勇为人员奖励和保障条例》（浙江省第十三届人民代表大会常务委员会公告第 38 号，2020 年 11 月 27 日）第四条第五款："见义勇为基金会根据其章程，做好有关见义勇为人员的奖励、保障工作。"

② 《云南省奖励和保护见义勇为人员条例》（云南省人民代表大会常务委员会公告［13 届］第 53 号，2021 年 5 月 28 日）第七条："省、州（市）、县（市、区）设立见义勇为基金会（协会），依法募集、管理见义勇为基金，协助做好见义勇为人员的奖励和保障工作。"

③ 《海南省见义勇为人员奖励和保障规定》（海南省人民代表大会常务委员会公告第 73 号，2020 年 12 月 2 日）第六条："见义勇为基金会或者见义勇为工作协会，应当协助本级人民政府做好见义勇为人员的奖励和保障工作。"

第五条【工作机制与经费保障】

建立健全见义勇为工作联席会议制度，统筹协调见义勇为相关工作，完善见义勇为人员权益保护长效机制。

县级以上人民政府应当将见义勇为人员奖励和保护经费纳入本级政府预算。

【说明】

本条主要涉及工作机制与经费保障两项内容：见义勇为工作机制具体包括见义勇为工作联席会议制度和见义勇为人员权益保护长效机制；见义勇为工作的经费保障应当纳入本级政府的财政预算。

【理由】

一 见义勇为工作机制的构建

见义勇为工作机制包括联席会议和长效机制两项。有关见义勇为工作联席会议制度，在 2018 年机构改革之后修订出台的 11 部地方性法规中，建立"联席会议"或者类似制度的共有 5 家，例如陕西①、河南②、海南③、广东④的联动协调机制，江苏⑤设立的见义勇为人员奖励和保护工作

---

① 《陕西省奖励和保护见义勇为人员条例》（陕西省第十三届人民代表大会常务委员会第五次会议修订，2018 年 9 月 28 日）第五条第一款："县级以上人民政府负责见义勇为人员的奖励和保护工作，建立健全各部门工作联动协调机制，其确定的工作机构（以下统称见义勇为工作机构）具体承担相关工作。"

② 《河南省第十二届人民代表大会常务委员会公告》（河南省人民代表大会常务委员会公告第 82 号，2018 年 1 月 1 日）第五条第一款："县级以上人民政府负责见义勇为人员的奖励和保障工作，建立健全各部门联动的工作协调机制。日常事务由公安机关办理。"

③ 《海南省见义勇为人员奖励和保障规定》（海南省人民代表大会常务委员会公告第 73 号，2020 年 12 月 2 日）第五条第一款："县级以上人民政府负责见义勇为人员的奖励和保障工作，建立健全各部门联动工作机制，日常事务由同级见义勇为工作机构办理。"

④ 《广东省见义勇为人员奖励和保障条例》（广东省第十三届人民代表大会常务委员会公告第 66 号，2020 年 9 月 29 日）第五条第一款："县级以上人民政府负责见义勇为人员的奖励和保障工作，建立健全相关部门协调配合的工作机制。"

⑤ 《江苏省人民代表大会常务委员会公告》（江苏省第十三届人民代表大会常务委员会第六次会议，2018 年 11 月 23 日）第四条第二款："县级以上地方人民政府设立见义勇为人员奖励和保护工作委员会，协调解决见义勇为人员奖励和保护工作中的重大问题；其日常办事机构设在同级公安机关。"

委员会。虽然数量尚未过半，但是上述几乎每个条例中均列举了多个见义勇为工作的联动机关，要想将这些机关有效结合为见义勇为工作服务，比如建立具体的协同制度来确定各个机关之间的职责分工。

联席会议机制是"党委领导、政府主导"基本原则的具体体现。实践中联席会议的具体组织实施主体一般是各级党委政法委，而见义勇为具体工作则由公安机关、综治部门、民政部门等负责，各级党委政法委对应"党委领导"，公安、综治或民政对应"政府主导"。而从见义勇为工作的具体开展来看，联席会议的建立也是十分有必要的。第五条列举了民政、财政、人力社保、住房城乡建设等 12 个部门在自己职责范围内完成见义勇为相关工作，具体实施部门通常与上述机关平级，协同机制的具体开展难免会产生一些困难，此时就需要作为党委机关的政法委出面协调各个政府组成部门的工作开展。因此由各级党委政法委牵头的联席会议机制对见义勇为工作的日常开展是十分必要的。

二　见义勇为人员权益保障长效机制的建立

完善长效保障机制之必要在于消减公民在见义勇为之后可能遭受的潜藏的不良影响，亦在于推动社会形成"向榜样学习"的良好风尚。本条在内容设置上明确了实施保障的主体以及具体保障事项。其中，具体保障事项包括建立档案、定期回访、长期跟踪、经常性慰问以及帮扶。设置本条的理由大致存在于如下几个方面：

已有部分省市探索建立对见义勇为人员的长效保障机制，为新增本条提供了实践经验。嘉兴市①仅片面地规定了建立见义勇为人员档案，而菏泽市②也只

---

① 《嘉兴市人民政府办公室关于印发嘉兴市见义勇为人员奖励和保障办法的通知》（嘉政办发〔2014〕88 号，2014 年 9 月 15 日）第四十四条："本市公民在本市跨区域见义勇为受到县级以上人民政府表彰的，其行为发生地见义勇为工作机构在表彰满一年后，可将其档案材料移交至其户籍所在地见义勇为工作机构，见义勇为行为发生地留存复印件备查。移交后的见义勇为人员享受其户籍所在地的奖励和保障性制度。"

② 《菏泽市人民政府办公室关于印发菏泽市见义勇为人员奖励和保护实施办法的通知》（菏政办发〔2014〕60 号，2014 年 11 月 27 日）第十九条："社会管理综合治理部门应当会同见义勇为基金会或者见义勇为协会，建立、完善对见义勇为人员的回访制度和长期跟踪服务制度，协调有关部门落实对见义勇为人员的各项优惠待遇。"

是孤立地规定回访与长期跟踪制度。湖南①、新疆②两地较为全面地规定了为见义勇为人员建立档案、分类管理并且跟踪服务的制度。较为完善的是安徽③对见义勇为人员的长效保障机制规定，同时涵盖了建立档案、回访、分类管理与跟踪服务等各个方面。

不同于前述其他短期或一次性保障机制，建立长效保障机制有其自身独特的制度作用。前者极为关注缓和矛盾的效率问题，在短期或一次性补助见义勇为人员的过程中，客观上起到及时补偿或奖励的作用。而后者更为看重的是对社会产生潜移默化的精神导向，力求发出一种信号，即国家对见义勇为之后可能遭遇的不良后果承担保障责任，无疑有助于消减公民见义勇为时的后顾之忧。

不同的具体制度构成长期保障的整体内容。建立档案制度，旨在将见义勇为人员的信息材料进行分类归档，以便将来信息查阅、补助发放以及评奖评先。经常性慰问以及帮扶制度，是对见义勇为人员最为直接的保障形式之一，也是最为长效保障机制中的核心内容。定期回访制度，密切关注见义勇为人员的生活状况，俟其需要而施以援助。长期跟踪制度，意在了解见义勇为人员的最近情况，根据不同阶段的实际形势调整相应的帮扶方式。

三　见义勇为工作的经费保障

见义勇为工作属于政府的行政管理职能，除开工作开展日常开支外，见义勇为人员的奖励、抚恤等方面都需要相对较多的经费支持。将见义勇为人员奖励和保护经费纳入同级财政预算之中，不仅是各地方的通行做法，也是充分保护见义勇为人员权益弘扬社会正气的需要。

---

① 《湖南省见义勇为人员奖励和保护条例》（湖南省第十一届人民代表大会常务委员会公告第 19 号，2009 年 3 月 26 日）第二十一条："县级以上综治机构应当为见义勇为人员建立档案，实行分类管理和跟踪服务。"

② 《新疆维吾尔自治区见义勇为人员奖励和保护办法》（新疆维吾尔自治区人民政府令第 175 号，2012 年 2 月 10 日）第二十四条："社会管理综合治理机构应当为见义勇为人员建立档案，实行分类管理和跟踪服务。"

③ 《安徽省见义勇为人员奖励和保护条例》（安徽省人民代表大会常务委员会公告第 34 号，2011 年 4 月 28 日）第三十一条："县级以上综治机构应当建立见义勇为人员档案和回访制度，协调有关部门做好见义勇为人员的奖励和保护工作，实行分类管理和跟踪服务，帮助解决其生活等方面的困难。"

　　见义勇为人员奖励和保护经费纳入财政预算是各地方的通行做法。课题组统计了 2018 年机构改革之后修订的其他省市自治区的见义勇为条例共 11 部，其中全部存在类似的表述。例如广东①和海南②是各级政府设立见义勇为专项资金或者专项经费；广西③是县级以上人民政府应当建立经费保障措施；贵州④、河南⑤等 6 省均和本条例的表述一致，即将见义勇为人员奖励和保护经费纳入同级财政预算；浙江⑥运用的是政府根据实际情况安排见义勇为人员的奖励、保障经费。上述各省的表述虽然不同，但意思均为政府财政应当为见义勇为工作划拨专门的经费。

　　见义勇为人员奖励和保护经费纳入财政预算是充分保护见义勇为人员权益、弘扬社会正气的需要。除开见义勇为行政工作的日常开支外，见义勇为人员奖励和保护所需要的款项主要包括以下几种：一是见义勇为人员的奖金，具体由省级人民政府或者见义勇为工作专门机构确定；二是见义勇为人员的医疗费垫付，当见义勇为人员因见义勇为受伤时，由此产生的医疗费、护理费等相关费用也需要相当大的开支；三是见义勇为人员的抚

　　① 《广东省见义勇为人员奖励和保障条例》（广东省第十三届人民代表大会常务委员会公告第 66 号，2020 年 9 月 29 日）第七条第一款："县级以上人民政府应当在每年的财政预算中安排见义勇为专项经费，用于见义勇为人员及其家属的救治、抚恤、表彰、奖励、生活困难资助、康复治疗补助以及经济补偿等，并制定经费的管理和使用办法。"

　　② 《海南省见义勇为人员奖励和保障规定》（海南省人民代表大会常务委员会公告第 73 号，2020 年 12 月 2 日）第三十二条："省和市、县（区）、自治县人民政府设立见义勇为专项资金，列入年度预算，用于见义勇为人员的奖励和保障。"

　　③ 《广西壮族自治区见义勇为人员奖励和保护条例》（广西壮族自治区人大常委会公告 13 届第 37 号，2020 年 9 月 22 日）第五条："县级以上人民政府应当建立和完善部门协调机制与经费保障措施，推进本行政区域内见义勇为人员的奖励和保护工作。"

　　④ 《贵州省见义勇为人员奖励和保护条例》（贵州省人民代表大会常务委员会公告第 13 号，2020 年 9 月 25 日）第五条第一款："县级以上人民政府负责见义勇为人员的奖励和保护工作，见义勇为工作经费、奖励经费列入同级财政预算。"

　　⑤ 《河南省第十二届人民代表大会常务委员会公告》（河南省人民代表大会常务委员会公告第 82 号，2018 年 1 月 1 日）第六条："县级以上人民政府应当将见义勇为人员奖励保障和工作经费纳入本级财政预算，予以足额保障。"

　　⑥ 《浙江省见义勇为人员奖励和保障条例》（浙江省第十三届人民代表大会常务委员会公告第 38 号，2020 年 11 月 27 日）第五条："县级以上人民政府应当根据实际情况安排见义勇为人员的奖励、保障经费。"

恤，如果见义勇为人员牺牲或致残，退役军人事务部门应当根据有关规定支付相应的款项。上述三类数额均不在少数，虽然见义勇为基金（会）可以通过社会捐赠获得一定的款项，但考虑到见义勇为人员对社会做出的突出贡献以及见义勇为事迹对弘扬社会正气的正向作用，由财政来承担大部分的支出是可行且必要的。

综上所述，为了更好地理顺见义勇为工作，全面长期保障见义勇为人员权益，弘扬社会主义核心价值观，见义勇为工作应当建立联席会议机制和长效保障机制，同时各级政府应当将见义勇为人员奖励和保护经费纳入同级政府财政预算。

第六条【加强宣传】

广播、电视、报刊、网站等媒体应当加强见义勇为宣传，普及科学实施见义勇为知识，及时报道见义勇为事迹，营造崇尚和支持见义勇为的良好氛围。

【说明】

见义勇为作为社会主义核心价值观的重要内容，其宣传工作应当放在重要位置。只有加强见义勇为的宣传，才能使先进事迹得到更广泛的传播，真正达到通过见义勇为工作弘扬社会正气的作用。

【理由】

已有中央政策要求加强见义勇为的宣传。《国务院办公厅转发民政部等部门关于加强见义勇为人员权益保护意见的通知》（国办发〔2012〕39号）明确规定：强化宣传引导。各级政府要高度重视见义勇为宣传工作，充分利用报刊、广播、电视、网络等媒体和图书、影视等文艺作品，不断加大宣传力度，同时通过举办报告会、巡讲等活动，大力宣扬见义勇为人员的先进事迹，倡导科学合理实施见义勇为行为，充分展现党和政府对见义勇为人员的关爱、广大人民群众对见义勇为行为的支持与肯定，给予见义勇为人员及其家庭更多的精神关怀和鼓舞，努力在全社会营造人人关爱见义勇为人员的浓厚氛围。

民众呼唤见义勇为的宣传。根据调研，民众普遍反映见义勇为事迹宣传不到位。课题组曾到重庆市九龙坡区和綦江区实地调研，不论是见义勇为人员还是政府工作人员，均强调宣传的必要性，应该多宣传见义勇为事迹，增加荣誉感，提升社会认可度和关注度，从而发挥带头作用，形成社会良好风气，促进社会正义实现。但是，实际工作中，宣传效果往往不尽如人意，难以落实，缺乏长效宣传机制。根据问卷调查数据反馈，在发放的 768 份问卷中有 94 人针对重庆市目前见义勇为现状提出针对性意见，其中有 23 人认为见义勇为事迹宣传不到位，影响力较小的问题，建议增强宣传力度。

第二章 评审认定

第七条【见义勇为的列举和排除】

符合本法规定，行为人有下列情形之一且事迹突出的，应当认定为见义勇为人员：

（一）制止正在实施的危害国家安全、公共安全或者妨害社会管理秩序的违法犯罪行为；

（二）制止正在实施的侵害国有财产、集体财产或者他人人身、财产安全的违法犯罪行为；

（三）主动抓获或者协助有关机关追捕犯罪嫌疑人、逃犯，侦破重大刑事案件；

（四）抢险、救灾、救人；

（五）实施其他见义勇为行为。

保安员、治安巡防队员、交通协管员、辅警等负有约定义务的人员实施上述行为表现特别突出的，可以认定为见义勇为，但表彰等级应当相应降低。

国家工作人员依法履行职责、执行公务表现突出的，按照国家有关规定给予表彰和奖励，不认定为见义勇为人员。救助有赡养、抚养、扶养义务的近亲属，有监护职责的人员救助被监护人，不认定为见义勇为人员。

【说明】

本条内容为"见义勇为的列举和排除"。该条文应当结合第二条（见义勇为人员的定义）一并理解，本条第一款实则是对见义勇为的具体行为进行了进一步的列举。第二款为负有约定救助义务的人员打开了见义勇为认定的通路。第三款则规定了国家工作人员、赡养抚养扶养关系的近亲属和有监护职责人员不纳入见义勇为的范畴。

一　见义勇为的列举

为了将见义勇为的认定标准细化，提高立法的可操作性，在"总则"部分对见义勇为作了总括性的规定之后，仍然有必要在分则中对见义勇为的具体行为进行进一步的规定。采用这种编排方式更为妥当，因为其更具条理，繁简适当，将见义勇为的各种情形都包含在内，并且体现了总则与分则之间的层次关系。

通过归纳各省、自治区、直辖市的见义勇为条例（办法），见义勇为行为列举一般都包括以下几种，即"制止犯罪型""抢险救灾救人型""协助抓捕犯罪嫌疑人型"以及"其他"。对比各地区的规定，其中有的条例在规定中对"制止犯罪型"中的"犯罪"又作了划分，即分为"实施危害国家安全、公共安全或者妨害社会管理秩序的违法犯罪"以及"实施侵害国家、集体财产和他人人身、财产安全的违法犯罪"，如果把"制止犯罪型"分为两种见义勇为类型，则共有五种见义勇为的具体类型。而在统计的全国关于见义勇为的立法规定中，将全部五种类型都作了规定的地区有重庆[①]、辽宁[②]、南京[③]、宁

[①] 《重庆市见义勇为人员奖励和保护条例》（重庆市人民代表大会常务委员会公告［5届］第 127 号，2021 年 3 月 31 日）第八条第一款："符合本条例规定，行为人有下列情形之一且事迹突出的，应当认定为见义勇为人员：（一）制止正在实施的危害国家安全、公共安全或者妨害社会管理秩序的违法犯罪行为；（二）制止正在实施的侵害国有财产、集体财产或者他人人身、财产安全的违法犯罪行为；（三）主动抓获或者协助有关机关追捕犯罪嫌疑人、逃犯，侦破重大刑事案件；（四）抢险、救灾、救人；（五）实施其他见义勇为行为。"

[②] 《辽宁省奖励和保护见义勇为人员条例》（辽宁省人民代表大会常务委员会公告第 4 号，2013 年 8 月 2 日）第七条："符合本条例第二条规定，有下列行为之一的，应当向见义勇为行为发生地的县级社会管理综合治理工作机构申报确认见义勇为行为：（一）制止正在实施的危害国家安全、公共安全或者妨害社会管理秩序的违法犯罪行为的；（二）制止正在实施的侵害国有财产、集体财产和他人的人身、财产安全的违法犯罪行为的；（三）协助有关机关追捕、抓获犯罪嫌疑人、罪犯的；（四）在抢险、救灾、救人活动中表现突出的；（五）其他符合本条例第二条规定的行为。"

[③] 《南京市奖励和保护见义勇为人员条例》（南京市人民代表大会常务委员会公告第 36 号，2017 年 1 月 1 日）第十二条："符合本条例规定，有下列行为之一的，可以确认为见义勇为：（一）同危害国家安全、公共安全或者妨害社会管理秩序等违法犯罪行为作斗争的；（二）同侵害国家、集体财产或者他人人身、财产安全等违法犯罪行为作斗争的；（三）协助追捕犯罪嫌疑人或者提供重要线索，侦破重大刑事案件的；（四）抢险、救灾、救人的；（五）其他见义勇为事迹突出的。"

夏①、陕西②等；五种类型中仅未规定"协助抓捕犯罪嫌疑人型"的地区有广东③、吉林④、山东⑤、武汉⑥、江苏⑦等；将"制止犯罪型"的两种

---

① 《宁夏回族自治区见义勇为人员奖励和保护条例》（宁夏回族自治区人民代表大会常务委员会公告第 78 号，2010 年 10 月 15 日）第五条："不负有法定职责、特定义务或者约定义务的人员，为保护国家利益、公共利益或者他人人身、财产安全，实施下列行为的，应当确认为见义勇为行为：（一）同正在危害国家安全、公共安全或者扰乱社会秩序的违法行为作斗争的；（二）同正在侵害国家、集体财产或者他人人身、财产安全的违法行为作斗争的；（三）抓获或者协助有关机关抓获逃犯或者犯罪嫌疑人的；（四）为保护国家、集体财产或者他人人身、财产安全，抢险、救灾、救人的；（五）依法确认的其他见义勇为行为。"

② 《陕西省奖励和保护见义勇为人员条例》（陕西省人民代表大会常务委员会公告第 13 号，2004 年 1 月 1 日）第七条："有下列行为之一的，可以举荐、申报为见义勇为行为：（一）制止正在实施的危害国家安全、公共安全或者妨害社会管理秩序的违法犯罪行为的；（二）制止正在实施的侵害国家财产、集体财产或者他人人身、财产安全的违法犯罪行为的；（三）协助追捕、抓获罪犯、犯罪嫌疑人的；（四）抢险、救灾、救人中表现突出的；（五）其他可以举荐、申报为见义勇为行为的。"

③ 《广东省见义勇为人员奖励和保障条例》（广东省第十三届人民代表大会常务委员会公告第 66 号，2020 年 9 月 29 日）第九条："鼓励公民采取适当、有效方式实施下列见义勇为行为：（一）制止正在危害国家安全、公共安全或者扰乱社会秩序的违法犯罪行为；（二）制止正在侵害国家、集体财产或者他人人身、财产安全的违法犯罪行为；（三）抢险、救灾、救人，保护国家、集体的财产或者他人人身、财产安全；（四）其他见义勇为行为。"

④ 《吉林省见义勇为人员奖励和保护条例》（吉林省第十届人民代表大会常务委员会公告第 19 号，2004 年 9 月 25 日）第七条："有下列行为之一的，应当确认为见义勇为行为：（一）同正在危害国家安全、公共安全或者扰乱公共秩序的违法犯罪行为做斗争的；（二）同正在侵害国家、集体财产或者他人生命财产安全的违法犯罪行为做斗争的；（三）遇有重大灾害事故奋力排险抢救（救灾、救人），保护国家、集体财产或者他人生命财产安全的；（四）依法应当确认为见义勇为行为的其他行为。"

⑤ 《山东省见义勇为人员奖励和保护条例》（山东省人民代表大会常务委员会公告第 133 号，2012 年 9 月 27 日）第八条："有下列行为之一，且符合本条例第二条规定的，应当确认为见义勇为：（一）同危害国家安全、公共安全或者扰乱公共秩序的违法犯罪行为作斗争的；（二）同侵害国家、集体财产或者他人生命财产安全的违法犯罪行为作斗争的；（三）在发生自然灾害或者事故灾难时，救人、抢险、救灾的；（四）应当确认为见义勇为的其他行为。"

⑥ 《武汉市见义勇为人员奖励和保护条例》（武汉市人民代表大会常务委员会公告 13 届第 31 号，2016 年 1 月 1 日）第七条："符合本条例规定，有下列行为之一且事迹突出的，应当确认为见义勇为：（一）制止正在危害国家安全、公共安全或者扰乱公共秩序的违法犯罪行为的；（二）制止正在侵害他人人身安全或者国家、集体、他人财产安全的违法犯罪行为的；（三）发生自然灾害或者事故灾难时，抢险、救灾、救人，保护国家、集体财产或者他人人身、财产安全的；（四）其他应当确认为见义勇为行为的。"

⑦ 《江苏省奖励和保护见义勇为人员条例》（江苏省第十三届人民代表大会常务委员会第六次会议，2018 年 11 月 23 日）第十条："符合本条例规定，行为人有下列行为之一，且表现突出的，应当确认为见义勇为人员：（一）同危害国家安全、公共安全或者妨害社会管理秩序的违法犯罪行为作斗争的；（二）同侵害国家、集体财产或者他人的人身、财产安全的违法犯罪行为作斗争的；（三）协助追捕犯罪嫌疑人、被告人、罪犯或者协助侦破重大刑事案件的；（四）抢险、救灾、救人的；（五）其他属于见义勇为的行为。"

类型合为一项进行规定的地区有：湖南①、安徽②、海南③、江苏④、南宁⑤等；未以"其他见义勇为行为型"进行兜底性规定的地区有山西⑥等。

本次修订中，对见义勇为的具体行为规定了五种类型，即"制止侵害

① 《湖南省见义勇为人员奖励和保护条例》（湖南省第十一届人民代表大会常务委员会公告第 19 号，2009 年 3 月 26 日）第五条："不负有法定职责、法定义务或者约定义务的人员，为了保护国家利益、公共利益或者他人人身、财产安全，依法实施的下列行为，应当确认为见义勇为：（一）制止正在实施违法犯罪的行为（二）抓获或者协助有关机关追捕逃犯或者犯罪嫌疑人的行为；（三）抢险、救灾、救人的行为；（四）应当确认为见义勇为的其他行为。"

② 《安徽省见义勇为人员奖励和保护条例》（安徽省人民代表大会常务委员会公告第 34 号，2011 年 4 月 28 日）第八条："有下列行为之一的，应当确认为见义勇为：（一）制止正在发生的违法犯罪行为的；（二）扭送或者协助有关机关抓捕犯罪嫌疑人、逃犯的；（三）抢救和保护国家、集体财产或者他人生命财产的；（四）其他应当确认为见义勇为的。"

③ 《海南省见义勇为人员奖励和保障规定》（海南省人民代表大会常务委员会公告第 73 号，2020 年 12 月 2 日）第八条："符合本规定第三条，有下列行为之一且事迹突出或者做出重大贡献的，应当确认为见义勇为：（一）制止正在实施违法犯罪的行为；（二）协助有关机关抓获犯罪嫌疑人、追捕在逃犯、侦破重大刑事案件的行为；（三）为保护国家利益、集体利益、社会公共利益或者他人的人身、财产安全，救人、抢险、救灾的行为；（四）其他应当确认为见义勇为的行为。"

④ 《江苏省奖励和保护见义勇为人员条例》（江苏省第十三届人民代表大会常务委员会第六次会议，2018 年 11 月 23 日）第十条："符合本条例规定，行为人有下列行为之一，且表现突出的，应当确认为见义勇为人员：（一）同危害国家安全、公共安全或者妨害社会管理秩序的违法犯罪行为作斗争的；（二）同侵害国家、集体财产或者他人的人身、财产安全的违法犯罪行为作斗争的；（三）协助追捕犯罪嫌疑人、被告人、罪犯或者协助侦破重大刑事案件的；（四）抢险、救灾、救人的；（五）其他属于见义勇为的行为。"

⑤ 《南宁市奖励和保护见义勇为人员条例》（南宁市人民代表大会常务委员会公告［11 届］第 20 号，2004 年 10 月 19 日）第八条："符合本条例第二条规定，有下列情形之一的，确认为见义勇为人员：（一）同违法犯罪行为作斗争，事迹突出的；（二）主动抓获或协助公安、司法机关追捕犯罪嫌疑人或脱逃犯，事迹突出的；（三）在治安事故、自然灾害或其他意外事故中排险抢救，勇于救助，事迹突出的；（四）其他符合本条例第二条规定，事迹突出的。"

⑥ 《山西省见义勇为人员保护和奖励条例》（山西省第十届人民代表大会常务委员会第二十四次会议，2006 年 5 月 26 日）第八条："符合本条例第二条规定，有下列行为之一的，应当确认为见义勇为行为：（一）主动同正在实施的危害国家安全、公共安全或者妨害社会管理秩序的违法犯罪行为作斗争的；（二）主动同正在实施的侵害国家、集体财产或者他人的人身、财产安全的违法犯罪行为作斗争的；（三）扭送在逃或者被通缉的罪犯、犯罪嫌疑人至公安、司法机关或者协助公安、司法机关将其抓获的；（四）在发生自然灾害、事故灾难、公共卫生、社会安全等重大突发事件或者他人遇险时，抢险、救灾、救人的。"

公共利益犯罪型""制止侵害个人利益犯罪型""抢险救灾救人型""协助抓捕犯罪嫌疑人型"以及"其他见义勇为行为型"。有的省市之所以未规定"协助抓捕犯罪嫌疑人型"的见义勇为,很大程度上可能是考虑其不符合见义勇为的"紧急性""危险性"要件,尤其是对于经济类犯罪的犯罪嫌疑人,更是如此,但是对于人身伤害类的犯罪嫌疑人,则明显符合见义勇为的构成要件,况且经济类犯罪事实上侵犯了刑法所保护的法益,可视为对社会整体利益具有急迫的危险性,需要尽快解除这一危险,所以仍然应将其纳入到见义勇为的具体行为中。此外,之所以对"制止犯罪型"再作区分,是因为将犯罪细分为侵犯公共利益和侵犯个人利益,更加便于突出制止侵犯公共利益的犯罪行为也属于见义勇为的范畴。最后,应当规定"其他见义勇为行为型"这样的兜底性规定,因为前几种规定的类型对现实生活中发生的见义勇为具体行为难免会发生涵盖不全的情形,况且社会生活千变万化,各种类型的事件层出不穷,设置兜底性的规定之后,不必担心特殊情况发生时无法可依。

二 负有约定救助义务人员的有条件适用

规定对这类人群认定见义勇为已有先例,珠海[①]、广州[②]等地区将这类人员纳入了见义勇为的认定范围。应当说,将保安员、治安巡防队员、

[①] 《珠海经济特区见义勇为人员奖励和保障条例》(珠海市第八届人民代表大会常务委员会公告第 18 号,2014 年 9 月 1 日)第三条:"本条例所称见义勇为,是指不负有法定职责、法定义务的人员实施的保护国家利益、社会公共利益或者他人的人身、财产安全的行为,且表现突出的。包括下列行为:(一)制止正在发生的违法犯罪行为;(二)积极协助有关国家机关抓捕或者扭送通缉在案的、越狱逃跑的、正在被追捕的或者在犯罪后即时被发觉的人员;(三)抢险、救灾、救人等。保安员、治安巡防队员在履行工作职责时的行为,符合前款规定的,确认为见义勇为。"《珠海经济特区公安机关警务辅助人员管理办法》第二十条:"辅警的行为符合见义勇为标准的,经见义勇为评定委员会认定,享受见义勇为人员待遇。"

[②] 《广州市见义勇为人员奖励和保障实施办法》(广州市人民政府办公厅,2015 年 4 月 15 日)第三条:"本办法所称见义勇为,是指根据《广东省见义勇为人员奖励和保障条例》规定,不负有法定职责、法定义务的人员,为保护国家利益、社会公共利益或者他人的人身财产安全,制止正在发生的违法犯罪行为或者实施救人、抢险、救灾等行为。保安员、辅警、治安联防员、户口协管员、交通协管员等负有约定义务的人员不顾个人安危,与违法犯罪分子英勇搏斗或者实施抢险、救灾、救人行为,应当确认为见义勇为行为。"

交通协管员、辅警等人员纳入见义勇为认定范围是符合现实需求和一般公众的理念的。

据课题组针对重庆市公众见义勇为观念的问卷调查（共回收有效问卷）统计数据显示，在"见义勇为举例"一题中，选择"帮助司法机关抓捕犯罪分子"的有491人，占比达64.8%；选择"救灾抢险"的有659人，占比达86.9%；选择"救助中暑之人"的有472人，占比达62.3%；选择"结伴出游的组织者救助溺水同伴"的，有284人，占比达37.5%；选择"保安与犯罪分子作斗争，身负重伤"的，有367人，占比达48.4%。由此可见，民众对于典型的见义勇为情形是非常认同的，对于保安员此类负有约定义务的人员，对其明显超出约定义务范围内的行为，也非常认可其见义勇为的特性。

针对负有约定救助义务的人员，实践中已有被认定为见义勇为的案例。比较典型的有三个：第一，2017年12月10日，陕西省西安市凤城五路世纪金花商场外，保安李国武因徒手托接坠楼女子吴某被砸身亡，吴女士也当场身亡。李国武被授予见义勇为先进个人称号。第二，2017年10月19日，天津市东丽区张贵庄街津门里小区保安员高金强、吴广华、周文起在小区内进行安全巡视检查时发现小区一住户阳台发生火灾，三人合力将阳台火情扑灭，及时地保障了小区居民的人身和财产安全，避免了更大的损失。同年12月14日，天津市公安局东丽分局张贵庄派出所代表东丽区见义勇为协会授予高金强、吴广华、周文起三人见义勇为先进个人称号并颁发了证书和奖金。第三，2014年12月2日下午15时许，广东省广州市番禺区辅警高铀效在追赶嫌疑人途中不幸被刺牺牲，经广州市见义勇为评定委员会集体审议，确认番禺区见义勇为评定委员会申请的高铀效同志为见义勇为人员。保安员、治安巡防队员、交通协管员、辅警等虽然对维护所负责范围内的安定秩序负有一定职责，但不能基于此就对其课以过分义务，否则不仅违背公平，而且不利于鼓励这些人见义勇为。

三　见义勇为的排除

理论上，应当将国家公务人员和其他负有救助义务的人员排除在见义勇为的范围之外。在学理上，见义勇为行为中的救助者不具有法定或者约定的救助义务，这是构成见义勇为的前提，也是核心构成要件。见义勇为在我国民法中应属于无因管理的范畴。应当说，见义勇为是一种特殊的无因管理，见义勇为作为无因管理中的一种特殊情形，特殊在"勇"上，即情况的紧急性和相当的危险性。无因管理有三个法律特征：无因管理是管理他人事务的行为；无因管理必须是为了他人的利益；管理人管理他人事务无法律上的义务。而本条规定的主体，即国家公务人员和负有法定救助义务的公民都不满足无因管理的要件，当然也就不构成见义勇为，当然，国家公务人员在职责之外的行为符合见义勇为认定标准的，毫无疑问应当认定为见义勇为。

　　各地方早已有见义勇为排除的实践。查阅所统计的 37 个省市分别出台的地方性法规与市级规章对见义勇为确认机构的规定，沈阳①、洛阳②、广州③的见义勇为条例中有此种规定，将负有法定义务的人员排除出见义勇为的认定范围。此外，《人民警察法》第六条、第十九条和第二十一条第一款前段规定人民警察有危难救助义务，根据前述规定，人民警察遇到公民人身、财产安全受到侵犯或者处于其他危难情形，应当立即救助，这是一种无条件的救助义务，警察不能基于自身避险的考虑而拒绝施救。这种负有救助义务的特殊关系包括家庭成员之间、监护人与被监护人之间、商人与顾客之间、雇主与雇员之间、护士与病人之间、学校与未成年学生之间、船长与乘客之间、危险赛事的组织者与观众之间等。当然这些因特殊关系而引发的救助义务，我国实定法上往往对其法定化，比如《民法典》第一千一百九十八条就规定了宾馆、商场、银行、车站、娱乐场所等公共场所管理人或者群众性活动的组织者的安全

---

　　① 《沈阳市奖励和保护维护社会治安见义勇为人员暂行办法》（沈阳市人民政府，1991 年 2 月 25 日）第二条："国家公务人员依法履行职责、执行公务，不属于本办法所称的见义勇为行为。"

　　② 《洛阳市保护和奖励维护社会治安见义勇为人员条例》（河南省第九届人民代表大会常务委员会第三十一次会议，2003 年 2 月 1 日）第二条第二款："负有维护社会治安责任的国家工作人员有前款行为的，按照国家有关规定进行表彰和奖励。"

　　③ 《广州市见义勇为人员奖励和保障实施办法》（广州市人民政府办公厅，2015 年 4 月 15 日）第三条第三款："公民救助有赡养和抚养义务的直系亲属的行为、有监护职责的公民救助被监护人的行为，应视为履行法定义务，不认定为见义勇为行为。"

保障义务。又如 2012 年 1 月 1 日起施行的《安徽省实施〈中华人民共和国义务教育法〉办法》第二十八条第二款规定了："教师在工作岗位上遇到涉及学生人身安全的紧急情况，应当及时采取措施，保护学生人身安全。"事实上，本条第一款与"总则"中的第二条在内容上有重合之处，之所以在这里再次做出规定，除了上述理由，还基于总则与分则之间关系的考虑。

见义勇为设置排除情形符合社会大众的一般看法。据课题组此次 767 份问卷调查统计数据显示，在见义勇为的构成要素一题中，有 376 人选择了"没有救助义务"这一选项，占比高达 49.6%，说明民众对构成见义勇为必须不具有法律上的救助义务这一观念是非常认同的，在"见义勇为举例"一题中，选择"警察成功制伏犯罪分子，身负重伤"的有 145 人，占比仅为 19.1%，说明民众对负有法定职责的人员与普通人的期待可能性是存在极大的差异的。该条文体现了法理与情理的结合。

第八条 【见义勇为认定程序的发起】

行为人或者其近亲属可以向行为发生地的县级见义勇为工作专门机构申请认定见义勇为人员。

见义勇为工作专门机构可以主动认定见义勇为人员。

其他单位、组织或者个人可以向县级见义勇为工作专门机构推荐认定见义勇为人员。

申请、推荐见义勇为人员，应当提供基本事实和理由。

【说明】

本条内容为"见义勇为认定程序的发起方式"。见义勇为的认定是见义勇为保护、奖励、宣传的前提，为了充分鼓励见义勇为，应当把尽可能多的发起方式纳入进来，而见义勇为认定程序的发起方式，从见义勇为主管机构的角度来说，无非包括两大种：主动发起和被动发起，其中，被动发起还可以区分为行为人及其近亲属的申请以及其他单位、组织和公民的推荐。最后，除了见义勇为工作专门机构主动发起之外，申请推荐都需要提供相应的证明材料，这也是推动见义勇为认定程序正常开展的必然要求，在此不做展开。主要分析三种发起方式，具体如下：

【理由】

规定三种发起方式是地方性法规的多数做法。查阅所统计的全国地方性法规与市级规章对见义勇为认定程序的规定，安徽①、广东②、海南③、湖南④等 11 个省市规定了全部的三种发起方式，即见义勇为主管机构依职权主动确认、行为人及其近亲属的申请以及其他单位、组织和公民的推荐；北京⑤、江

---

① 《安徽省见义勇为人员奖励和保护条例》（安徽省人民代表大会常务委员会公告第 34 号，2011 年 4 月 28 日）第十条："见义勇为行为人或者其亲属可以向见义勇为行为发生地的县级综治机构申报见义勇为。国家机关、企事业单位、社会团体和其他组织以及个人可以向见义勇为行为发生地的县级综治机构举荐见义勇为。见义勇为没有申报人、举荐人的，行为发生地的县级以上综治机构可以在调查核实和组织评审委员会评审后直接确认。"

② 《广东省见义勇为人员奖励和保障条例》（广东省第十三届人民代表大会常务委员会公告第 66 号，2020 年 9 月 29 日）第十二条："具有本条例第三条规定行为的人员及其近亲属可以向行为发生地县级人民政府或者不设区的地级市人民政府见义勇为评定委员会申请确认见义勇为，并提交有关证明材料。有关单位和个人也可以举荐见义勇为人员。申请、举荐确认见义勇为，应当自行为发生之日起六个月内提出。没有申请人、举荐人的，县级以上人民政府见义勇为评定委员会可以依照职权予以确认。"

③ 《海南省见义勇为人员奖励和保障规定》（海南省人民代表大会常务委员会公告第 73 号，2020 年 12 月 2 日）第九条："见义勇为行为人或其亲属可以向见义勇为行为发生地的市、县（区）、自治县见义勇为工作机构申报确认见义勇为行为。任何单位和个人可以向见义勇为行为发生地的市、县（区）、自治县见义勇为工作机构举荐见义勇为行为。见义勇为行为无申报人、举荐人的，见义勇为行为发生地的市、县（区）、自治县见义勇为工作机构可以在调查核实和组织评审委员会评审后，依照本规定的有关规定予以确认。对因需要紧急抢救见义勇为行为人且事实清楚的，经见义勇为行为发生地的市、县（区）、自治县见义勇为工作机构主要负责人批准，可以当场作出确认决定。"

④ 《湖南省见义勇为人员奖励和保护条例》（湖南省第十一届人民代表大会常务委员会公告第 19 号，2009 年 3 月 26 日）第六条："行为人或者其近亲属可以向见义勇为行为发生地、行为人户籍所在地或者工作单位所在地的县级综治机构申报见义勇为行为。任何单位和个人可以向见义勇为行为发生地的县级综治机构举荐见义勇为行为。申报、举荐见义勇为行为应当自行为发生之日起一年内提出，因特殊原因不能在一年内提出的，可以酌情延长。见义勇为行为没有申报人、举荐人的，县级综治机构可以依职权直接办理。"

⑤ 《北京市见义勇为人员奖励和保护条例》（北京市人民代表大会常务委员会公告［14 届］第 28 号，2016 年 11 月 25 日）第八条："区民政部门接到组织或者个人关于见义勇为情况的反映或者申请，应当及时组织核实、确认。了解情况的组织和公民应当积极配合核实和确认工作。见义勇为的受益人有责任为见义勇为的确认提供证明。"

苏①、洛阳②、南京③等 8 个省市规定了两种见义勇为认定程序的发起方式，即行为人及其近亲属的申请以及其他单位、组织和公民的推荐。对于见义勇为行为，现实生活中难免存在缺少申请人、举荐人的情形，这或许是由于其不了解见义勇为的认定标准导致其主观上认为自己的行为不构成见义勇为，以及对认定见义勇为的相关信息的闭塞甚至是由于其不慕荣利等，但这都不能成为忽视这些见义勇为行为的理由。因此有必要赋予见义勇为主管机构主动发起见义勇为认定程序的职权。为了尽可能多地鼓励见义勇为，将见义勇为的社会效应发挥到最大，应该尽量拓宽见义勇为认定程序的发起渠道，所以只要有充分的认定材料，就不应限制见义勇为认定程序的发起主体。

尽可能地扩展见义勇为认定发起的方式是实践的需要。基于课题组在调研中了解到的情况，如重庆市綦江区见义勇为嘉奖获得者唐开明所说，在现实生活中，见义勇为人员对申请认定见义勇为存在一定的道德枷锁，应当扩大申请人范围，例如由近亲属或者受益人进行申报。确实如其所言，由见义勇为者自己申请见义勇为，会有种邀功受赏的味道，可能导致其抹不开面子而不去主动申请，基于此，就更不应限制见义勇为认定的申请、举荐主体。此外，课题组在重庆市璧山区的调研中了解到：璧山区按照"提交申请—填写表格—核实审批"的流程开展见义勇为工作，以确

---

① 《江苏省奖励和保护见义勇为人员条例》（江苏省第十三届人民代表大会常务委员会，2018 年 11 月 23 日）第十一条："行为人及其近亲属可以向见义勇为发生地的县级公安机关申报确认见义勇为人员。行为人所在单位、基层自治组织等单位或者个人发现见义勇为的，可以向公安机关举荐见义勇为人员。公安机关发现见义勇为的，应当告知行为人或者其近亲属享有申报确认见义勇为人员的权利；没有申报人、举荐人的，公安机关经调查核实后可以直接确认。"

② 《洛阳市保护和奖励维护社会治安见义勇为人员条例》（河南省第九届人民代表大会常务委员会第三十一次会议，2002 年 12 月 30 日）第八条："见义勇为行为由见义勇为发生地的县级以上公安机关认定。见义勇为人员有单位的，由其单位向认定机关申报；无单位的，由见义勇为发生地的公安派出所向认定机关申报。见义勇为人员或者其他公民也可以直接向认定机关申报或者举荐。"

③ 《南京市奖励和保护见义勇为人员条例》（南京市人民代表大会常务委员会公告第 36 号，2016 年 9 月 30 日）第九条："任何单位和个人可以向见义勇为发生地的区公安机关提供线索，举荐、申报见义勇为。公安机关发现见义勇为情形的，应当告知见义勇为人员或者其近亲属享有申报的权利。"

保见义勇为工作的流程化和规范化。这一流程本身是规范合理的，只是提出申请的主体范围略窄，其规定：见义勇为行为实施后，由见义勇为人员本人或其所在单位、社区居委会（村委会），向见义勇为行为实施地所在街镇综治办口头或书面提出见义勇为奖励慰问申请。即将申请的主体限于见义勇为人员本人或其所在单位、社区居委会（村委会），显然在条例的修订中应当扩大见义勇为认定程序的发起主体。

第九条　【见义勇为的受理期限】

见义勇为人员认定的申请、推荐应当自行为发生之日起一年内向行为发生地的县级见义勇为工作专门机构提出。因不可抗力或者其他正当理由耽误申请、推荐期限的，申请、推荐期限自障碍消除之日起继续计算。

【说明】

本条规定的内容是"见义勇为的受理期限"，主要涉及申请、推荐见义勇为的期限问题。受理期限具体分为一般情况下的受理期限和特殊情况下的受理期限，前者为自行为发生之日起一年，后者是对不可抗力或其他正当理由没有在一年内申请、推荐的，期限从上述障碍消除之日起计算。

【理由】

申请时限的规定确有必要。类似诉讼时效的原理，在诉讼时效理论中，权利人过了诉讼时效还没有行使权利，那就表明其不欲进行追究，那么法律就会认为其受到的损害并不太大，这样可以节约人力物力处理较大的案件。具体到见义勇为的申请与推荐，如果没有正当理由，行为人在时间限制内没有申请确认见义勇为，也没有其他人举荐其见义勇为，那么就有理由认为行为人的善行尚未达到认定见义勇为的程度。这样可以避免对过于久远的行为进行认定，由于时间久远，相关证据、见证人已经难以追寻与查找，对这些行为进行见义勇为的认定势必要耗费更多的人力、物力。但是也有特殊情况，例如辽宁葫芦岛男子艾厚成两年前跳海救人，实际上已经超出了辽宁省规定的一年申请时限，辽宁省也驳回了艾厚成的见义勇为申请。[①] 但实际上艾厚成手中的证据足以能够证明其见义勇为的行

[①] 《男子救跳海逃犯申报见义勇为被拒：超过申报时间典型性不足》，https://v.ifeng.com/c/88mhhYM3572。

为，以申请超过时限驳回请求对申请人显失公平。为了更好地保障见义勇为人员的利益，本条例将特殊情况细化为"不可抗力或者其他正当理由"，如果发生上述事由则期限的计算从上述特殊事由消灭时起算。至于说何种事由是正当的，具体则由公安机关进行判断。

本条的规定充分借鉴吸收了地方性法规的规定。在统计的 34 个省市关于见义勇为的立法规定中，对申请、举荐期限的规定共有四种做法，第一种：只规定了一般期限，未规定特殊情况下的延长制度。例如天津①、南京②、广东③、南宁④等地区的法规；第二种：不仅规定了见义勇为确认的一般期限，还规定了特殊情况下的延长制度。例如吉林⑤、宁夏⑥、武汉⑦、海南⑧等地区的法规；第三种：在规定了一般情况下的受理期限的同时，还规定了特殊情况下的延长制度，并且特殊情况下的受理期限不作

① 《天津市见义勇为人员奖励和保护条例》（天津市人民代表大会常务委员会公告第 73 号，2017 年 11 月 28 日）第十条："举荐或者自荐见义勇为，应当在见义勇为发生之日起一年内提出。"

② 《南京市奖励和保护见义勇为人员条例》（南京市人民代表大会常务委员会公告第 36 号，2016 年 9 月 30 日）第十条："举荐、申报见义勇为一般应当自行为发生之日起一年内提出。"

③ 《广东省见义勇为人员奖励和保障条例》（广东省第十三届人民代表大会常务委员会公告第 66 号，2020 年 9 月 29 日）第十二条第二款："申请、举荐确认见义勇为，应当自行为发生之日起六个月内提出。"

④ 《南宁市奖励和保护见义勇为人员条例》[广西壮族自治区人大（含常委会），2004 年 10 月 19 日]第九条第四款："确认见义勇为人员的申请应当在见义勇为行为发生之日起 90 日内提出。"

⑤ 《吉林省见义勇为人员奖励和保护条例》（吉林省第十届人民代表大会常务委员会公告第 19 号，2004 年 9 月 25 日）第八条："申请确认的有效期限为一年，特殊情况不超过二年。"

⑥ 《宁夏回族自治区见义勇为人员奖励和保护条例》（宁夏回族自治区人民代表大会常务委员会公告第 78 号，2010 年 10 月 15 日）第六条："申报、举荐见义勇为行为应当自行为发生之日起一年内提出，特殊情况不超过二年。"

⑦ 《武汉市见义勇为人员奖励和保护条例》（武汉市人民代表大会常务委员会公告第 29 号，2019 年 8 月 14 日）第八条第二款："申请、举荐见义勇为人员的，应当自行为发生之日起一年内提出，情况复杂的，不超过两年；没有单位和人员申请、举荐的，综治机构可以依照职权予以确认。"

⑧ 《海南省见义勇为人员奖励和保障规定》（海南省人民代表大会常务委员会公告第 73 号，2020 年 12 月 2 日）第十条："申报、举荐见义勇为行为，自见义勇为行为发生之日起一年内，特殊情况下不超过两年，向见义勇为行为发生地的市、县（区）、自治县见义勇为工作机构提出，并提供受益人、证人或者相关单位、个人的证明和见义勇为事迹等材料。"

限制。例如湖南①、南昌②、江西③、新疆④等地区的法规；第四种：条例中未对见义勇为认定的受理时限做出具体规定：例如山西、江苏、浙江、四川、内蒙古、洛阳、深圳、陕西等地的法规。综合对比对申请、举荐期限的各种规定方式，我们认为，在设置一般情况的申请期限的同时，再设置特殊情况下的期限延长制度，并且特殊情况下的期限延长不设上限，这种方式更有利于见义勇为认定工作的开展。

一般情况设置一年的申请、举荐期限，同时在不可抗力或其他正当事由发生时，期限的计算应当自上述事由消除之日起。因为本法的主旨就是为了鼓励和保护见义勇为，所以应当放宽认定标准，加大保障力度。设置一般情况规定一年的期限，是为了督促相关人员尽快行使自己的申请、举荐权利，提高见义勇为认定工作的效率，降低见义勇为认定工作的成本。而存在不可抗力或其他正当理由时，实质上申请与举荐期限是没有上限的，只要相关人员能够提供充分的认定证据，就应当认定其见义勇为行为，这表明这部条例不阻止任何可能被认定为见义勇为的行为的申请与举荐，向任何符合见义勇为认定标准的行为敞开大门，因为见义勇为行为决不会因其时间久远就丧失其光辉价值。

第十条【见义勇为的调查评审】

见义勇为工作专门机构应当及时进行调查核实。有关乡（镇）人民政府、街道办事处以及其他相关单位、组织应当配合调查核实工作；见义

---

① 《湖南省见义勇为人员奖励和保护条例》（湖南省第十一届人民代表大会常务委员会公告第 19 号，2009 年 3 月 26 日）第六条第三款："申报、举荐见义勇为行为应当自行为发生之日起一年内提出，因特殊原因不能在一年内提出的，可以酌情延长。"

② 《南昌市见义勇为人员奖励和保护条例》（南昌市人民代表大会常务委员会公告第 15 号，2003 年 4 月 9 日）第十条："单位或者个人应当在见义勇为行为发生之日起 90 日内，向行为发生地的县（区）社会治安综合治理委员会书面申报见义勇为行为，有特殊情况的可以延长申报时间。"

③ 《江西省见义勇为人员奖励和保障办法》（江西省人民政府令第 175 号，2009 年 12 月 11 日）第八条第三款："申报见义勇为事迹、举荐见义勇为人员应当自行为发生之日起一年内提出，因特殊原因不能在一年内提出的，可以酌情延长。"

④ 《新疆维吾尔自治区见义勇为人员奖励和保护办法》（新疆维吾尔自治区人民政府令第 175 号，2012 年 2 月 10 日）第九条："申报、举荐见义勇为行为，应当自见义勇为行为发生之日起一年内提出。因特殊原因，不能在一年内提出的，可以酌情延长。"

勇为的受益人、见证人应当如实提供证明。

见义勇为工作专门机构可以组织宣传、民政、司法行政、财政、人力社保、卫生健康、应急管理等部门以及专家、群众代表组成评审委员会进行评审。

见义勇为工作专门机构调查评审的期限由省级人民政府确定。

【说明】

本条规定的是"见义勇为的调查评审"。本条第一款主要规定了见义勇为工作专门机构应当组织调查，其他组织负有配合调查的义务。第二款则规定了见义勇为行为的评审，以及参与评审的部门和人员。第三款规定了见义勇为工作专门机构调查评审的期限，具体由省级人民政府确定。

【理由】

一　见义勇为的调查和其他单位的配合义务

见义勇为工作专门机构开展见义勇为调查核实，需要其他知情的单位和个人予以配合，单位主要包括乡（镇）、街道办事处、用人单位等，个人主要是指受益人和见证人等。具体分析如下：

当行为人为见义勇为举证需要有关书面材料时，当事人所在单位或者见义勇为发生地乡（镇）人民政府、街道办事处等有义务为其提供书面证明材料，因为行为人的行为是否使国家财产和人民生命财产免受重大损失，这些数据由行为人举证比较困难，因此这些证明材料由相关单位与组织提供更为合理。见义勇为的确认需要大量的证据材料，证据来源中很重要的一个就是见义勇为的受益人提供的证据，由于受益人直接经历、见证了事件发生的始末，其证人证言具有较高的可信度。并且在很多时候，见义勇为的受益人有可能是唯一能提供证人证言的人，此时受益人的证明对行为人的行为是否被认定为见义勇为至关重要。

对于一般的事件旁观者和受益人来说，法律对其期待并不相同，对于一般的事件旁观者来说，法律只要求他们能够积极配合见义勇为的核实和确认工作，而对于受益人来说，法律认为其有义务为见义勇为的确认提供证明。"受益人应当如实作证"应当规定为法律义务。课题组在调研中了解到，在进行调查取证的时候，由于见义勇为涉及当事人隐私，部分受益人不愿意配合调查，由于综治办没有强制执法权经常陷入两难的境地，可以让公安局进行配合调查取证，同时将受益人的作证义务规定为法律义务。

二　见义勇为的评审

由不同部门的人员共同进行见义勇为的评审，可以充分发挥各部门人员的专业水平，提高见义勇为认定工作的效率与准确性。因此，见义勇为工作专门机构可以组织宣传、民政、司法行政、财政、人力社保、卫生健康、应急管理等有关部门以及专家、群众代表组成的评审委员会进行评审。应该指出的是，这里的评审对象，包括本法第八条所规定的三种见义勇为认定程序的发起方式，因为认定程序的发起与评审是见义勇为认定程序的不同阶段，即使是见义勇为工作专门机构主动发起的认定程序，也要经受评审的过程，此当无疑义。另外，市民代表参加评审可以发挥群众的监督作用，也可以提高评审结果的公信力、信服力。具体分析如下：

本条的拟定借鉴吸收既有的地方性见义勇为法规或办法。在统计的全国关于见义勇为的立法规定中，广东①、武汉②、南京③、云

---

① 《广东省见义勇为人员奖励和保障条例》（广东省第十三届人民代表大会常务委员会公告第66号，2020年9月29日）第六条："县级以上人民政府成立见义勇为评定委员会，负责见义勇为的确认。评定委员会由民政、退役军人事务、公安、医疗保障、人力资源社会保障、财政、教育、卫生健康、住房城乡建设、司法行政等部门人员和相关专业人员组成，评定委员会办公室的设立由同级人民政府确定。评定委员会应当制定见义勇为的确认办法并向社会公开。"

② 《武汉市见义勇为人员奖励和保护条例》（武汉市人民代表大会常务委员会公告第29号，2019年8月14日）第十条："见义勇为社会组织应当自收到申请、举荐材料之日起五日内决定是否受理；材料不符合要求的，可以要求申请人、举荐人补齐；必要时可以组织有关部门调查核实，收集证明材料。见义勇为社会组织应当自决定受理之日起三日内提出意见报送同级综治机构。综治机构应当组织民政、公安、人力资源和社会保障、财政、教育、卫生等部门人员、见义勇为社会组织、群团组织人员和相关专业人员对见义勇为行为进行评审，对符合条件的，应当在三十日内作出拟确认的意见；情况复杂的，可以延长至六十日。综治机构在见义勇为确认中发现拟确认的见义勇为人员可能符合烈士评定条件的，应当及时告知申请人、举荐人，并按规定将相关材料移交同级民政部门。"

③ 《南京市奖励和保护见义勇为人员条例》（南京市人民代表大会常务委员会公告第36号，2016年10月21日）第六条："教育、民政、财政、人力资源和社会保障、城乡建设、住房保障和房产、文化广电新闻出版、卫生和计划生育、工商行政管理、旅游、交通运输、司法行政、工会等应当按照职责分工，配合做好见义勇为人员的奖励、保护和优抚等工作。"

南①、吉林②等地区的法规中都明确规定了各部门之间要相互配合与协作。这应当是提高见义勇为评审结果公信力与说服力的有效举措之一，专业领域的事情就要由专业人员负责，正所谓"隔行如隔山"，为了提高认定的准确性与效率，有必要组织不同部门、不同领域的人员共同参与评审。

见义勇为评审委员会的人员构成应当科学合理。评审委员会的评审结果直接决定了见义勇为行为的成立与否，对于见义勇为法律关系的各方都有着至关重要的意义。与本条例的第十二条理由类似，由不同部门的人员组成见义勇为认定机构，可以充分发挥各部门人员的专业水平，提高见义勇为认定工作的效率与准确性。此外，应该为见义勇为评审委员会的组成人员设置回避制度，评审委员会的组成人员中，不能有申请人、举荐人、见义勇为行为受益人的近亲属，在有加害人型的见义勇为行为认定中，不能有加害人的近亲属，以充分保证见义勇为评审过程与评审结果的公开、公平和公正。此外，见义勇为主管机构对于评审结果负有书面通知义务。对于评审结果，见义勇为主管机构应当及时书面通知申请人或者举荐人，这是其职责的要求，也是保护申请人和举荐人知情权的体现。

组织相关部门参与见义勇为评审也是为了落实见义勇为人员的政策优待做准备。由于行为人的善行被认定为见义勇为之后，需要对见义勇为人员进行多方面的优抚与奖励，所以在评审认定时就需要涉及的这些部门共同参与，这样便可以根据本地区的具体情况更好地落实优抚与奖励。见义勇为的评审的成员应该包括但不限于民政、公安、人力资源和社会保障、财政、教育、卫生、住房和城乡建设、司法行政等部门人员和相关专业人员，由不同部门的人员组成见义勇为调查机构，可以充分发挥各部门人员的专业水平，提高见义勇为认定工作的效率与准确性。

---

① 《云南省奖励和保护见义勇为人员条例》（云南省人民代表大会常务委员会第13届第53号，2021年5月28日）第六条："公安、民政、司法行政、人力资源社会保障、住房城乡建设、教育、卫生健康、退役军人、应急管理、财政等有关部门，以及工会、妇女联合会、共青团、残疾人联合会等人民团体和企业事业单位、基层组织应当按照各自的职责，做好奖励和保护见义勇为人员的工作。宣传、文化和旅游、广播电视、新闻出版等部门和新闻媒体应当宣传见义勇为人员的先进事迹。"

② 《吉林省见义勇为人员奖励和保护条例》（吉林省第十届人民代表大会常务委员会公告第19号，2004年9月25日）第四条第二款："劳动和社会保障、财政、人事、民政、卫生、司法行政、教育、工商、税务等部门，按照各自的职责做好见义勇为人员的奖励和保护工作。"

三　见义勇为评审调查的期限

设置见义勇为评审调查的期限是十分必要的，但具体期限的长短应当交由地方来确定。见义勇为的评审确认应当属于行政确认，实践中并没有行政确认的法律法规，行政确认与行政许可的性质相同，可以类比适用行政许可的相关规定，结合见义勇为评审确认的实际来制定见义勇为认定的时限。在行政许可中，首先，设定期限是提高行政效率的基本途径之一。检验行政程序得失的基本标准，一是公正性，二是及时性。如果没有期限的约束，及时性就难以做到。其次，设定期限是行政程序的基本手段，行政程序不仅包括行政机关或相对人一方的活动，在需要共同行为的活动中，期限是对活动进行统一的手段。再次，设定期限可以使行政程序的各方主体预知自己的行为及其后果。《行政许可法》第四十二条第一款规定："除可以当场作出行政许可决定的外，行政机关应当自受理行政许可申请之日起二十日内作出行政许可决定。二十日内不能作出决定的，经本行政机关负责人批准，可以延长十日，并应当将延长期限的理由告知申请人。但是，法律、法规另有规定的，依照其规定。"然而，见义勇为的行政确认本质上并非行政许可，已有的见义勇为地方性法规或办法对见义勇为评审调查的期限也不尽相同，因此应当将期限的设置具体交由各地方自行把握。

第十一条【见义勇为的公示】

见义勇为工作专门机构应当将拟认定为见义勇为人员的主要事迹向社会公示，征求公众意见。公示期限为五个工作日，公示时间不计入认定期限。

为保护见义勇为人员及其近亲属安全或者因其他情况需要保密的，不予公示。

【说明】

本条为见义勇为的公示。课题组在参照其他省市相关规定的基础上添加了上述见义勇为公示的表述。此条文主要涉及两个层面的问题：第一，见义勇为事迹的公示内容。见义勇为工作专门机构应当将拟认定为见义勇为人员的主要事迹向社会公示，征求公众意见。公示期限为五个工作日，公示时间不计入认定期限。第二，公示原则的例外。为保护见义勇为人员及其近亲属安全或者因其他情况需要保密的，不予公示。

【理由】

一　公示与公示期

设置公示异议期制度的目的就是便于申请人、举荐人以及社会公众表达自己的意见。异议期过短不利于发挥其积极作用，异议期过长则不利于尽快维护申请人、举荐人的利益。

见义勇为人员名单和主要事迹应当向社会公示。公示的目的在于征求社会公众的意见，对见义勇为人员进行优抚和奖励的目的之一就在于营造社会正气，培育和践行社会主义核心价值观，所以征求社会公众的意见尤为重要，通过征求社会公众的意见，可以进一步完善对见义勇为人员的优抚制度。由于见义勇为一旦被认定，接下来见义勇为人员就会得到相应的奖励与表彰，为了避免暗箱操作，就有必要对见义勇为人员名单和主要事迹向社会公示；此外，见义勇为评审的疏漏与瑕疵在所难免，这种疏漏与瑕疵包括程序上的，也包括实体上的，通过公示，也可以及时地纠正这些不足之处，体现了见义勇为认定工作的严谨与规范。

查阅所统计的全国各地地方性法规与市级规章对见义勇为公示制度的规定，大多都设立了公示制度，也有少部分省市的见义勇为条例未对公示作出规定，例如江苏、浙江、吉林、四川、天津、山西、内蒙古、洛阳、南昌、南宁等地。对于设立了公示制度的省市的法规而言，它们之间基本只是具体的公示期限有所差异，例如安徽①、海南②规定十天的公示

---

① 《安徽省见义勇为人员奖励和保护条例》（安徽省人民代表大会常务委员会公告第 34 号，2011 年 4 月 28 日）第十三条："县级以上综治机构对拟确认为见义勇为的，应当自拟确认之日起十日内，将见义勇为人员名单和主要事迹向社会公示。因保护见义勇为人员及其亲属安全或者因其他原因需要保密的，可以不公示。"

② 《海南省见义勇为人员奖励和保障规定》（海南省人民代表大会常务委员会公告第 73 号，2020 年 12 月 2 日）第十二条："见义勇为行为发生地的市、县（区）、自治县见义勇为工作机构对拟确认为见义勇为人员的，应当及时将其名单和主要事迹向社会公示，公示时间为十日。因保护见义勇为人员及其亲属安全或者因其他原因需要保密的，可以不公示。公示期间无异议的，见义勇为行为发生地的市、县（区）、自治县见义勇为工作机构应当作出确认决定，并书面通知申报人、举荐人及见义勇为行为发生地、见义勇为人员户籍所在地的乡镇（街道）见义勇为工作机构和有关单位；公示期间有异议的，见义勇为行为发生地的市、县（区）、自治县见义勇为工作机构应当在调查后决定，必要时可以组织评审委员会再次评审。"

期，广东①、辽宁②、云南③规定七天的公示期，湖南④、南京⑤、宁夏⑥、山东⑦、陕西⑧等地区只规定了要进行公示，而未明确规定公示期的具体期限。课题组认为应当为见义勇为的确认设立公示制度，同时公示期限也应当具体明确，使条文更具有可操作性。基于此，课题组设置了五个工作日的公示期限，同时规定公示时间不计入确认期限。

---

① 《广东省见义勇为人员奖励和保障条例》（广东省第十三届人民代表大会常务委员会公告第 66 号，2020 年 9 月 29 日）第十四条："见义勇为评定委员会应当将拟确认为见义勇为人员的事迹予以公示，征求公众意见。公示时间不得少于七个工作日。但本条例第二十八条第一款规定的情形除外。"

② 《辽宁省奖励和保护见义勇为人员条例》（辽宁省人民代表大会常务委员会公告第 4 号，2013 年 8 月 2 日）第十条："对拟确认为见义勇为的，除确需保密外，县级社会管理综合治理工作机构应当将见义勇为人员及其主要事迹通过媒体或者网络向社会公示，公示期限为七日。"

③ 《云南省奖励和保护见义勇为人员条例》（云南省人民代表大会常务委员会公告第 51 号，2012 年 1 月 1 日）第十条第二款："社会管理综合治理部门对拟确认的见义勇为行为，除需要保密的外，应当在辖区范围内向社会进行公示，公示时间为 7 日。"

④ 《湖南省见义勇为人员奖励和保护条例》（湖南省第十一届人民代表大会常务委员会公告第 19 号，2009 年 3 月 26 日）第八条："县级人民政府确认为见义勇为行为的，应当将见义勇为人员名单及主要事迹向社会公示，并向见义勇为行为人或者其近亲属出具见义勇为行为确认书；不确认为见义勇为行为的，应当以书面形式告知并说明理由。因保护见义勇为人员及其近亲属安全或者其他原因需要保密的，不予公示。"

⑤ 《南京市奖励和保护见义勇为人员条例》（南京市人民代表大会常务委员会公告第 36 号，2016 年 10 月 21 日）第二十条："奖励见义勇为人员应当公开进行。公安机关应当将见义勇为人员名单和简要事迹向社会公示。见义勇为人员及其家属要求保密，或者有关部门认为应当保密的，不予公示。"

⑥ 《宁夏回族自治区见义勇为人员奖励和保护条例》（宁夏回族自治区人民代表大会常务委员会公告第 78 号，2010 年 10 月 15 日）第九条："县（市、区）人民政府确认为见义勇为行为的，应当将见义勇为人员名单及主要事迹向社会公示；不确认为见义勇为行为的，应当以书面形式告知并说明理由。因保护见义勇为人员及其亲属安全或者其他原因需要保密的，可以不予公示。"

⑦ 《山东省见义勇为人员奖励和保护条例》（山东省人民代表大会常务委员会公告第 133 号，2012 年 9 月 27 日）第十三条："对拟确认为见义勇为的，见义勇为确认机构应将见义勇为人员名单和主要事迹向社会公示，对公示期届满无异议或者经审查异议不成立的，予以确认，并颁发见义勇为证书。因保护见义勇为人员及其近亲属安全或者其他情况需要保密的，可以不公示。"

⑧ 《陕西省奖励和保护见义勇为人员条例》（陕西省第十三届人民代表大会常务委员会，2018 年 9 月 28 日）第十三条："省人民政府对见义勇为人员每二年表彰和奖励一次，也可以根据需要适时予以表彰和奖励；设区的市、县（市、区）人民政府对见义勇为人员应当及时予以表彰和奖励。"

对见义勇为人员进行奖励不是根本目的，使整个社会向善才是最终追求。所以将见义勇为人员的事迹向社会公示也可以促使社会公众更多地关注和了解这些见义勇为行为，为接下来的宣传做好铺垫，从而把社会效果做到最大化。公示本身就是一种宣传，通过公示，社会公众对见义勇为人员和事迹有了切身的体会，这本身就是一个受教育、受熏陶的过程，有利于提高见义勇为的宣传效果。宣传工作是大众了解见义勇为的途径，报道宣传见义勇为先进事例，有利于鼓励更多的见义勇为，培育互帮互助的社会风气。具体的措施有二：一是将宣传部门纳入见义勇为的联动部门之中，更加有利于见义勇为宣传工作的开展；二是明确报社、电视台等新闻媒体应当在获得本人同意的情况下对获得见义勇为表彰的公民进行宣传报道，弘扬社会正气。而公示的意义之一就在于向社会公众宣传见义勇为行为。

二　不予公示的特殊情况

应当明确，公示是原则，不公示是例外，只有在符合不予公示的标准与要求时，才可以不公示。本条第三款对不予公示的情况作了规定。

关于是否存在不公示的情况，答案应是肯定的。首先，在统计的全国关于见义勇为的立法规定中，天津①、武汉②、山东③、辽宁④、云

---

① 《天津市见义勇为人员奖励和保护条例》（天津市人民代表大会常务委员会公告第73号，2017年11月28日）第十四条："对见义勇为人员的奖励和表彰应当公开进行，但涉及国家秘密、保护见义勇为人员及其家属人身安全等情况需要保密的除外。"

② 《武汉市见义勇为人员奖励和保护条例》（武汉市人民代表大会常务委员会公告第29号，2019年8月14日）第十一条："对拟确认为见义勇为的，综治机构应当将见义勇为人员名单和主要事迹向社会公示，公示期不少于七日。因保护见义勇为人员及其近亲属安全或者其他情况需要保密的，可以不公示。对公示期满无异议或者经审查异议不成立的，予以确认，并颁发见义勇为证书；对不予确认为见义勇为的，应当作出不予确认的书面决定，并通知申请人、举荐人。申请人、举荐人对不予确认的书面决定有异议的，可以依法申请行政复议或者提起行政诉讼。"

③ 《山东省见义勇为人员奖励和保护条例》（山东省人民代表大会常务委员会公告第133号，2012年9月27日）第十三条第一款："对拟确认为见义勇为的，见义勇为确认机构应当将见义勇为人员名单和主要事迹向社会公示，对公示期届满无异议或者经审查异议不成立的，予以确认，并颁发见义勇为证书。因保护见义勇为人员及其近亲属安全或者其他情况需要保密的，可以不公示。"

④ 《辽宁省奖励和保护见义勇为人员条例》（辽宁省人民代表大会常务委员会公告第4号，2013年8月2日）第十条第一款："对拟确认为见义勇为的，除确需保密外，县级社会管理综合治理工作机构应当将见义勇为人员及其主要事迹通过媒体或者网络向社会公示，公示期限为七日。"

南①等地区的法规对不予公示的特殊情况作了规定。应当说，见义勇为公示的例外是各个省市规定的通行做法，当有保护见义勇为人员及其近亲属或其他情况需要保密的，对见义勇为的事迹不予公示。其次，见义勇为的"认定"与见义勇为的"公示"，应该是相互独立的环节。为保护见义勇为人员及其近亲属安全或者因其他情况需要保密的，当然不予公示。例如，当见义勇为人员是阻止了犯罪的发生，为了防止犯罪分子的同伙在事后打击报复见义勇为人员及其家属，有必要对制止犯罪的见义勇为事迹不予公示，这也是进一步保护见义勇为人员权益的要求。

第十二条【不予认定为见义勇为】

对不予认定为见义勇为人员的，见义勇为工作专门机构应当书面告知申请人、推荐人，并说明理由。

见义勇为申请人、推荐人对不予认定结论持异议的，可以自收到不予认定结论后二十个工作日内向上一级见义勇为工作专门机构申请复核。上一级见义勇为工作专门机构应当自收到复核申请之日起二十个工作日内作出决定，并书面告知申请人、推荐人。

【说明】

本条内容是不予认定为见义勇为的处理。课题组在参照其他省市相关规定的基础上添加了上述不予认定为见义勇为的表述。此条文主要涉及两个层面的问题：第一，对不予认定为见义勇为人员的，见义勇为工作专门机构应当书面告知申请人、推荐人，并说明理由。第二，见义勇为申请人、推荐人对不予认定结论持异议的，可以自收到不予认定结论后二十个工作日内向上一级见义勇为工作专门机构申请复核。上一级见义勇为工作专门机构应当自收到复核申请之日起二十个工作日内作出决定，并书面告知申请人、推荐人。

【理由】

一　不予认定的告知对象中加入推荐人

对不予确认为见义勇为的，见义勇为的主管机关应当书面告知申请人

---

① 《云南省奖励和保护见义勇为人员条例》（云南省人民代表大会常务委员会第13届第53号，2021年5月28日）第十条第二款："见义勇为工作机构对拟确认的见义勇为行为，除需要保密的外，应当在辖区范围内向社会进行公示，公示时间为7日。"

或者推荐人，并说明理由。这款内容主要规定了见义勇为主管机关的书面通知义务以及通知的对象。在第八条中，已经区分了推荐和申请，为了条例前后表述的一致，此处当然也需要区分申请人和推荐人。即"申请"的主体限于见义勇为行为人本人和其近亲属，"推荐"的主体限于前述人员以外的单位、组织和公民等。当然，针对第三方主体推荐的见义勇为行为，如果见义勇为工作专门机构在审查之后认为不构成见义勇为，也应当将不予确认的结果告知推荐人。

各地方性法规中也有较多规定了不予确认的告知对象中包括举荐人。在统计的全国关于见义勇为的立法规定中，广东①、宁夏②、陕西③、武汉④等地区规定关于见义勇为确认机构的确认结果，应当第一时间书面告知申请人或者推荐人，若未被认定为见义勇为的，还应说明理由。为了体现见义勇为认定工作的严谨性，此款规定了见义勇为主管机构的书面通知义务。

---

① 《广东省见义勇为人员奖励和保障条例》（广东省第十三届人民代表大会常务委员会公告第 66 号，2020 年 9 月 29 日）第十五条第二款："对确认为见义勇为的，由县级人民政府为见义勇为人员或者其近亲属颁发见义勇为证书；对未确认为见义勇为的，应当书面告知申请人或者推荐人并说明理由。"

② 《宁夏回族自治区见义勇为人员奖励和保护条例》（宁夏回族自治区人民代表大会常务委员会公告第 78 号，2010 年 10 月 15 日）第九条："县（市、区）人民政府确认为见义勇为行为的，应当将见义勇为人员名单及主要事迹向社会公示；不确认为见义勇为行为的，应当以书面形式告知并说明理由。"

③ 《陕西省奖励和保护见义勇为人员条例》（陕西省第十三届人民代表大会常务委员会，2018 年 9 月 28 日）第十条："经调查核实，拟确认为见义勇为人员的，县（市、区）见义勇为工作机构应当将人员及其主要事迹在本行政区域内向社会公示，公示期限为五个工作日，公示期满无异议或者经核查异议不成立的，应当予以确认。核实确认应当在收到举荐、申报或者自行调查核实之日起二十个工作日内完成，情况复杂需要延长的，最长不得超过四十个工作日，并将核实确认结果书面通知举荐人、申报人。推荐人、申报人对不予确认有异议的，可以在收到通知之日起十个工作日内向上一级见义勇为工作机构申请复核，复核决定应当在二十个工作日内作出。"

④ 《武汉市见义勇为人员奖励和保护条例》（武汉市人民代表大会常务委员会公告第 29 号，2019 年 8 月 14 日）第十一条："对拟确认为见义勇为的，综治机构应当将见义勇为人员名单和主要事迹向社会公示，公示期不少于七日。因保护见义勇为人员及其近亲属安全或其他情况需要保密的，可以不公示。对公示期满无异议或者经审查异议不成立的，予以确认，并颁发见义勇为证书；对不予确认为见义勇为的，应当作出不予确认的书面决定，并通知申请人、推荐人。申请人、举荐人对不予确认的书面决定有异议的，可以依法申请行政复议或者提起行政诉讼。"

对于未被认定为见义勇为的，见义勇为主管机构应当及时书面通知申请人或者推荐人，这是其职责的要求，也是保护申请人和推荐人知情权的体现。

二 赋予申请人、推荐人复核权

全国其他各省市自治区的地方性法规对于见义勇为认定的救济途径规定存在较大分歧。全国共有 30 个省市自治区出台了省级见义勇为的地方性法规或政府规章，其中对于见义勇为认定的救济途径共有六种不同的处理方式：一是未规定任何救济途径，包括广东、天津、北京、山西、四川等九个省、市、自治区；二是仅规定向上一级主管机关申请复核，包括贵州①、海南②、河南③、陕西④、云南⑤、广西⑥等十个省、市、自治区；三

① 《贵州省见义勇为人员奖励和保护条例》（贵州省人民代表大会常务委员会公告 2020 第 13 号，2020 年 9 月 25 日）第十四条："申请人、举荐人对不予确认的书面决定有异议的，可以自收到该书面决定之日起 10 日内，向上一级见义勇为确认机构申请复核。上一级见义勇为确认机构应当自收到复核申请之日起 30 日内作出决定。"

② 《海南省见义勇为人员奖励和保障规定》（海南省人民代表大会常务委员会公告第 73 号，2020 年 12 月 2 日）第十三条第二款："申报人、推荐人对见义勇为行为的确认结论有异议的，可以在接到确认结论三十日内向上一级见义勇为工作机构申请复核，上一级见义勇为工作机构应当自接到申请之日起三十日内作出复核决定，并书面通知申报人、举荐人和原确认部门。"

③ 《河南省见义勇为人员奖励和保障条例》（河南省第十二届人民代表大会常务委员会公告第 82 号，2017 年 12 月 4 日）第十三条第三款："对不确认为见义勇为的，评定委员会应当作出不予确认的书面决定，并通知举荐人、申报人。举荐人、申报人对不予确认的书面决定有异议的，可以自收到书面决定之日起十五日内，向上一级评定委员会申请复核。上一级评定委员会应当自收到复核申请之日起三十日内作出复核决定。"

④ 《陕西省奖励和保护见义勇为人员条例》（2018 年 9 月 28 日陕西省第十三届人民代表大会常务委员会第五次会议修订，2018 年 9 月 28 日）第十条第三款："举荐人、申报人对不予确认有异议的，可以在收到通知之日起十个工作日内向上一级见义勇为工作机构申请复核，复核决定应当在二十个工作日内作出。"

⑤ 《云南省奖励和保护见义勇为人员条例》（云南省人民代表大会常务委员会公告［13 届］第 53 号，2021 年 5 月 28 日）第十二条第二款："申报部门、单位或者个人对确认不服的，在收到确认通知后 30 日内可以向上一级见义勇为工作机构申请复核，上一级见义勇为工作机构接到申请后应当在 60 日内做出复核结论，并通知申请人。"

⑥ 《广西壮族自治区人大常委会公告》（广西壮族自治区人大常委会公告 13 届第 37 号，2020 年 9 月 22 日）第十七条："申报人、举荐人对不予确认决定有异议的，可以自收到决定书之日起三十日内，向上一级社会治安综合统筹部门申请复核。复核决定应当自收到复核申请之日起三十日内作出，并书面告知复核申请人和原确认部门。"

是向上一级部门申请再次（重新）确认，包括甘肃①、吉林②等五个省、市、自治区；四是向上一级部门申诉，包括河北③、辽宁两省；五是行政复议或行政诉讼，包括福建④、湖南⑤两省；六是既可以向上一级主管部门申请复核，也可以提起行政复议或者行政诉讼，典型代表为安徽⑥。由上可知，目前对于见义勇为认定的救济途径，全国各省市自治区的规定较为混乱，但从数量来说，规定了向上一级主管机关申请复核、申诉或者重新确认的有18个，占到62.1%，从数量来说向上一级机关申请复核、申诉或者重新确认的占到了多数。

　　由上可知各省市自治区对于见义勇为的认定是否可诉存在较大争议，但是对于复核应该是没有争议的。由于复核属于行政机关内部的纠错程序，不仅赋予见义勇为申请人、推荐人不满见义勇为认定结果的复核权，

① 《甘肃省奖励和保护见义勇为人员条例》（甘肃省人民代表大会常务委员会公告第60号，2007年9月27日）第九条："见义勇为申请人对确认有异议的，可以向上一级社会治安综合治理主管部门申请再次确认。再次确认时间为60个工作日内。再次确认为终结确认。"

② 《吉林省见义勇为人员奖励和保护条例》（吉林省第十届人民代表大会常务委员会公告第19号，2004年9月25日）第八条第二款："县级公安机关应当及时调查取证，并在接到申请确认的书面材料三十个工作日内组织有关部门评定，于以确认，并将确认结果书面通知申请人。申请人在接到书面确认结果之日起十日内，对确认结果有异议的可以向上一级公安机关申请再次确认。上一级公安机关应当在收到再次确认申请书之日起三十个工作日内将再次确认结果书面通知申请人。再次确认为终结确认。"

③ 《河北省奖励和保护见义勇为条例》（河北省第十二届人民代表大会常务委员会公告第41号，2014年11月28日）第十六条："申报人对不予确认为见义勇为行为人的决定有异议的，可以自收到书面说明之日起十日内，向设区的市综治机构申诉。设区的市综治机构应当自收到申诉之日起三十日内完成调查核实工作，并将核实结果书面告知申报人和县（市、区）综治机构。"

④ 《福建省奖励和保护见义勇为人员条例》（福建省第十一届人民代表大会常务委员会第二十五次会议通过，2011年7月29日）第八条第四款："申请人对见义勇为确认结果有异议的，可以申请行政复议或者提起行政诉讼。"

⑤ 《湖南省见义勇为人员奖励和保护条例》（湖南省第十一届人民代表大会常务委员会公告第19号，2009年3月26日）第八条第三款："申报人、举荐人或者利害关系人对确认结论有异议的，可以依法申请行政复议或者提起行政诉讼。"

⑥ 《安徽省见义勇为人员奖励和保护条例》（安徽省人民代表大会常务委员会公告第34号，2011年4月28日）第十五条："申报人、举荐人对见义勇为的确认结论有异议的，可以在接到确认结论三十日内向上一级综治机构申请复核，上一级综治机构应当自接到申请之日起三十日内作出复核决定并书面通知申请人；申报人、举荐人也可以依法申请行政复议或者提起行政诉讼。"

为相对人异议提供了制度通路，因此为见义勇为人员提供复核的救济途径应当是地方性法规的一致共识。课题组认为，见义勇为的行政确认属于具体行政行为，应当纳入行政诉讼和行政复议的范畴，具体理由将在法律责任一章的相关条文中具体阐述。

第十三条【建立数据库】

省级见义勇为工作专门机构应当建立统一的见义勇为人员基础信息数据库，及时录入、更新见义勇为人员的基础信息，加强与相关部门和单位的信息共享，为保护见义勇为人员合法权益提供便利。

【说明】

本条内容是为见义勇为人员建立数据库。课题组在参照其他省市相关规定的基础上添加了建立数据库的表述。此条文要求省级见义勇为工作专门机构应当建立统一的见义勇为人员基础信息数据库，及时录入、更新见义勇为人员的基础信息，加强与相关部门和单位的信息共享，为保护见义勇为人员合法权益提供便利。

【理由】

本条规定了省级见义勇为工作专门机构应当建立见义勇为人员信息基础信息数据库，目的是便于各部门落实见义勇为人员的奖励、优待和保护措施。为见义勇为人员建立数据库在全国尚属首创，这不仅可以便利见义勇为人员，也可以便利各部门的日常操作，符合当下智慧政府的总体要求。对于见义勇为人员而言，如果见义勇为人员基础信息数据库得以建立，则其在后续申请相关政策优待时，不用每次都准备相关的证明材料，极大地减轻了见义勇为人员的成本。对于各政府部门而言，见义勇为人员享有医疗、教育、住房、税收等各种政策优惠，如果本条规定的数据库得以建立，可以极大地节约行政成本，让见义勇为人员的政策优待更好地落地。

第三章　奖励优待

第十四条【见义勇为人员表彰】

根据见义勇为人员的事迹、贡献、影响力，给予以下表彰：

（一）通报嘉奖；

（二）见义勇为先进个人；

（三）见义勇为英雄；

（四）全国见义勇为英雄；

（五）其他表彰。

因见义勇为符合烈士评定条件的，按照《烈士褒扬条例》有关规定办理。

【说明】

本条内容是见义勇为人员表彰类别划分。课题组在综合其他省市相关规定的基础上提炼了上述见义勇为人员表彰的表述。此条文主要涉及两个层面的问题：第一，根据见义勇为人员的事迹，依照贡献、影响力大小，给予其通报嘉奖、见义勇为先进个人、见义勇为英雄、全国见义勇为英雄以及其他表彰；第二，若见义勇为人员符合烈士评定条件，则按照《烈士褒扬条例》有关规定办理。

【理由】

对于见义勇为荣誉称号的种类，条文确定的种类符合目前地方性法规的已有规定。课题组统计了全国 25 个地方性法规，各省市皆有类似的表述。福建①、广东②、贵州③、河南④、天津⑤皆以"通报嘉奖"作为表彰见义勇为人员

---

① 《福建省奖励和保护见义勇为人员条例》（福建省第十一届人民代表大会常务委员会第二十五次会议通过，2011 年 7 月 29 日）第十条："对见义勇为人员，应当给予以下单项或多项表彰奖励：（一）通报嘉奖；（二）颁发奖金；（三）记功；（四）授予荣誉称号。"

② 《广东省见义勇为人员奖励和保障条例》（广东省第十三届人民代表大会常务委员会公告第 66 号，2020 年 9 月 29 日）第十六条："县级以上人民政府对确认的见义勇为人员可以给予下列表彰或者奖励：（一）通报嘉奖；（二）颁发奖金；（三）授予见义勇为荣誉称号。"

③ 《贵州省见义勇为人员奖励和保护条例》（贵州省人民代表大会常务委员会公告 2020 第 13 号，2020 年 9 月 25 日）第十五条："县级以上人民政府应当根据国家有关规定对见义勇为人员给予下列单项或者多项奖励：（一）通报嘉奖；（二）颁发奖金；（三）授予荣誉称号；（四）其他奖励。"

④ 《河南省见义勇为人员奖励和保障条例》（河南省第十二届人民代表大会常务委员会公告第 82 号，2017 年 12 月 4 日）第十九条："县级以上人民政府应当按照有关规定对见义勇为人员给予下列单项或者多项奖励：（一）通报嘉奖；（二）颁发奖金；（三）授予荣誉称号；（四）其他奖励。"

⑤ 《天津市见义勇为人员奖励和保护条例》（天津市人民代表大会常务委员会公告第七十三号，2017 年 11 月 28 日）第十二条："经公安机关确认为见义勇为人员的，由市和区人民政府给予通报嘉奖、颁发奖金或者其他奖励。"

的首种方式。安徽①、海南②、湖南③、江苏④、内蒙古⑤、宁夏⑥、四川⑦、

---

① 《安徽省见义勇为人员奖励和保护条例》（安徽省人民代表大会常务委员会公告第 34 号，2011 年 4 月 28 日）第十六条："县级以上综治机构对已确认的见义勇为人员应当及时予以通报表彰、奖励。县级以上人民政府对事迹突出的见义勇为人员应当定期予以表彰、奖励，并授予荣誉称号。见义勇为人员的事迹可以载入地方志。"

② 《海南省见义勇为人员奖励和保障规定》（海南省人民代表大会常务委员会公告第 73 号，2020 年 12 月 2 日）第十四条："经县级以上见义勇为工作机构确认为见义勇为行为的，由同级人民政府及其有关部门根据具体情况给予以下表彰和奖励：（一）通报表扬；（二）记功；（三）授予荣誉称号；（四）颁发奖金、奖品。前款规定的表彰和奖励可以单独适用，也可以合并适用。对见义勇为事迹特别突出、需要上一级人民政府进行表彰奖励的，由市、县（区）、自治县见义勇为工作机构向上一级见义勇为工作机构申报。"

③ 《湖南省见义勇为人员奖励和保护条例》（湖南省第十一届人民代表大会常务委员会公告第 19 号，2009 年 3 月 26 日）第十条："被确认为见义勇为的人员，由县级以上人民政府给予表彰、奖励，授予相应的荣誉。事迹比较突出的，由县级人民政府给予二千元以上的奖金。县级人民政府认为见义勇为行为符合上级人民政府表彰、奖励条件的，逐级上报。事迹突出的，由设区的市、自治州人民政府表彰、奖励，给予一万元以上的奖金；事迹特别突出的，由省人民政府表彰、奖励，给予二万元以上的奖金；省人民政府授予'见义勇为英雄'称号的，给予五万元以上的奖金，享受省级劳动模范待遇。具体奖励办法由省、设区的市、自治州、县（市、区）人民政府自行制定。见义勇为行为符合国家表彰、奖励条件的，由省人民政府向国家有关部门推荐。"

④ 《江苏省奖励和保护见义勇为人员条例》（江苏省第十三届人民代表大会常务委员会第六次会议，2018 年 11 月 23 日）第十四条："根据见义勇为人员的事迹和贡献，对见义勇为人员应当给予下列单项或者多项奖励：（一）授予见义勇为称号；（二）嘉奖；（三）记功；（四）颁发奖金；（五）其他奖励。"

⑤ 《内蒙古自治区见义勇为人员奖励和保护条例》（内蒙古自治区第九届人民代表大会常务委员会公告第六十六号，2001 年 11 月 21 日）第九条："旗县级以上人民政府按照各自权限，对见义勇为人员分别进行奖励：（一）嘉奖、记三等功的，由旗县级人民政府批准；（二）记二等功的，由盟行政公署、设区的市人民政府批准；（三）记一等功、授予见义勇为荣誉称号的，由自治区人民政府批准。"

⑥ 《宁夏回族自治区见义勇为人员奖励和保护条例》（宁夏回族自治区人民代表大会常务委员会公告第 78 号，2010 年 10 月 15 日）第十条："对见义勇为人员应当给予下列表彰奖励：（一）嘉奖；（二）授予荣誉称号，发给荣誉证书；（三）颁发奖金；（四）其他奖励。"

⑦ 《四川省保护和奖励见义勇为条例》（四川省第十三届人民代表大会常务委员会公告第 80 号，2021 年 5 月 28 日）第二十二条："对见义勇为人员，经确认后由人民政府给予下列表彰和奖励：（一）嘉奖；（二）记功；（三）授予称号；（四）颁发奖金。以上表彰和奖励可单独或合并使用。"

浙江①、西藏②采取性质相似的"通报表彰""通报表扬""表彰""嘉奖"此类词汇作为表彰见义勇为人员的首种方式。通过统计分析，多数省份都以通报嘉奖作为表彰见义勇为人员的方式之一。山东③、山西④、甘肃⑤、吉林⑥等少数省份虽未直接明确规定"通报嘉奖"，但其规定"颁发奖金"，课题组认为其性质也类似于通报嘉奖。因此，"通报嘉奖"应当作为表彰见义勇为人员的方式之一。安徽⑦、

_____

① 《浙江省见义勇为人员奖励和保障条例》（江省第十三届人民代表大会常务委员会公告第38号，2020年11月27日）第十条："县级以上人民政府对见义勇为人员应当根据其事迹和贡献，分别给予下列表彰或者奖励：（一）嘉奖；（二）记三等功、二等功、一等功；（三）授予荣誉称号。"

② 《西藏自治区见义勇为人员表彰奖励和权益保障条例》（西藏自治区人民代表大会常务委员会公告〔2017〕7号，2017年5月26日）第二十二条："见义勇为事迹突出的个人或者集体，经县级以上社会治安综合治理部门报同级人民政府批准，可由同级人民政府予以表彰、奖励、授予荣誉称号，并颁发《见义勇为证书》。县级以上人民政府应当对见义勇为人员及时奖励，集中表彰；见义勇为事迹特别突出、影响特别重大、对维护社会稳定工作作出重大贡献的应当及时表彰。见义勇为荣誉称号分为：（一）见义勇为先进个人或者先进集体；（二）见义勇为模范或者模范集体；（三）见义勇为英雄或者英雄集体。"

③ 《山东省见义勇为人员奖励和保护条例》（山东省人民代表大会常务委员会公告第133号，2012年9月27日）第十六条："对见义勇为人员的奖励包括：（一）授予荣誉称号；（二）颁发奖金；（三）法律、法规、规章规定的其他奖励。见义勇为人员符合其他奖励条件的，按照有关规定给予奖励。"

④ 《山西省见义勇为人员保护和奖励条例》（山西省人民代表大会常务委员会公告，2006年5月26日）第二十二条："对见义勇为人员给予下列单项或者多项奖励：（一）授予荣誉称号；（二）颁发奖金；（三）其他奖励。"

⑤ 《甘肃省奖励和保护见义勇为人员条例》（甘肃省人民代表大会常务委员会公告第60号，2007年9月27日）第十一条："对见义勇为人员给予下列单项或者多项奖励：（一）授予荣誉称号；（二）颁发奖金；（三）其他奖励。见义勇为荣誉称号分为省、市（州）、县（市、区）三个等级，由同级人民政府授予。"

⑥ 《吉林省见义勇为人员奖励和保护条例》（吉林省第十届人民代表大会常务委员会公告第19号，2004年9月25日）第十条："对见义勇为人员应当给予下列奖励：（一）授予荣誉称号；（二）颁发奖金；（三）其他奖励。"

⑦ 《安徽省见义勇为人员奖励和保护条例》（安徽省人民代表大会常务委员会公告第34号，2011年4月28日）第十六条："县级以上综治机构对已确认的见义勇为人员应当及时予以通报表彰、奖励。县级以上人民政府对事迹突出的见义勇为人员应当定期予以表彰、奖励，并授予荣誉称号。见义勇为人员的事迹可以载入地方志。"

福建①、甘肃②、贵州③、海南④、河南⑤、吉林⑥、辽宁⑦、宁夏⑧、山东⑨、

① 《福建省奖励和保护见义勇为人员条例》（福建省人民代表大会常务委员会关于颁布施行《福建省奖励和保护见义勇为人员条例》的公告，2011 年 7 月 29 日）第十条："对见义勇为人员，应当给予以下单项或多项表彰奖励：（一）通报嘉奖；（二）颁发奖金；（三）记功；（四）授予荣誉称号。"

② 《甘肃省奖励和保护见义勇为人员条例》（甘肃省人民代表大会常务委员会公告第 60 号，2007 年 9 月 27 日）第十一条："对见义勇为人员给予下列单项或者多项奖励：（一）授予荣誉称号；（二）颁发奖金；（三）其他奖励。见义勇为荣誉称号分为省、市（州）、县（市、区）三个等级，由同级人民政府授予。"

③ 《贵州省见义勇为人员奖励和保护条例》（贵州省人民代表大会常务委员会公告 2020 第 13 号，2020 年 9 月 25 日）第十五条："县级以上人民政府应当根据国家有关规定对见义勇为人员给予下列单项或者多项奖励：（一）通报嘉奖；（二）颁发奖金；（三）授予荣誉称号；（四）其他奖励。"

④ 《海南省见义勇为人员奖励和保障规定》（海南省人民代表大会常务委员会公告第 73 号，2020 年 12 月 2 日）第十四条："经县级以上见义勇为工作机构确认为见义勇为行为的，由同级人民政府及其有关部门根据具体情况给予以下表彰和奖励：（一）通报表扬；（二）记功；（三）授予荣誉称号；（四）颁发奖金、奖品。"

⑤ 《河南省见义勇为人员奖励和保障条例》（河南省第十二届人民代表大会常务委员会公告第 82 号，2017 年 12 月 4 日）第十九条："县级以上人民政府应当按照有关规定对见义勇为人员给予下列单项或者多项奖励：（一）通报嘉奖；（二）颁发奖金；（三）授予荣誉称号；（四）其他奖励。"

⑥ 《吉林省见义勇为人员奖励和保护条例》（吉林省第十届人民代表大会常务委员会公告第 19 号，2004 年 9 月 25 日）第十条："对见义勇为人员应当给予下列奖励：（一）授予荣誉称号；（二）颁发奖金；（三）其他奖励。"

⑦ 《辽宁省奖励和保护见义勇为人员条例》（辽宁省人民代表大会常务委员会公告第 4 号，2013 年 8 月 2 日）第十二条："省、市、县人民政府对见义勇为人员，根据其表现和贡献，给予下列表彰奖励：（一）县级人民政府授予见义勇为先进个人称号，颁发荣誉证书并给予不低于五万元的奖金。其中死亡或者完全丧失劳动能力的，增发不低于十五万元奖金；（二）市人民政府授予见义勇为模范称号，颁发荣誉证书并在县级人民政府奖励的基础上再给予不低于十万元的奖金。其中死亡或者完全丧失劳动能力的，再增发不低于三十万元奖金；（三）省人民政府授予见义勇为英雄称号，颁发荣誉证书并在市人民政府奖励的基础上再给予不低于二十万元的奖金。其中死亡或者完全丧失劳动能力的，再增发不低于四十万元奖金。"

⑧ 《宁夏回族自治区见义勇为人员奖励和保护条例》（宁夏回族自治区人民代表大会常务委员会公告第 78 号，2010 年 10 月 15 日）第十条："对见义勇为人员应当给予下列表彰奖励：（一）嘉奖；（二）授予荣誉称号，发给荣誉证书；（三）颁发奖金；（四）其他奖励。"

⑨ 《山东省见义勇为人员奖励和保护条例》（山东省人民代表大会常务委员会公告第 133 号，2012 年 9 月 27 日）第十六条："对见义勇为人员的奖励包括：（一）授予荣誉称号；（二）颁发奖金；（三）法律、法规、规章规定的其他奖励。见义勇为人员符合其他奖励条件的，按照有关规定给予奖励。"

山西①、陕西②、四川③、西藏④、云南⑤、浙江⑥均采取"授予荣誉称

---

① 《山西省见义勇为人员保护和奖励条例》（山西省人民代表大会常务委员会公告，2006 年 5 月 26 日）第二十二条："对见义勇为人员给予下列单项或者多项奖励：（一）授予荣誉称号；（二）颁发奖金；（三）其他奖励。"

② 《陕西省奖励和保护见义勇为人员条例》（2018 年 9 月 28 日陕西省第十三届人民代表大会常务委员会第五次会议修订，2018 年 9 月 28 日）第十二条："省、设区的市、县（市、区）人民政府对见义勇为人员，根据其表现和贡献，给予下列表彰奖励：（一）见义勇为事迹比较突出的，由县（市、区）人民政府授予见义勇为先进个人称号，颁发荣誉证书并给予不低于五千元的奖金；见义勇为事迹特别突出、在本县（市、区）有较大影响的，由县（市、区）人民政府授予见义勇为先进个人称号，颁发荣誉证书并给予不低于五万元的奖金，其中死亡或者完全丧失劳动能力的，增发不低于二十万元抚慰金或者奖金；（二）见义勇为事迹特别突出、有较大贡献的，由县（市、区）人民政府报请设区的市人民政府授予见义勇为模范称号，颁发荣誉证书并在县（市、区）人民政府奖励的基础上再给予不低于十五万元的奖金，其中死亡或者完全丧失劳动能力的，再增发不低于三十万元抚慰金或者奖金；（三）见义勇为事迹特别突出、有重大贡献的，由设区的市人民政府报请省人民政府授予见义勇为英雄称号，颁发荣誉证书并在设区的市人民政府奖励的基础上再给予不低于二十五万元的奖金，其中死亡或者完全丧失劳动能力的，再增发不低于五十万元抚慰金或者奖金。见义勇为事迹评定的具体办法由省人民政府制定。"

③ 《四川省保护和奖励见义勇为条例》（四川省第十三届人民代表大会常务委员会公告第 80 号，2021 年 5 月 28 日）第二十二条："对见义勇为人员，经确认后由人民政府给予下列表彰和奖励：（一）嘉奖；（二）记功；（三）授予称号；（四）颁发奖金。以上表彰和奖励可单独或合并使用。"

④ 《西藏自治区见义勇为人员表彰奖励和权益保障条例》（西藏自治区人民代表大会常务委员会公告〔2017〕7 号，2017 年 5 月 26 日）第二十二条："见义勇为事迹突出的个人或者集体，经县级以上社会治安综合治理部门报同级人民政府批准，可由同级人民政府予以表彰、奖励、授予荣誉称号，并颁发《见义勇为证书》。县级以上人民政府应当对见义勇为人员及时奖励，集中表彰；见义勇为事迹特别突出、影响特别重大、对维护社会稳定工作作出重大贡献的应当及时表彰。见义勇为荣誉称号分为：（一）见义勇为先进个人或者先进集体；（二）见义勇为模范或者模范集体；（三）见义勇为英雄或者英雄集体。"

⑤ 《云南省奖励和保护见义勇为人员条例》（云南省人民代表大会常务委员会第 13 届第 53 号，2021 年 5 月 28 日）第十三条："对见义勇为人员，根据其贡献大小，给予下列表彰奖励：（一）有一定贡献的，由县（市、区）见义勇为工作机构报本级人民政府授予'见义勇为先进个人（群体、集体）'称号，颁发荣誉证书，给予 5000 元以上奖金；（二）有较大贡献的，经县（市、区）见义勇为工作机构申报，由州（市）见义勇为工作机构报本级人民政府授予'见义勇为先进个人（群体、集体）'称号，颁发荣誉证书，给予 1 万元以上奖金；（三）有重大贡献的，经县（市、区）见义勇为工作机构逐级申报，由省见义勇为工作机构报省人民政府授予'见义勇为先进个人（群体、集体）'称号，颁发奖章和荣誉证书，给予 10 万元以上奖金；（四）有特别重大贡献，牺牲或者完全丧失劳动能力的，经县（市、区）见义勇为工作机构逐级申报，由省见义勇为工作机构报省人民政府授予'见义勇为英雄（群体、集体）'称号，颁发奖章和荣誉证书，由省、州（市）、县（市、区）共同以全省上一年度城镇居民人均可支配收入的 30 倍为标准一次性发给奖金；其奖金的三级比例为省 65%、州（市）30%、县（市、区）5%。表彰奖励应当公开进行，被表彰奖励人员要求为其保密或者有关部门认为应当保密的，可以不公开进行。"

⑥ 《浙江省见义勇为人员奖励和保障条例》（江省第十三届人民代表大会常务委员会公告第 38 号，2020 年 11 月 27 日）第十条："县级以上人民政府对见义勇为人员应当根据其事迹和贡献，分别给予下列表彰或者奖励：（一）嘉奖；（二）记三等功、二等功、一等功；（三）授予荣誉称号。"

号"或"授予称号"作为表彰见义勇为人员方式之一。北京市授予见义勇为人员"首都见义勇为好市民"称号，广东①、江苏②、内蒙古③授予见义勇为人员"见义勇为"荣誉称号。通过统计可以看出，大多数省份都将授予见义勇为人员某种称号作为表彰的方式之一。因此，应当将其纳入国家性立法。由于见义勇为人员这一概念内容范围较为广泛，可以依据见义勇为人员的事迹、贡献、影响力等判断标准对其表彰内容进行划分，课题组列举了见义勇为先进个人、见义勇为英雄、全国见义勇为英雄三种标准，以期细化见义勇为表彰种类，更好地实现个案公平正义。除了通报嘉奖与授予称号之外，还有若干表彰方式。例如福建④、海南⑤、江苏⑥等地采取记功的方式表彰见义勇为人员；宁夏、西藏、重庆等地将为见义勇为人员颁发见义勇为证书等。课题组选取"其他奖励"作为兜底条款，给各个省份留有一定的立法空间。

---

① 《广东省见义勇为人员奖励和保障条例》（广东省第十三届人民代表大会常务委员会公告第 66 号，2020 年 9 月 29 日）第十六条："县级以上人民政府对确认的见义勇为人员可以给予下列表彰或者奖励：（一）通报嘉奖；（二）颁发奖金；（三）授予见义勇为荣誉称号。"

② 《江苏省奖励和保护见义勇为人员条例》（江苏省第十三届人民代表大会常务委员会第六次会议，2018 年 11 月 23 日）第十四条："根据见义勇为人员的事迹和贡献，对见义勇为人员应当给予下列单项或者多项奖励：（一）授予见义勇为称号；（二）嘉奖；（三）记功；（四）颁发奖金；（五）其他奖励。"

③ 《内蒙古自治区见义勇为人员奖励和保护条例》（内蒙古自治区第九届人民代表大会常务委员会公告第 66 号，2001 年 11 月 21 日）第九条："旗县级以上人民政府按照各自权限，对见义勇为人员分别进行奖励：（一）嘉奖、记三等功的，由旗县级人民政府批准；（二）记二等功的，由盟行政公署、设区的市人民政府批准；（三）记一等功、授予见义勇为荣誉称号的，由自治区人民政府批准。"

④ 《福建省奖励和保护见义勇为人员条例》（福建省人民代表大会常务委员会关于颁布施行《福建省奖励和保护见义勇为人员条例》的公告，2011 年 7 月 29 日）第十条："对见义勇为人员，应当给予以下单项或多项表彰奖励：（一）通报嘉奖；（二）颁发奖金；（三）记功；（四）授予荣誉称号。"

⑤ 《海南省见义勇为人员奖励和保障规定》（海南省人民代表大会常务委员会公告第 73 号，2020 年 12 月 2 日）第十四条："经县级以上见义勇为工作机构确认为见义勇为行为的，由同级人民政府及其有关部门根据具体情况给予以下表彰和奖励：（一）通报表扬；（二）记功；（三）授予荣誉称号；（四）颁发奖金、奖品。前款规定的表彰和奖励可以单独适用，也可以合并适用。对见义勇为事迹特别突出、需要上一级人民政府进行表彰奖励的，由市、县（区）、自治县见义勇为工作机构向上一级见义勇为工作机构申报。"

⑥ 《江苏省奖励和保护见义勇为人员条例》（江苏省第十三届人民代表大会常务委员会第六次会议，2018 年 11 月 23 日）第十四条："根据见义勇为人员的事迹和贡献，对见义勇为人员应当给予下列单项或者多项奖励：（一）授予见义勇为称号；（二）嘉奖；（三）记功；（四）颁发奖金；（五）其他奖励。"

表彰等级的判断以事迹突出程度和在特定地域范围的影响力来判断。见义勇为人员的表彰等级分别为通报嘉奖、见义勇为先进个人、见义勇为英雄、全国见义勇为英雄与其他表彰。实质上，事迹突出程度和在特定地域内的影响力在实践中还是较为模糊，仍没有很好地解决实践中对同事不同认定标准的难题，但做此规定可以使见义勇为表彰工作建立等级意识，具体的等级本质上还是属于行政自由裁量的范畴。至于说见义勇为表彰等级的具体标准，则留待将来进一步细化完善，可能包括见义勇为人员遭遇的危险大小、贡献的多少、救助义务的强弱等因素，最终将根据上述这些因素，对应事迹突出和影响力两项因素，综合确定见义勇为人员的表彰等级。

第十五条 【见义勇为人员的奖金】

受到表彰的见义勇为人员，由各级人民政府或者见义勇为工作专门机构发给奖金。

表彰单位应当结合本地实际情况具体确定奖金数额。

【说明】

本条内容是见义勇为人员奖金设置。课题组在综合其他省市相关规定的基础上提炼了上述见义勇为人员奖金的表述。此条文主要涉及两个层面的内容：第一，受到表彰的见义勇为人员，是由各级人民政府或者见义勇为工作专门机构发给其奖金；第二，表彰单位应当结合本地实际情况具体确定奖金数额。

【理由】

一　奖金发放主体的确定

见义勇为人员的奖金一般由各级人民政府或者见义勇为工作专门机构来发放。课题组统计了全国 25 个地方性法规，共有 15 个根据见义勇为事件影响力大小分别由省、设区的市、县一级的人民政府给予奖励，包括广西[①]、

---

① 《广西壮族自治区见义勇为人员奖励和保护条例》（广西壮族自治区人大常委会公告 13 届第 37 号，2020 年 9 月 22 日）第十八条："对见义勇为人员根据其表现和贡献给予下列奖励：（一）见义勇为事迹特别突出，在自治区内有较大影响的，由自治区人民政府颁发见义勇为荣誉证书，给予不低于十万元的奖金；（二）见义勇为事迹突出，在设区的市内有较大影响的，由设区的市人民政府颁发见义勇为荣誉证书，给予不低于五万元的奖金；（三）见义勇为事迹比较突出，在县（市、区）内有较大影响的，由县级政府颁发见义勇为荣誉证书，给予不低于三万元的奖金；（四）其他见义勇为人员，由县级以上社会治安综治统筹部门颁发见义勇为荣誉证书，并给予适当奖金。对见义勇为人员颁发奖金的具体标准，由颁发见义勇为荣誉证书的人民政府确定。"

贵州①、河南②、江苏③、陕西④、天津⑤。由于见义勇为荣誉分为较多层

---

① 《贵州省见义勇为人员奖励和保护条例》（贵州省人民代表大会常务委员会公告 2020 第 13 号，2020 年 9 月 25 日）第十六条："省人民政府对在全省范围内事迹特别突出、有重大影响的见义勇为人员，授予'见义勇为英雄'称号，对事迹突出、有较大影响的见义勇为人员，授予'见义勇为模范'称号，并颁发荣誉证书，给予物质奖励；见义勇为英雄享受省级劳动模范待遇。市、州人民政府对在市、州范围内事迹突出、有较大影响的见义勇为人员，授予'见义勇为模范'称号，对事迹较为突出、有一定影响的见义勇为人员，授予'见义勇为先进个人'称号，并颁发荣誉证书，给予物质奖励。县级人民政府对在本行政区域内有一定影响的见义勇为人员，授予'见义勇为先进个人'称号，并颁发荣誉证书，给予物质奖励。"

② 《河南省见义勇为人员奖励和保障条例》（河南省第十二届人民代表大会常务委员会公告第 82 号，2017 年 12 月 4 日）第二十条："省人民政府对事迹突出，在本省范围内有重大影响的见义勇为人员，授予'河南省见义勇为英雄'荣誉称号，并给予二十万元以上奖励；对事迹突出，在本省范围内有较大影响的见义勇为人员，授予'河南省见义勇为模范'荣誉称号，并给予十五万元以上奖励。省辖市人民政府对事迹突出，在本市范围内有重大影响的见义勇为人员，授予'见义勇为模范'荣誉称号，并给予十万元以上奖励。县级人民政府对事迹突出，在本行政区域内有重大影响的见义勇为人员，授予'见义勇为先进个人'荣誉称号，并给予五万元以上奖励。"

③ 《江苏省奖励和保护见义勇为人员条例》（江苏省第十三届人民代表大会常务委员会第六次会议，2018 年 11 月 23 日）第十五条："见义勇为称号包括'见义勇为英雄''见义勇为模范'和'见义勇为先进个人'。省人民政府对事迹突出，在本省有特别重大影响的见义勇为人员，授予省'见义勇为英雄'称号；对事迹突出，在本省有重大影响的见义勇为人员，授予省'见义勇为模范'称号；对事迹突出，在本省有较大影响的见义勇为人员，授予省'见义勇为先进个人'称号。设区的市人民政府可以授予市'见义勇为模范'和市'见义勇为先进个人'称号，县（市、区）人民政府可以授予'见义勇为先进个人'称号。设区的市、县（市、区）人民政府对事迹突出、在本地区有重大影响的见义勇为人员，可以向上一级人民政府申报授予其见义勇为称号。见义勇为称号评定的具体办法，由省人民政府制定。"

④ 《陕西省奖励和保护见义勇为人员条例》（2018 年 9 月 28 日陕西省第十三届人民代表大会常务委员会第五次会议修订，2018 年 9 月 28 日）第十二条："省、设区的市、县（市、区）人民政府对见义勇为人员，根据其表现和贡献，给予下列表彰奖励：（一）见义勇为事迹比较突出的，由县（市、区）人民政府授予见义勇为先进个人称号，颁发荣誉证书并给予不低于五千元的奖金；见义勇为事迹特别突出、在本县（市、区）有较大影响的，由县（市、区）人民政府授予见义勇为先进个人称号，颁发荣誉证书并给予不低于五万元的奖金，其中死亡或者完全丧失劳动能力的，增发不低于二十万元抚慰金或者奖金；（二）见义勇为事迹特别突出、有较大贡献的，由县（市、区）人民政府报请设区的市人民政府授予见义勇为模范称号，颁发荣誉证书并在县（市、区）人民政府奖励的基础上再给予不低于十五万元的奖金，其中死亡或者完全丧失劳动能力的，再增发不低于三十万元抚慰金或者奖金；（三）见义勇为事迹特别突出、有重大贡献的，由设区的市人民政府报请省人民政府授予见义勇为英雄称号，颁发荣誉证书并在设区的市人民政府奖励的基础上再给予不低于二十五万元的奖金，其中死亡或者完全丧失劳动能力的，再增发不低于五十万元抚慰金或者奖金。见义勇为事迹评定的具体办法由省人民政府制定。"

⑤ 《天津市见义勇为人员奖励和保护条例》（天津市人民代表大会常务委员会公告第七十三号，2017 年 11 月 28 日）第十二条："经公安机关确认为见义勇为人员的，由市和区人民政府给予通报嘉奖、颁发奖金或者其他奖励。"

次，有些省市也规定，见义勇为工作专门机构可以自己的名义给见义勇为人员发放奖金，例如重庆①。更为深层次的原因在于，国家层面有关表彰的政策不允许所有见义勇为表彰都由政府作出。《国家功勋荣誉表彰条例》规定："地市级党委和政府表彰奖励项目每年不超过 2 个，县级党委和政府表彰奖励项目每年不超过 1 个。"此项法规旨在限制地方党委和政府的表彰数量，但是见义勇为事迹的发生具有不可预知性，并且鉴于弘扬社会主义核心价值观的需要，每年 1—2 个的见义勇为表彰从数量上是远远不够的。因此将见义勇为工作专门机构纳入奖金发放主体符合当下国家表彰的相关政策。综合所统计的各省地方性法规，由各级人民政府或者见义勇为工作专门机构发给奖金较为适合各省现状。表彰单位应当结合本地实际情况具体确定奖金数额赋予各省一定权限确定规定奖金额度。

二 奖金的具体数额由表彰单位确定

国家立法不宜直接确定奖金数额。各地方对于见义勇为的奖金数额差距较大，例如广西规定了三万、五万和十万的奖金，② 海南规定了一万、五万和十万元的奖金，③ 广东规定了四十万、六十万、八十万和一百万的

---

① 《重庆市见义勇为人员奖励和保护条例》（重庆市人民代表大会常务委员会公告［5 届］第 127 号，2021 年 3 月 31 日）第十五条第一款第一项："事迹突出，在区县（自治县）范围内有较大影响的，由区县（自治县）公安机关颁发见义勇为证书，并给予不低于一万元的奖金。"

② 《广西壮族自治区见义勇为人员奖励和保护条例》（广西壮族自治区人大常委会公告 13 届第 37 号，2020 年 9 月 22 日）第十八条："对见义勇为人员根据其表现和贡献给予下列奖励：（一）见义勇为事迹特别突出，在自治区内有较大影响的，由自治区人民政府颁发见义勇为荣誉证书，给予不低于十万元的奖金；（二）见义勇为事迹突出，在设区的市内有较大影响的，由设区的市人民政府颁发见义勇为荣誉证书，给予不低于五万元的奖金；（三）见义勇为事迹比较突出，在县（市、区）内有较大影响的，由县级人民政府颁发见义勇为荣誉证书，给予不低于三万元的奖金；（四）其他见义勇为人员，由县级以上社会治安综治统筹部门颁发见义勇为荣誉证书，并给予适当奖金。对见义勇为人员颁发奖金的具体标准，由颁发见义勇为荣誉证书的人民政府确定。"

③ 《海南省见义勇为人员奖励和保障规定》（海南省人民代表大会常务委员会公告第 73 号，2020 年 12 月 2 日）第十五条第二款："对获得见义勇为积极分子称号的给予一万元以上的奖励，对获得见义勇为先进分子称号的给予五万元以上的奖励，对获得见义勇为英雄称号的给予十万元以上的奖励。"

抚恤奖金;① 也有较多地方性法规并未直接规定奖金数额,例如江苏、天津、浙江,而是交由表彰单位根据当地情况具体确定。由此可知,目前各地方对于见义勇为奖金的数额差异较大,当然这也是各地经济情况不一决定的。因此,国家层面的统一立法不宜直接规定具体的奖金数额,应当交由各地方根据当地实际情况具体确定。

见义勇为人员的奖金数额与其事迹是直接相关的,应当交由表彰单位根据表彰等级具体确定。见义勇为认定时需满足情况紧急、无救助义务、救助人身或财产三个要素,所以应主要综合性地参考救助者在这三方面的作为程度授予不同的表彰,故将见义勇为人员遭遇的危险大小、救助义务的强弱、贡献的多少三个因素单列出来作为"事迹和贡献"的主要认定因素。由此可见,见义勇为人员表彰的等级需要根据具体的事迹来判断,但实际情况纷繁复杂,可能同一等级的见义勇为事迹仍然有影响力大小之分,因此可能会出现同一等级的见义勇为人员获得不同奖金的情况,这种情况应当是合理的。因此,应当允许表彰单位根据具体的事迹来确定不同的奖金数额。

第十六条 【其他单位组织的奖励】

国家机关、社会团体、企业事业单位和其他社会组织应当对本系统、本单位的见义勇为人员给予奖励。

【说明】

本条是整部法律的其他单位组织的奖励部门。课题组在参照其他省市相关规定的基础上添加了其他单位组织的奖励的表述。此条文要求国家机关、社会团体、企业事业单位和其他社会组织应当对本系统、本单位的见义勇为人员给予奖励。

【理由】

可能会有单位和个人提出,本条规定实质上为用人单位增加了负担,

---

① 《广东省见义勇为人员奖励和保障条例》(广东省第十三届人民代表大会常务委员会公告第 66 号,2020 年 9 月 29 日)第十七条:"见义勇为伤亡人员除享受国家和省有关抚恤补助规定的相应待遇外,经省人民政府见义勇为评定委员会确认,由省人民政府颁发一次性抚恤奖金:(一)牺牲的,颁发一百万元抚恤奖金;(二)完全丧失劳动能力的,颁发八十万元抚恤奖金;(三)大部分丧失劳动能力的,颁发六十万元抚恤奖金;(四)部分丧失劳动能力的,颁发四十万元抚恤奖金。具体办法由省人民政府制定。"

违背了私主体自治的基本原则。本条虽然规定的是用人单位应当给予奖励，但是此处的奖励并未明确是物质奖励，用人单位给予一定的精神奖励也是符合本条规定的，例如用人单位为见义勇为人员制作颁发奖状、开具表扬信等。由于第十五条中已经对见义勇为人员的物质奖励有了一定的保障，本条规定用人单位的奖励就不再强调必须包括物质奖励，只要能在本单位、本系统内部起到宣传见义勇为的作用、达到宣传见义勇为的目的即可。

第十七条 【就业优待】

见义勇为人员就业困难的，由人力社保部门优先介绍就业。

对因见义勇为死亡、致残的人员，所在县级残联和人力社保等部门应当优先帮扶其共同生活的近亲属就业。

见义勇为人员或者其配偶、父母、子女申请从事个体经营的，有关部门应当给予优先办理证照等优待，依法落实税费减免等优惠政策。

【说明】

本条规定了见义勇为的就业优待。课题组在参照各省市相关规定的基础上添加了上述就业优待条文。此条文主要涉及两个层面的问题。首先，确定就业优待的权利内容。具体分为三部分：第一，进行法条梳理，归纳吸纳立法成果。第二，新增个体经营的相关优待，完善就业优待的权利内容。第三，权利内容概括化。再次，限缩见义勇为家庭享有就业优待的权利主体。

【理由】

一 确定就业优待的权利内容

就业优待的权利内容主要包括就业援助、提供就业机会等具体措施。通过法条梳理，确定就业优待的权利内容，据此作出对应修订。具体来看：

现行立法中常见的就业优待政策主要包括：优先安排就业援助，优先安排公益性岗位以及个体经营优待。《国务院办公厅转发民政部等部门关于加强见义勇为人员权益保护意见的通知》提到，针对就业困难的见义勇为人员，只要其有就业能力和就业愿望，优先纳入就业援助。公益性岗位亦优先安排见义勇为人员。天津①、辽宁②、北京③、广东④等地均规定了见义勇为人员的就业优待，具体规定主要包括两项，即优先安排就业援助和公益性岗位。吉林⑤、山东⑥、

---

① 《天津市见义勇为人员奖励和保护条例》（天津市人民代表大会常务委员会公告第 73 号，2017 年 11 月 28 日）第二十一条："市和区人民政府应当将见义勇为人员及其直系亲属就业纳入政府公共就业服务范围，对符合就业困难条件的，优先纳入就业援助。"

② 《辽宁省奖励和保护见义勇为人员条例》（辽宁省人民代表大会常务委员会公告第 4 号，2013 年 8 月 2 日）第二十三条："对就业困难并且有就业能力和就业愿望的见义勇为人员，纳入就业援助范围。地方人民政府开发的公益性岗位，应当优先安排符合条件的见义勇为人员。见义勇为人员申请从事个体经营的，工商、税务、质量技术监督等有关部门应当优先依法办理证照，依法减免有关费用。"第二十四条："对见义勇为死亡或者致残丧失劳动能力人员的家庭，无生活来源的，当地人力资源和社会保障、残联等部门应当优先帮扶其直系亲属或者与其具有抚（扶）养关系的亲属就业。"

③ 《北京市见义勇为人员奖励和保护条例》（北京市人民代表大会常务委员会公告〔14 届〕第 28 号，2016 年 11 月 25 日）第十七条："对因见义勇为牺牲或者致残丧失劳动能力的人员，其家属没有生活来源的，所在区人民政府应当采取帮助其家庭成员就业等增加收入的措施解决。"

④ 《广东省见义勇为人员奖励和保障条例》（广东省第十三届人民代表大会常务委员会公告第 66 号，2020 年 9 月 29 日）第二十二条："因见义勇为部分丧失劳动能力的，由所在单位安排力所能及的工作。因见义勇为完全丧失劳动能力且已参加职工基本养老保险的，依法享受基本养老保险待遇。见义勇为人员不能享受本条第一款、第二款待遇，部分丧失劳动能力的，由公共就业服务机构或者县级以上残疾人劳动就业服务机构介绍就业；完全丧失劳动能力，但不能享受工伤保险待遇的，从县级人民政府见义勇为专项经费中逐月发给不低于当地上一年度城镇居民人均可支配收入的月平均标准的基本生活费。"第二十三条："对就业困难的见义勇为人员，县级以上人民政府应当优先纳入就业援助，优先安排到公益性岗位。"

⑤ 《吉林省见义勇为人员奖励和保护条例》（吉林省第十届人民代表大会常务委员会公告第 19 号，2004 年 9 月 25 日）第二十条："见义勇为人员受伤致残后尚有一定劳动能力而无工作单位的，由见义勇为人员户籍所在地县级以上人事、劳动和社会保障部门积极协调，优先安排就业；见义勇为牺牲或者丧失劳动能力人员的家属没有生活来源的，见义勇为人员户籍所在地县级以上人事、劳动和社会保障部门在同等条件下应当优先推荐其家属就业；见义勇为人员或者家属从事个体经营的，工商、税务等有关部门应当优先办理证照，有关费用依法予以减免。"

⑥ 《山东省见义勇为人员奖励和保护条例》（山东省人民代表大会常务委员会公告第 133 号，2012 年 9 月 27 日）第三十条："因见义勇为死亡或者致残丧失劳动能力人员的直系亲属有就业需求的，由当地人力资源社会保障部门免费提供政策咨询、职业指导、就业信息等服务，优先向用人单位推荐，参加技能培训的给予职业培训补贴，就业困难的按照规定由公益性岗位优先安置。因见义勇为死亡的人员生前扶养的直系亲属、见义勇为致残人员及其扶养的直系亲属，符合社会救助条件的，民政部门应当按照有关规定给予救助。见义勇为人员从事个体经营活动的，质量技术监督、工商、卫生、食品药品监督管理等主管部门应当依法优先办理证照，并减收、免收有关行政收费，税务机关应当依法减征、免征有关税款。"

福建①、重庆②等多地规定了见义勇为人员个体经营的优先登记与费用减免的制度。课题组根据上述统计，在目前的立法中，就业优待的权利内容主要包括三项，即优先安排就业援助、优先安排公益性岗位和个体经营相关优待。

新增个体经营优待具有正当性。上述立法梳理中已然明确个体经营应当属于就业优待的一部分，且公安部《见义勇为人员奖励和保障条例（修改意见稿）》规定了见义勇为人员及其家属从事个体经营优先办理登记并减免相关费用。由此可见，此款规定亦与就业有关，且有公安部文件予以支持，多个省市也有相关规定，遂应当加入本条，完善就业优待的权利内容。

人力和社会保障部门介绍就业的范围不限于就业援助与公益性岗位。为了适应社会发展，本条采取概括性规定，即"由劳动保障部门优先介绍就业"不仅可以涵盖优先安排就业援助，优先安排公益性岗位，也能适应新的就业政策。目的在于适应社会发展，弥补法律局限性，充分维护见义勇为人员合法利益。

二　限缩见义勇为家庭享有就业优待的权利主体

就业优待有两点目的：一是奖励见义勇为人员；二是在见义勇为人员劳动能力丧失或减损的情况下，使见义勇为家庭恢复或超越以往的生活水平。基于此立法目的，规定"见义勇为死亡、致残人员的家庭"中"共同生活的近亲属"享有就业优待。理由如下：

限缩权利主体具有立法基础。辽宁、山东、浙江③等地规定，"因见义勇为

---

① 《福建省奖励和保护见义勇为人员条例》（福建省人民代表大会公告，2011 年 7 月 29 日）第二十条："见义勇为人员从事个体工商户经营的，工商、税务、质量技术监督等部门应当优先为其办理相关证照，依法免收有关行政事业性收费。"

② 《重庆市见义勇为人员奖励和保护条例》（重庆市人民代表大会常务委员会公告〔5 届〕第 127 号，2021 年 3 月 31 日）第十七条："见义勇为人员就业困难的，由人力社保部门优先介绍就业。对因见义勇为死亡、致残的人员，所在区县（自治县）残联和人力社保等部门应当优先帮扶其共同生活的近亲属就业。见义勇为人员或者其配偶、父母、子女申请从事个体经营的，有关部门应当给予优先办理证照等优待，依法落实税费减免等优惠政策。"

③ 《浙江省见义勇为人员奖励和保障条例》（浙江省第十三届人民代表大会常务委员会公告第 38 号，2020 年 11 月 27 日）第四条："县级以上人民政府负责本条例在本行政区域内的实施。公安机关负责见义勇为行为确认等日常管理工作，协调、组织有关部门共同做好见义勇为人员奖励和保障工作。民政、人力资源社会保障、卫生健康、教育、财政等部门应当按照规定职责，做好有关见义勇为人员奖励、保障的相关工作。广播、电视、报刊等新闻单位应当积极宣传见义勇为人员的先进事迹。见义勇为基金会根据其章程，做好有关见义勇为人员的奖励、保障工作。"第十七条："国家机关、社会团体、企业事业单位职工因见义勇为而误工的，用人单位应当按照规定发给其工资、奖金以及其他福利待遇。其他人员因见义勇为而误工的，由行为发生地县（市、区）人民政府给予适当补助。"

牺牲或者致残丧失劳动能力"的人员，其在"劳动年龄内有劳动能力且未就业的直系亲属"，优先纳入就业援助。其中，吉林①、北京②、宽甸满族自治县③等少数地区对于见义勇为人员家属适用就业优待的条件为"见义勇为人员致残或牺牲"和"没有家庭收入"两项。其中"没有家庭收入"的限制不应当纳入本次修改，对于家属的就业优待目的在于使见义勇为家庭恢复或超过原有收入状态，即虽有家庭收入但收入不如从前便符合优待的条件之一。由此可见，限缩见义勇为家庭享有就业优待的权利主体具有立法基础。

限缩权利主体具有正当性。"见义勇为死亡致残的人员"中"共同生活的近亲属"享有就业优待具有正当性。有两点理由：一是见义勇为人员具备完全行为能力之时，就业优待作为奖励直接由其享有，不存在家属的优待问题；二是基于立法目的，当见义勇为人员不具备完全劳动能力之时，见义勇为家庭的收入水平必然受到影响。此时，赋予见义勇为人员的"共同生活的近亲属"以就业优待，才具有正当性，即帮助见义勇为家庭恢复或提高原有的生活水平。反之，见义勇为人员具备劳动能力之时，即当然排除亲属的就业优待。

第十八条【录用优待】

国家机关、人民团体、国有企业、事业单位招聘工作人员的，根据有

---

① 《吉林省见义勇为人员奖励和保护条例》（吉林省第十届人民代表大会常务委员会公告第19号，2004年9月25日）第二十条："见义勇为人员受伤致残后尚有一定劳动能力而无工作单位的，由见义勇为人员户籍所在地县级以上人事、劳动和社会保障部门积极协调，优先安排就业；见义勇为牺牲或者丧失劳动能力人员的家属没有生活来源的，见义勇为人员户籍所在地县级以上人事、劳动和社会保障部门在同等条件下应当优先推荐其家属就业；见义勇为人员或者家属从事个体经营的，工商、税务等有关部门应当优先办理证照，有关费用依法予以减免。"

② 《北京市见义勇为人员奖励和保护条例》（北京市人民代表大会常务委员会公告〔14届〕第28号，2016年11月25日）第十四条："见义勇为负伤人员医疗期间，属于机关、团体和事业单位职工的，应当视为正常出勤，所在工作单位不得因此扣减其工资、奖金和降低其福利待遇；属于企业职工的，依照本市有关企业劳动者工伤保险的规定享受工伤津贴；无工作单位的，从区见义勇为基金中给予经济补助。"第十七条："对因见义勇为牺牲或者致残丧失劳动能力的人员，其家属没有生活来源的，所在区人民政府应当采取帮助其家庭成员就业等增加收入的措施解决。"

③ 《宽甸满族自治县人民政府关于印发宽甸满族自治县奖励和保护见义勇为人员实施办法的通知》（宽政发〔2011〕27号，2011年6月26日）第十五条："获得表彰、奖励的见义勇为人员的亲属（指父母、配偶、子女，下同），享受下列待遇：（一）牺牲或者完全丧失劳动能力的见义勇为人员的亲属失业的，由县人民政府及劳动保障部门至少安排1名以上人员就业；（二）牺牲的见义勇为人员的子女报考我省省属及省以下所属大中专院校时，比照烈士子女给予照顾；（三）家庭生活困难的，由县人民政府及民政部门及时纳入社会救助范围，重点给予照顾；（四）符合应征入伍条件的，由县人民武装部优先批准入伍。"

关规定优先录用见义勇为人员，或者因见义勇为死亡、致残人员的配偶、子女、父母。

鼓励民营企业招聘工作人员时，优先录用见义勇为人员，或者因见义勇为死亡、致残人员的配偶、子女、父母。

【说明】

本条规定了见义勇为人员及其配偶、子女、父母的录用优待，包括法定的公职录用优待和鼓励的私企录用优待。通过立法梳理与理论探究，应当明确如下两点：第一，本条优待政策具有正当性；第二，确定权利主体。

【理由】

一　录用优待具有正当性

本条优待在见义勇为立法中鲜有提及，明确此条具有十分重要的意义。仅云南①、河南②、兰州③、贵阳④、广安⑤、重庆⑥提及了见义勇为人

---

① 《云南省奖励和保护见义勇为人员条例》（云南省人民代表大会常务委员会公告〔13 届〕第 53 号，2021 年 5 月 28 日）第十八条："受到县级以上人民政府表彰的见义勇为人员，本人及其直系亲属享有下列待遇和保障：（二）在公务员招考或者国有企业、事业单位招聘时，由人力资源社会保障部门依法给予照顾。"

② 《河南省见义勇为人员奖励和保障条例》（河南省第十二届人民代表大会常务委员会公告第 82 号，2017 年 12 月 4 日）第二十八条第一款："对被授予见义勇为荣誉称号的人员或者其子女参加中考、高考时，依据有关规定给予优待；应征入伍、报考公务员、参加国有企事业单位招聘时，同等条件下优先录取。"

③ 《兰州市人民政府办公厅关于印发〈兰州市见义勇为人员权益保护实施办法〉的通知》（兰政办发〔2014〕284 号，2014 年 11 月 26 日）第二十五条："对有工作单位并且仍有一定劳动能力的见义勇为负伤致残人员，用人单位适当调整工作岗位，不得无故终止劳动合同或降低工资待遇。对无工作的见义勇为人员、见义勇为牺牲人员家属及子女，优先给予就业援助，优先安排公益性岗位。对见义勇为人员报考市级国家公务员和事业编制单位招聘人员的，同等条件下给予优先录取。愿意从事个体工商户经营的，工商、税务、质监等有关部门给予优先办理相关证照，有关费用依法给予减免。"

④ 《贵阳市见义勇为奖励和保护暂行办法》（贵阳市人民政府令第 71 号，2019 年 6 月 2 日）第十九条："国家机关和事业单位、市属国有企业招聘工作人员，同等条件下，应当优先录用见义勇为受奖人员、见义勇为牺牲或者致残人员的直系亲属，人力资源和社会保障部门应当优先推荐。"

⑤ 《广安市人民政府关于印发〈广安市保护和奖励见义勇为办法〉的通知》（广安府发〔2013〕30 号，2013 年 10 月 21 日）第三十五条："见义勇为人员及见义勇为牺牲人员子女报考机关事业单位工作人员的，在同等条件下优先录（聘）用。"

⑥ 《重庆市见义勇为人员奖励和保护条例》（重庆市人民代表大会常务委员会公告〔5 届〕第 127 号，2021 年 3 月 31 日）第十八条："国家机关、人民团体、国有企业、事业单位招聘工作人员的，根据有关规定优先录用见义勇为人员或者因见义勇为死亡、致残人员的配偶、子女、父母。鼓励民营企业招聘工作人员时，优先录用见义勇为人员或者因见义勇为死亡、致残人员的配偶、子女、父母。"

员享有公职录用的优待。参照《烈士褒扬条例》①等其他法律、法规规定，公职录用优待作为见义勇为的奖励优待具有可操作性与正当性。遵循本条例鼓励见义勇为的精神，为全方面构筑见义勇为奖励体系，遂加入此条。国家公职人员的录用中尚且考虑优先录用见义勇为人员其他配偶、子女、父母，按照举重以明轻的法律解释基本原则，民营企业等私主体当然也应当优先录用见义勇为人员及其配偶、子女、父母，但是民营企业等私主体的招聘录用属于其内部事务，法律不宜对其干涉过多，因此私主体的录用优待只能是鼓励性质的。见义勇为人员承担了国家责任，理应在同等条件下享受国家政策优待。见义勇为人员为维护国家、社会、第三人的合法利益，代替承受本应当由国家承担的相关义务，且见义勇为人员的精神符合现行国家公职人员的职业道德，理应在同等条件下优先录用。

二 确定权利主体

录用优待的权利主体分为两类：一是见义勇为人员；二是因见义勇为死亡、致残人员的配偶、子女、父母。

见义勇为人员享有录用优待。根据《事业单位公开招聘人员暂行规定》第三条、第十二条之规定，事业单位公开招聘要求坚持德才兼备、择优录取等原则，同时在符合招聘程序的情形下，并不排斥对见义勇为人员优先录取的内容。参照《烈士褒扬条例》第十九条之内容"烈士子女符合公务员考录条件，优先录用"，公职录用优待作为见义勇为的奖励优待具有可操作性与正当性。遵循本条例鼓励见义勇为的精神，为全方面构筑见义勇为奖励体系，遂加入此条。

因见义勇为死亡、致残人员的配偶、子女、父母享受录用优待。见义勇为人员的配偶、子女、父母享有本条权利的前提在于，见义勇为人员的劳动力受损，导致见义勇为家庭的整体劳动力下降，故此时给予其配偶、子女、父母以优待才具有正当性。具体来看，有以下两点理由：一是见义

---

① 《烈士褒扬条例》（中华人民共和国国务院令第718号，2019年8月1日）第二十二条："烈士的子女、兄弟姐妹本人自愿，且符合征兵条件的，在同等条件下优先批准其服现役。烈士的子女符合公务员考录条件的，在同等条件下优先录用为公务员。"

勇为人员具备完全行为能力之时，录用优待作为奖励直接由其享有，便不存在家属的优待问题。二是基于立法目的，当见义勇为人员不具备完全劳动能力之时，见义勇为家庭的收入水平必然受到影响。此时，赋予因见义勇为死亡、致残人员的配偶、子女、父母以录用优待，才具有正当性，即帮助见义勇为家庭恢复或提高到原有的生活水平。反之，见义勇为人员具备劳动能力之时，即当然排除亲属的就业优待。

第十九条 【入伍优待】

见义勇为人员或者其子女符合征兵条件的，可以优先推荐应征入伍。

【说明】

本条规定了见义勇为人员或者其子女享有的入伍优待。从立法层面看，应当明确以下两点：第一，给予见义勇为人员或者其子女入伍优待具有正当性；第二，见义勇为人员或其子女为本条优待之权利主体。

【理由】

入伍优待在现行立法中有例可循。内蒙古①、四川②、北京朝阳区③、广安④、重庆⑤等 8 个地区规定了见义勇为人员或者其子女的入伍优待，其中内蒙古仅提及见义勇为本人享有入伍优待，其他省市均规定了见义勇

---

① 《内蒙古自治区见义勇为人员奖励和保护条例》（自治区九届人大常委会公告第 66 号，2001 年 11 月 21 日）第十条："对授予三等功以上的见义勇为人员，应当给予相应的物质奖励，并可以享受以下待遇：（五）见义勇为人员符合征兵条件，要求入伍的，有关部门应当向兵役机关推荐。"

② 《四川省保护和奖励见义勇为条例》（四川省第十三届人民代表大会常务委员会公告第 80 号，2021 年 5 月 28 日）第二十四条："获'见义勇为人员''见义勇为勇士''见义勇为英雄'称号的见义勇为人员，可享受如下特殊照顾：（二）本人或其子女符合征兵条件且自愿的，优先推荐应征入伍。"

③ 《北京市朝阳区人民政府办公室转发区民政局等部门关于加大见义勇为奖励和权益保护工作力度意见的通知》（朝政办发〔2014〕29 号，2014 年 11 月 2 日）"因见义勇为死亡人员子女在朝阳区应征入伍的，退役后可由区相关部门协助安排工作。"

④ 《广安市人民政府关于印发〈广安市保护和奖励见义勇为办法〉的通知》（广安府发〔2013〕30 号，2013 年 10 月 21 日）第三十四条："见义勇为人员或其子女符合征兵条件且自愿的，优先推荐应征入伍。"

⑤ 《重庆市见义勇为人员奖励和保护条例》（重庆市人民代表大会常务委员会公告〔5 届〕第 127 号，2021 年 3 月 31 日）第十九条："见义勇为人员或者其子女符合征兵条件的，可以优先推荐应征入伍。"

为人员及其子女的入伍优待权利。另外，参考《烈士褒扬条例》等规定，亦有针对烈士家属享有入伍优待的规定。

见义勇为精神在一定程度上与军人精神具有一致性。见义勇为人员为维护国家、社会、第三人的合法利益，维护社会主义和谐社会，实则是承担了一部分的国家责任，其行为具有奉献精神、牺牲精神。军人精神亦在强调勇敢、牺牲、奉献。在此程度上，见义勇为精神与军人精神有着一致性，遂给予见义勇为人员以入伍优待具有合理性。

入伍优待属于优先权，权利主体应当符合基本入伍条件。本条所规定之入伍优待，即在同等条件下，见义勇为人员及其子女由征兵部门优先推荐入伍，一来鼓励人员见义勇为，扩大奖励范围，二来仅赋予符合基本征兵条件的见义勇为人员及其子女享有此项优待，保证征兵质量，防止权力滥用。因此，入伍优待具有一定的科学性与可操作性。

第二十条 【教育优待】

教育部门应当对见义勇为人员、因见义勇为死亡或者致残人员的子女给予下列优待：

（一）在同等条件下优先安排进入公办幼儿园；

（二）义务教育阶段，按照就近入学的原则安排在公办学校就读；

（三）参加中考、高考的，按照国家和地方相关规定给予优待。

对因见义勇为死亡、致残以及家庭经济困难的见义勇为人员或者其子女，教育部门应当根据有关规定优先给予教育资助。

【说明】

本条规定了见义勇为人员或其子女的教育优待。从立法层面，应当明确以下两点：第一，合理限缩入学优待的权利主体；第二，确定教育优待的权利内容，最后是增加教育资助与学费减免的教育优待。

【理由】

一 合理限缩入学优待的权利主体

教育资源在一定程度上属于稀缺资源，入学更是与政策、户籍等多种因素相关联。为合理配置资源，实现效益最大化，将权利主体限缩为见义勇为人员以及因见义勇为死亡或者致残人员的子女符合立法精神与调研情况。

限缩了入学优待的权利主体是各地方立法的通行做法。辽宁①、湖南②、湖北③、山东④、南京⑤、重庆⑥等大部分省市规定，进入公办幼儿

① 《辽宁省奖励和保护见义勇为人员条例》（辽宁省人民代表大会常务委员会公告第 4 号，2013 年 8 月 2 日）第二十七条："对见义勇为死亡或者致残人员的子女，在入公办幼儿园时，同等条件下应当优先接收，并将其纳入学前教育资助范围；在义务教育阶段，应当按照就近入学的原则优先安排在公办学校就读；在报考普通高中、中等职业学校时，应当给予适当降分录取。对见义勇为死亡或者致残人员子女以及获得市级以上表彰奖励的见义勇为人员本人报考省属以下高校时，应当给予适当降分投档。上述人员在公办高中阶段学校以及省属以下大专院校就读期间，免收学费。"

② 《湖南省见义勇为人员奖励和保护条例》（湖南省第十一届人民代表大会常务委员会公告第 19 号，2009 年 3 月 26 日）第十九条："在就业、入伍、入学、转业（退伍）安置、住房等方面，同等条件下应当优先安排见义勇为人员。见义勇为死亡人员以及因见义勇为完全或者大部分丧失劳动能力人员的子女在义务教育公办学校就读期间，同等条件下优先享受助学金、奖学金，对寄宿学生补助生活费；在公办高中（含中职）以及普通高等学校就读期间，减免学费，同等条件下优先享受助学金、奖学金。鼓励民办学校对前述人员减免相关费用。"

③ 《湖北省见义勇为人员奖励和保护办法》（湖北省人民政府令第 383 号，2015 年 12 月 7 日）第二十四条："见义勇为牺牲、致残人员的适龄子女接受学前教育、义务教育的，教育部门应当按照就近入学原则，优先安排其在公办幼儿园、公办学校入园、入学；参加高中阶段教育、普通高等教育招生考试的，教育部门应当按照国家和省有关规定给予优待。"

④ 《山东省见义勇为人员奖励和保护条例》（山东省人民代表大会常务委员会公告第 133 号，2012 年 9 月 27 日）第二十四条："因见义勇为死亡或者致残人员的子女接受学前教育的，公办幼儿园应当在同等条件下优先接收；接受义务教育的，公办学校应当按照就近入学的原则接收。见义勇为人员和因见义勇为死亡或者致残人员的子女参加高级中等教育招生考试或者高等学校招生考试的，按照有关规定给予优待。对因见义勇为死亡或者致残以及经济困难的见义勇为人员家庭，教育部门应当根据有关规定优先给予教育资助。"

⑤ 《南京市奖励和保护见义勇为人员条例》（南京市人民代表大会常务委员会公告第 36 号，2016 年 10 月 21 日）第三十条："教育行政主管部门、院校应当对见义勇为人员或者其子女给予下列优待：（一）优先安排见义勇为死亡或者致残人员子女进入公办幼儿园或者普惠性民办幼儿园；（二）优先安排见义勇为死亡或者致残人员义务教育阶段适龄子女，按照就近入学的原则进入公办学校就读；（三）见义勇为烈士的子女和受到市级以上人民政府或者省级以上部门奖励的见义勇为人员或者其子女，参加江苏省普通高校招生或者本市中考招生录取时，按照省、市相关规定享受优待；（四）见义勇为人员或者其子女进入市、区属普通高中、职业高中、普通中等专业学校和本科、高职高专院校学习，因家庭经济困难无力承担相关费用的，根据有关规定优先给予减免和资助。"

⑥ 《重庆市见义勇为人员奖励和保护条例》（重庆市人民代表大会常务委员会公告〔5 届〕第 127 号，2021 年 3 月 31 日）第二十条："教育部门应当对见义勇为人员以及因见义勇为死亡或者致残人员的子女给予下列优待：（一）在同等条件下优先安排进入公办幼儿园；（二）义务教育阶段，按照就近入学的原则安排在公办学校就读；（三）参加中考、高考的，按照国家和本市相关规定给予优待。对因见义勇为死亡、致残以及家庭经济困难的见义勇为人员或者其子女，教育部门应当根据有关规定优先给予教育资助。"

园以及义务教育阶段学校的权利主体为"见义勇为死亡或者致残人员"的子女，针对加分政策的权利主体为"市级以上表彰奖励的见义勇为人员"本人和见义勇为"死亡或者致残人员"的子女。由此可见，以上立法皆对权利主体进行了严格的限缩，针对见义勇为人员主要采用所获表彰等级为限制条件，针对见义勇为人员子女主要以见义勇为人员的死亡或伤残程度为限制条件。少部分省市未限缩入学优待的权利主体。吉林①、昆明②、龙岩③、兰州④没有对享有入学优待的权利主体进行限制，被确认为见义勇为的人员及其适龄子女即可享有入学优待。但根据实践调研，教育资源属于稀缺资源且与其他社会制度相挂钩，为了使社会资源更有效率、合理地分配，对于享有入学优待的权利主体应当适度的限缩。

合理限缩权利主体范围，即见义勇为人员以及因见义勇为死亡或者致残人员的子女享有入学优待。首先，限制条件应当适度。限制条件过于严苛，违背了见义勇为之奖励原则；未附限制条件，可能造成教育资源的滥用，不利于资源分配。其次，限制条件应当合理。近5年的见义勇为立法中，除天津市以外，皆具体规定了见义勇为人员及其子女享有入学优待的

---

① 《吉林省见义勇为人员奖励和保护条例》（吉林省第十届人民代表大会常务委员会公告第19号，2004年9月25日）第二十三条："对获得见义勇为荣誉称号的人员及其子女，在升学中给予加分照顾。具体办法由省教育行政部门另行规定。"

② 《昆明市奖励和保护见义勇为人员办法》（昆明市人民政府公告第80号，2014年1月13日）第二十九条："见义勇为人员子女就读公办幼儿园，同等条件下优先接收。义务教育阶段，见义勇为人员子女按照就近入学的原则安排在公办学校就读。见义勇为人员及其子女，义务教育阶段在公办学校就读的，免收一切费用；在公办高中（含中专）以及市属普通高等学校就读的，免收学费。"

③ 《龙岩市人民政府关于印发龙岩市奖励和保护见义勇为人员办法的通知》（龙政综〔2017〕183号，2017年9月27日）第十五条："见义勇为人员的子女在同等条件下由公办幼儿园优先接收。见义勇为人员及其适龄子女，在义务教育阶段，优先安排在就近的公办学校就读；见义勇为牺牲人员的适龄子女、见义勇为致残人员及其适龄子女，在公办高中就读期间免收学费。见义勇为人员或其子女在市属中职学校就读的，优先享受国家助学金。"

④ 《兰州市人民政府办公厅关于印发〈兰州市见义勇为人员权益保护实施办法〉的通知》（兰政办发〔2014〕284号，2014年11月11日）第二十四条："见义勇为人员的子女接受义务教育，教育部门按照就近入学的原则办理。对见义勇为人员及其子女在中考、高考时依据甘肃省政府相关规定给予优待。"

权利，并且年代越近的立法，权利主体的限制越小，范围越大。最后，基于上述考虑，教育优待的权利主体为见义勇为人员以及因见义勇为死亡或者致残人员的子女，相较于大多数省市扩大了权利主体的范围，又避免了教育资源的滥用，符合见义勇为立法之精神。

二　确定教育优待的权利内容

教育优待包括入学优待、教育资助与学费减免。入学优待又可分为进入公办幼儿园、学校等权利，且适用主体各不相同，为落实奖励政策，应当确定教育优待的权利内容以便实施。

增加教育资助与学费减免的优待政策具有立法基础。首先，有法律依据可循。《国务院办公厅转发民政部等部门关于加强见义勇为人员权益保护意见的通知》① 中明确了教育部门要根据有关规定优先对见义勇为人员及其家属落实教育资助政策。其次，不应当限缩权利主体。各省市常见表述为"致残或牺牲以及家庭困难的见义勇为人员"为此项权利的主体。限缩条件应当具备合理性，本法应当遵循加强、切实落实见义勇为奖励的原则，遂"牺牲、丧失部分或者全部劳动能力以及家庭经济困难"既合理区分了权利主体，又扩大了本项权利的适用范围。最后，与入学优待不同，教育资助与学费减免的性质属于物质奖励，并不属于稀缺的社会资源，因此包含获得"嘉奖"表彰在内的所有见义勇为人员均可申请，不应当加以过多限制。

教育优待权利的内容应包括三项。通过法条梳理，权利内容主要包括：一是见义勇为人员子女同等条件下进入公办幼儿园的优待；二是义务教育阶段的见义勇为人员及其子女进入公办学校的优待；三是见义勇为人

---

① 《国务院办公厅转发民政部等部门关于加强见义勇为人员权益保护意见的通知》（国办发〔2012〕39 号，2012 年 7 月 19 日）："（四）加大对适龄的见义勇为人员或其子女受教育的保障力度。见义勇为死亡或致残人员子女入公办幼儿园，在同等条件下优先接收。义务教育阶段，要将见义勇为死亡或致残人员适龄子女按照就近入学的原则安排在公办学校就读。对见义勇为人员以及因见义勇为死亡或致残人员子女中考、高考给予一定优待，各省、自治区、直辖市人民政府可结合国家有关政策和当地实际研究制定具体办法。对因见义勇为死亡或致残以及经济困难的家庭，教育部门要根据有关规定优先落实教育资助政策。"

员及其子女参加中、高考的加分政策。具体来看，湖南①、武汉②规定过于原则化，没有具体入学优待项目，即在同等条件下应当优先安排见义勇为人员入学，不利于落实见义勇为奖励制度。淮安③、南京等大部分地区，皆规定了见义勇为人员及其子女在符合一定条件的情况下享有公办幼儿园和义务教育公办学校的优先权，并享有中考、高考的加分政策。故本条例增加以上三项具体入学优待，并以列举式规定在本条中。

第二十一条【税收优待】

见义勇为人员按照国家规定享受的奖金、补助金、抚恤金、抚慰金和奖品等依法免征个人所得税。

【说明】

本条规定了见义勇为人员依法免征个人所得税的权利。从立法层面看，扩大免税优待的权利内容，充分保障见义勇为人员的切实权益。梳理各地立法与立法目的，免税及于奖金、奖品、抚恤金、抚慰金、补助金。

【理由】

免税优待符合中央顶层设计。《财政部、国家税务总局关于发给见义

---

① 《湖南省见义勇为人员奖励和保护条例》（湖南省第十一届人民代表大会常务委员会公告第19号，2009年3月26日）第十九条："在就业、入伍、入学、转业（退伍）安置、住房等方面，同等条件下应当优先安排见义勇为人员。见义勇为死亡人员以及因见义勇为完全或者大部分丧失劳动能力人员的子女在义务教育公办学校就读期间，同等条件下优先享受助学金、奖学金，对寄宿学生补助生活费；在公办高中（含中职）以及普通高等学校就读期间，减免学费，同等条件下优先享受助学金、奖学金。鼓励民办学校对前述人员减免相关费用。"

② 《武汉市见义勇为人员奖励和保护条例》（武汉市人民代表大会常务委员会公告〔14届〕第29号，2019年6月21日）第二十六条："对因见义勇为死亡或者致残以及经济困难的见义勇为人员的子女，教育部门应当根据有关规定优先给予资助。因见义勇为死亡或者致残人员的子女接受学前教育的，幼儿园应当在同等条件下就近优先接收；参加高级中等教育招生考试的，教育部门应当给予一定优待。"

③ 《淮安市人民政府关于印发淮安市奖励和保护见义勇为人员办法的通知》（淮政发〔2014〕24号，2014年1月16日）第三十一条："对见义勇为人员或其子女的教育，在同等条件下，享受下列照顾。（一）见义勇为死亡或致残人员子女入公办幼儿园或普惠性民办幼儿园，在同等条件下优先接收，在义务教育阶段，优先安排其适龄子女在就近的公办学校就读；（二）对见义勇为人员死亡人员被追认为革命烈士的子女，由行为发生地县（区）公安机关出具证明，其子女中考时在统考成绩总分的基础上加10分投档；（三）见义勇为人员或其子女在我市教育行政部门管辖的高中学校就读期间，因家庭经济困难无力承担相关费用的，应根据有关规定优先给予减免和资助。"

勇为者的奖金免征个人所得税问题的通知》① 明确见义勇为者的奖金或奖品，经主管税务机关核准，免予征收个人所得税。由此可见，中央层面的文件中，免征个人所得税的适用范围包括"奖金或奖品"。但为了充分奖励见义勇为，应当将因见义勇为所获收入皆纳入本条规定的内容之中。

　　应当扩大免税优待的权利内容。各省市规定的权利内容不一。辽宁②等省市免征个人所得税的范围为奖金或奖品，海南③、北京④、珠海⑤等省市仅规定了见义勇为人员的奖金，依法免予征收个人所得税。重庆⑥免征个人所得税的范围为奖金、补助金、抚恤金、抚慰金和奖品。在见义勇为的前提下，免征个人所得税应当同时包含奖金、奖品、抚恤金、抚慰金、补助金。首先，大部分省市对于免征个人所得税的范围及于奖金、奖品，没有包括抚恤金、抚慰金、补助金。在见义勇为中应当可以同时包括奖金、奖品、抚恤金、抚慰金、补助金。其次，奖金、奖品、抚恤

---

　　① 《财政部、国家税务总局关于发给见义勇为者的奖金免征个人所得税问题的通知》（财税字〔1995〕25号，1995年8月20日）："为了鼓励广大人民群众见义勇为，维护社会治安，对乡、镇（含乡、镇）以上人民政府或经县（含县）以上人民政府主管部门批准成立的有机构、有章程的见义勇为基金会或者类似组织，奖励见义勇为者的奖金或奖品，经主管税务机关核准，免予征收个人所得税。"

　　② 《辽宁省奖励和保护见义勇为人员条例》（辽宁省人民代表大会常务委员会公告第4号，2013年8月2日）第十六条："对见义勇为人员的奖金，经税务机关依照国家有关规定核准，免征个人所得税。"第二十一条："对符合城乡低保条件的见义勇为人员及其家庭，应当纳入低保范围，其因见义勇为所获得的抚恤金、补助金、奖金等不计入家庭收入；符合申请专项救助和临时救助条件的，省、市、县人民政府应当给予优先救助。"

　　③ 《海南省见义勇为人员奖励和保障规定》（海南省人民代表大会常务委员会公告第73号，2020年12月2日）第十七条："见义勇为人员的奖金，依法免予征收个人所得税。"

　　④ 《〈北京市见义勇为人员奖励和保护条例〉实施办法》（北京市人民政府第255号令，2014年6月19日）第十七条："对见义勇为人员的表彰和奖励办法按照相关法规和本市有关规定执行。对见义勇为人员的奖金免征个人所得税。"

　　⑤ 《珠海市人民政府关于印发珠海经济特区见义勇为人员奖励和保障条例实施办法的通知》（珠府〔2014〕95号，2014年8月29日）第十九条："见义勇为人员获得的奖金依法免征个人所得税。"

　　⑥ 《重庆市见义勇为人员奖励和保护条例》（重庆市人民代表大会常务委员会公告〔5届〕第127号，2021年3月31日）第二十一条："见义勇为人员按照国家规定享受的奖金、补助金、抚恤金、抚慰金和奖品等依法免征个人所得税。"

金、抚慰金、补助金来源相同，即因见义勇为所获物质奖励。所以，遂应当扩大见义勇为免税优待的权利内容，切实维护见义勇为人员的应有权益。

第二十二条 【住房优待】

符合城市住房保障条件的见义勇为人员家庭，优先纳入住房保障，优先配租、配售保障性住房或者发放住房租赁补贴。符合农村危房改造条件的见义勇为人员家庭给予优先安排。

【说明】

本条为见义勇为保障性住房奖励条款。从立法层面上应当明确以下两点：第一，确定权利主体的范围；第二，扩大住房优待的权利内容。

【理由】

一 确定权利主体的范围

住房优待实质上是赋予符合城市保障性住房条件和农村危房改造条件的见义勇为人员以优先权。目前，各省市立法对享有住房优待的权利主体之范围规定不一，主要有如下两点问题：第一，权利主体欠缺。部分省市未规定农村户口见义勇为人员的住房优待。第二，限制权利主体。不利于奖励见义勇为人员，鼓励大众见义勇为。基于上述考虑，作出如下说明：

现行立法中住房优待权利主体的范围较为混乱。《国务院办公厅转发民政部等部门关于加强见义勇为人员权益保护意见的通知》① 明确规定了城市见义勇为人员享有一系列保障性住房优待，符合农村危房改造条件的见义勇为人员家庭予以优先安排，且此处并未限制权利主体的范围。辽宁②、广

---

① 《国务院办公厅转发民政部等部门关于加强见义勇为人员权益保护意见的通知》（国办发〔2012〕39 号，2012 年 7 月 19 日）："（五）解决见义勇为人员家庭住房困难：各级政府要积极解决中低收入见义勇为人员家庭的住房困难。对符合廉租住房、公共租赁住房和经济适用住房保障条件的城市见义勇为人员家庭，优先纳入住房保障体系，优先配租、配售保障性住房或发放住房租赁补贴。对符合农村危房改造条件的见义勇为人员家庭要给予优先安排。"

② 《辽宁省奖励和保护见义勇为人员条例》（辽宁省人民代表大会常务委员会公告第 4 号，2013 年 8 月 2 日）第二十五条："对符合廉租住房、公共租赁住房和经济适用住房保障条件的城市见义勇为人员家庭，应当优先纳入住房保障体系，优先配租、配售保障性住房或者发放住房租赁补贴。对符合农村危房改造条件的见义勇为人员家庭，应当给予优先安排。"

东①、山东②、南京③、重庆④明确规定了城市户口与农村户口见义勇为人员享有优先权，并无其他限制。值得注意的是，天津⑤规定获得见义勇为个人荣誉称号的见义勇为人员家庭，在申请城市保障性住房时，应当适当降低申请条件，对于危房改造的规定与上文所述其他省市无异。从此项规定来看，如今住房资源实属稀缺，一来，保障性住房需要提供给急需保障的人员，降低申请条件可能带来更多现实问题。二来，给予见义勇为人员优先权，使其在符合基本条件的情况下，优先纳入体系，已然尽到奖励的初衷，且防止权力之滥用。另外，浙江⑥等 3 个地区的立法规定保障性住房优待时，将权利

---

① 《广东省见义勇为人员奖励和保障条例》（广东省第十三届人民代表大会常务委员会公告第 66 号，2020 年 9 月 29 日）第二十六条："县级以上人民政府应当将符合住房保障条件的城市见义勇为人员家庭优先纳入住房保障，优先配租、配售保障性住房或者发放住房租赁补贴。对符合农村危房改造条件的见义勇为人员家庭应当给予优先安排。"

② 《山东省见义勇为人员奖励和保护条例》（山东省人民代表大会常务委员会公告第 133 号，2012 年 9 月 27 日）第三十一条："县级以上人民政府对符合廉租住房、公共租赁住房和经济适用住房保障条件的城市见义勇为人员家庭，应当优先纳入住房保障体系，优先配租、配售保障性住房或者发放住房租赁补贴；对符合农村危房改造条件的见义勇为人员家庭应当优先给予安排。"

③ 《南京市奖励和保护见义勇为人员条例》（南京市人民代表大会常务委员会公告第 36 号，2016 年 9 月 30 日）第三十一条："住房保障和房产行政主管部门应当按照相关规定帮助符合条件的见义勇为人员家庭解决住房困难。符合共有产权房和公租房保障条件的见义勇为人员，优先纳入住房保障体系，优先配租、配售保障性住房并享受优惠政策。见义勇为人员家庭符合农村危房改造条件的，应当优先安排。"

④ 《重庆市见义勇为人员奖励和保护条例》（重庆市人民代表大会常务委员会公告〔5 届〕第 127 号，2021 年 3 月 31 日）第二十二条；"符合住房保障条件的城市见义勇为人员家庭，优先纳入住房保障，优先配租、配售保障性住房或者发放住房租赁补贴。符合农村危房改造条件的见义勇为人员家庭给予优先安排。"

⑤ 《天津市见义勇为人员奖励和保护条例》（天津市人民代表大会常务委员会公告第 73 号，2017 年 11 月 28 日）第二十二条："本市对获得见义勇为个人荣誉称号的见义勇为人员家庭，在申请城市住房保障时，应当适当降低申请条件。对符合农村危房改造条件的，应当给予优先安排。"

⑥ 《浙江省人民政府办公厅关于印发〈浙江省见义勇为人员奖励和保障工作若干规定〉的通知》（浙政办发〔2011〕90 号，2011 年 8 月 25 日）第四十二条："见义勇为牺牲人员的家属或者因见义勇为丧失劳动能力的人员，符合所在地廉租住房或者经济适用住房保障条件的，享有一次优先承租廉租住房或者购买经济适用住房的待遇。"

主体限制为"因见义勇为牺牲人员的家属或者因见义勇为丧失劳动能力的人员",一来不符合上位法所确立的立法精神,二来不利于鼓励见义勇为。

符合城市住房保障条件和危房改造条件的见义勇为人员家庭即为本条权利主体。基于上述立法梳理,城市户口与农村户口见义勇为人员都应明确于条文中,并赋予与之情况相适应的住房优待。另外,不应当限制权利主体的范围。见义勇为人员在已符合基本条件之下,赋予其优先权作为奖励,如果再基于此限制权利主体,不符合本法奖励见义勇为之精神。

二　扩大住房优待权利内容

随着社会的发展与进步,住房保障体系不断优化,保障内容已不限于廉租住房、公共租赁住房和经济适用住房。扩大住房优待的权利内容以适用社会发展,弥补法律的局限性,有如下几点理由:

立法梳理表明住房优待的权利内容不应当仅包括廉租住房、公共租赁住房和经济适用住房三项具体措施。现行立法中,住房优待的权利内容可分以下几类:第一,辽宁①、甘肃②、珠海经济特区③等7个地区所规定之保障性住房体系主要适用于廉租住房、公共租赁住房和经济适用住房。以上三类具体措施虽常见于住房保障体系,但并不意味能完全概括。第二,广东④、

① 《辽宁省奖励和保护见义勇为人员条例》(辽宁省人民代表大会常务委员会公告第4号,2013年8月2日)第二十五条:"对符合廉租住房、公共租赁住房和经济适用住房保障条件的城市见义勇为人员家庭,应当优先纳入住房保障体系,优先配租、配售保障性住房或者发放住房租赁补贴。对符合农村危房改造条件的见义勇为人员家庭,应当给予优先安排。"

② 《甘肃省人民政府办公厅转发省综治办等部门关于进一步加强见义勇为人员权益保护实施意见的通知》(甘政办发〔2013〕191号,2013年12月26日):"六、保障房优先配租配售:见义勇为人员和见义勇为牺牲人员遗属符合所在地住房保障条件的,在申请购买限价房、经济适用住房或者承租廉租住房、公共租赁住房时,住建部门要优先纳入住房保障体系,首先给予解决。对符合农村危房改造条件的,首先给予安排。"

③ 《珠海经济特区见义勇为人员奖励和保障条例》(珠海市第八届人民代表大会常务委员会公告第18号,2014年7月26日)第二十四条:"市人民政府应当对符合住房保障条件的见义勇为人员家庭优先配租保障性住房或者发放住房租赁补贴。"

④ 《广东省见义勇为人员奖励和保障条例》(广东省第十三届人民代表大会常务委员会公告第66号,2020年9月29日)第二十六条:"县级以上人民政府应当将符合住房保障条件的城市见义勇为人员家庭优先纳入住房保障,优先配租、配售保障性住房或者发放住房租赁补贴。对符合农村危房改造条件的见义勇为人员家庭应当给予优先安排。"

山东①、河北②、天津③等 10 个地区对于保障性住房优待做了兜底规定，即符合住房保障条件的见义勇为人员家庭优先纳入住房保障，并没有限制于廉租住房、公共租赁住房和经济适用住房三类保障性住房体系，扩大了权利内容。

扩大权利内容的范围具有正当性。一部分地区将优待项目限制于廉租住房、公共租赁住房和经济适用住房，这样的规定并不可取。随着社会的发展和住房保障体系的不断优化，以上三种住房保障项目已不能完全切合见义勇为人员家庭的需要。遂修改条款，删除具体保障项目之限制，增加兜底性规定，即"符合城市住房保障条件的见义勇为人员家庭，应当优先纳入住房保障体系"，使符合任一住房保障体系的见义勇为家庭皆可行使应有权利，有利于更好地奖励见义勇为人员，并且能够有效增强法律适用性，弥补法律局限性。

第二十三条【户籍优待】

见义勇为人员在见义勇为行为发生地申请落户的，行为发生地公安机关应当放宽落户条件，优先办理。

【说明】

本条规定了见义勇为人员的户籍优待。首先，我国当下的社会保障体

---

① 《山东省见义勇为人员奖励和保护条例》（山东省人民代表大会常务委员会公告第 133 号，2012 年 9 月 27 日）第三十一条："县级以上人民政府对符合廉租住房、公共租赁住房和经济适用住房保障条件的城市见义勇为人员家庭，应当优先纳入住房保障体系，优先配租、配售保障性住房或者发放住房租赁补贴；对符合农村危房改造条件的见义勇为人员家庭应当优先给予安排。"

② 《河北省人民政府办公厅转发省民政厅等部门关于加强见义勇为人员权益保护工作意见的通知》（冀政办〔2012〕28 号，2012 年 12 月 19 日）："三、健全完善见义勇为人员权益保护政策措施：（五）切实解决见义勇为人员家庭住房困难。各级住房保障部门要积极解决中低收入见义勇为人员家庭的住房困难，采取优先轮候、优先配租、配售或发放住房租赁补贴的方式，将符合住房保障条件的城市见义勇为人员家庭，纳入城镇住房保障体系。各市、县在配租、配售保障性住房中，要将见义勇为行为列入加分项，把见义勇为人员家庭列入配租、配售优先批次。对符合农村危房改造条件的见义勇为人员家庭要给予优先安排。"

③ 《天津市见义勇为人员奖励和保护条例》（天津市人民代表大会常务委员会公告第 73 号，2017 年 11 月 28 日）第二十二条："本市对获得见义勇为个人荣誉称号的见义勇为人员家庭，在申请城市住房保障时，应当适当降低申请条件。对符合农村危房改造条件的，应当给予优先安排。"

系与户籍制度息息相关，非本地区户籍人口在基本医疗保险、入学、就业等方面存在严重困难，户籍优待有利于奖励见义勇为人员，衔接本法规定之优待政策。其次，在此基础上参考立法与调研报告以完善法条。户籍优待与本条例所规定的其他奖励优待存在事实与法律上的关联性。

【理由】

　　户籍优待在地方立法中已有先例。目前有 7 个省市对户籍优待做出了规定。广东①规定"事迹突出的见义勇为人员或者其配偶、子女"享受户籍优待，由地级以上市人民政府安排。实践中，"事迹突出"的评价标准没有量化，相对增加了本条实施的门槛。广州②亦有"事迹突出"的规定，且未明确户籍优待的义务机关，不利于落实见义勇为人员的合法权益。内蒙古③对获得三等功以上的见义勇为人员，根据见义勇为人员要求，将其户口落入行为发生地。此条并没有规定优先权，而是直接赋予了见义勇为人员申请落户的权利，结合我国的实际情况，并不能越过相关制度，遂给予优先权更具有可操作性。南京④与内蒙古的规定相仿，针对"市级以上荣誉"的见义勇为人员，由公安机关按照落户的有关规定办理。四川⑤对于获得见义勇为称号的人员，属农村户口且本人自愿的，可

---

　　① 《广东省见义勇为人员奖励和保障条例》（广东省第十三届人民代表大会常务委员会公告第 66 号，2020 年 9 月 29 日）第二十七条："事迹突出的见义勇为人员或者其配偶、子女在见义勇为行为发生地申请常住户口的，见义勇为行为发生地地级以上市人民政府应当给予优先安排。"

　　② 《广州市人民政府办公厅关于印发广州市见义勇为人员奖励和保障实施办法的通知》（穗府办规〔2020〕8 号，2020 年 6 月 12 日）第二十五条第二款："事迹突出的见义勇为人员或者其配偶、子女在见义勇为行为发生地申请常住户口的，见义勇为行为发生地人民政府有关部门应当给予优先安排。"

　　③ 《内蒙古自治区见义勇为人员奖励和保护条例》（自治区九届人大常委会公告第 66 号，2001 年 11 月 21 日）第十条："对授予三等功以上的见义勇为人员，应当给予相应的物质奖励，并可以享受以下待遇：（一）见义勇为人员户口不在见义勇为行为发生地的，根据见义勇为人员要求，将其户口落入行为发生地。"

　　④ 《南京市奖励和保护见义勇为人员条例》（南京市人民代表大会常务委员会公告第 36 号，2016 年 9 月 30 日）第三十二条第三款："获得市级以上荣誉称号的非本市户籍见义勇为人员自愿申请在本市落户的，由公安机关按照落户的有关规定办理。"

　　⑤ 《四川省保护和奖励见义勇为条例》（四川省第十三届人民代表大会常务委员会公告第 80 号，2021 年 5 月 28 日）第二十四条："获'见义勇为公民'、'见义勇为勇士'、'见义勇为英雄'称号的见义勇为人员，可享受如下特殊照顾：（四）属农村户口且本人自愿的，可安排转为当地城镇户口。"

安排转为当地城镇户口。此条的对象为本地农村户口的见义勇为人员，虽并不是真正意义上的落户优待，但也在一定程度上肯定了户籍优待的正当性。珠海经济特区①基于积分制，按照有关规定给予见义勇为人员申请户籍时加分的优待。其本质上也是一种优先权的表现形式。常州市②规定"纳入就业登记签订劳动合同，按规定缴纳社会保险费"等情形下的见义勇为人员，可以申请办理城镇落户手续，并且配偶、子女可申请随迁。但是其并未明确见义勇为人员落户的优先权。由此可见，户籍优待在立法上有迹可循，但大多缺乏可操作性。

与社会保障等其他优惠政策相衔接。我国户籍在一定程度上是一种稀缺资源，与社会保障体系息息相关，非本地区户籍人口在基本医疗保险、子女入学、就业等方面存在严重困难。户籍制度是一项基本的国家行政制度。现代户籍制度是国家依法收集、确认、登记公民出生、死亡、亲属关系、法定地址等公民人口基本信息的法律制度，以保障公民在就业、教育、社会福利等方面的权益，是以个人为本位的人口管理方式。为了保障见义勇为人员及其家庭依法享有本条例所规定的之权利，应当构筑户籍优待制度与之衔接。

应当限制享有户籍优待的主体，同时明确户籍优待的义务主体。户籍在一定程度上属于稀缺资源，将户籍制度作为奖励优待，一来是奖励对本地区做出重大贡献的见义勇为人员；二来与本法所规定的表彰制度相对应，为享有权利之人提供权利基础。故应加以合理限制。根据各省、自治区、直辖市的通行做法，见义勇为人员可由行为发生地区县（自治县）以上人民政府处申请户籍优待。义务机关的级别应当与见义勇为行为

---

① 《珠海经济特区见义勇为人员奖励和保障条例》（珠海市第八届人民代表大会常务委员会公告第18号，2014年7月26日）第二十五条："户籍不在本市的见义勇为人员申请积分制入户、子女入学的，应当按照有关规定给予加分。"

② 《常州市人民政府办公室关于进一步加强见义勇为人员权益保护的实施意见》（常政办发〔2013〕139号，2013年9月11日）第五项："对受到常州市人民政府及以上表彰的见义勇为人员，已纳入就业登记签订劳动合同，按规定缴纳社会保险费等，可在我市申请办理城镇落户手续。经核准落户的人员，在我市有合法固定住所的，其配偶和未成年子女可申请随迁，公安机关按照户籍管理政策办理。对在迁出地已经参加农村养老保险和新型农村合作医疗保险的见义勇为人员及子女，按国家及我市社会保险政策做好衔接工作。"

地对应，一来以便见义勇为人员在最密切联系地的便利申请；二来确定具体的义务机关以承担法律义务。

第二十四条【出行优待】

见义勇为人员从事以下行为时，应当享受优惠：

（一）乘坐公共交通工具；

（二）游览政府投资主办的公园、旅游风景区等场所。

【说明】

本条规定了见义勇为人员享有的出行优待。扩大见义勇为奖励范围，新增出行优待以完善见义勇为优待体系，将见义勇为者奖励机制融入见义勇为公民生活的方方面面，有利于鼓励见义勇为，弘扬见义勇为精神。基于上述考量，本条分为两个部分：第一，公共交通免费的出行优待。如今城市轨道交通、公共汽车等方式仍然是大众出行的首要选择，"老人卡"等免费出行证件也有例可循，为见义勇为人员办理免费公共交通出行卡，不仅能使其在日常生活中切实感受到奖励优待的落实，更能通过这一方式使更多的人了解见义勇为者享有的权利，以弘扬见义勇为精神。第二，景区门票免费的出行优待。见义勇为者游览本市利用公共资源建设的景区免交门票费，此类景区既以公共资源建设而成，见义勇为又是符合公众利益且值得鼓励的行为，给予见义勇为者此种权利具有正当性。

【理由】

出行优待在地方性立法法规中有先例可循。广西①、武汉②、北京③、南

---

① 《广西壮族自治区见义勇为奖励和保护办法》（广西壮族自治区人民政府令第 30 号，2007 年 10 月 1 日）第十八条："被授予见义勇为荣誉称号的公民，由自治区社会治安综合治理工作机构颁发《见义勇为公民优待证》，凭证在本自治区内免费乘坐城市公交车、免费进入公园和旅游景区景点、免费参观爱国主义教育基地和展览馆、科技馆、博物馆。"

② 《武汉市见义勇为人员奖励和保护条例》（武汉市人民代表大会常务委员会公告［14 届］第 29 号，2019 年 8 月 14 日）第十六条："见义勇为人员凭有效证件可以免费乘坐本市公共汽车、电车、轮渡、城市轨道交通，游览本市利用公共资源建设的景区免交门票费。因见义勇为牺牲的人员，其直系亲属凭有效证件可享受前款规定的优惠政策。"

③ 《北京市人民政府办公厅转发市民政局等部门关于加强见义勇为人员权益保护工作意见的通知》（京政办发〔2013〕55 号，2013 年 10 月 13 日）："（八）其他优待政策：见义勇为人员凭有效证件可以免费乘坐本市公共汽（电）车、城市轨道交通。见义勇为人员凭有效证件可以免费参观和游览市及区县属博物馆、公园。"

京①等7个地区规定了出行优待。主要包括两项具体措施：第一，免费乘坐本市范围内的公共交通工具。见义勇为人员凭有效证件可以免费乘坐本市公共汽车、电车、轮渡、城市轨道交通等多种形式的公共交通。结合重庆市公共交通情况，权利内容应包括公共汽车、轮渡、索道、城市轨道交通。第二，参观本市利用公共资源建设的景区免门票。见义勇为人员凭有效证件可以免费参观和游览所属地市及区县属博物馆、公园、纪念馆等地。此处所列举的具体参观地点可由"本市利用公共资源建设的景区"概括表述，以扩大见义勇为公民实际享有的权利，提高法律的适用性。综上所述，主要分为免费乘坐本市范围内的公共交通工具以及参观本市利用公共资源建设的景区免门票两项权利内容。

使见义勇为人员在日常生活中切实感受到"权利的温暖"。相较于其他优待政策，本条出行优待的适用范围最广，权利行使最频繁。大部分人员的出行仍以公共交通为主，结合本市情况，主要包括城市公交、城市轨道、轮渡、索道等出行方式。周末、节假日的出游也时常选择本市范围内的公园、科技馆、博物馆等景区。遂此项权利能为见义勇为人员带来获得感。

鼓励见义勇为行为，宣扬见义勇为精神。基于本项优待权利的亲民性，通过多渠道的媒体宣传，社会大众更能感同身受并且深刻体会到见义勇为奖励机制的完善，以此鼓励见义勇为行为，宣扬见义勇为精神。

第二十五条【医疗优待】

因见义勇为负伤的人员，医疗机构和有关单位应当及时组织抢救和治疗，不得以任何理由拒绝或者拖延治疗。

见义勇为负伤人员的后续治疗，按照分级诊疗流程就医，优先挂号、优先就诊、优先取药、优先住院。治疗期间的医疗费用，医疗机构可以适当予以减免。

---

① 《南京市奖励和保护见义勇为人员条例》（南京市人民代表大会常务委员会公告第36号，2016年10月21日）第三十二条："获得荣誉称号的见义勇为人员，享受免费游览公园、公共景区的优待。获得市级以上荣誉称号的见义勇为人员，享受免费乘坐公交、地铁、轮渡等公共交通的优待。"

【说明】

本条内容为"见义勇为负伤人员的医疗保障"。具体内容分为两个层次：一是通过宣示见义勇为负伤人员享有及时救治的绝对权利，进一步明确了医疗机构和有关单位的保护职责；二是扩大了医疗保障的覆盖面，规定见义勇为负伤人员在医疗救治过程中享有多项优先权，并考虑到其系为维护国家、集体或他人利益而负伤，因而规定医疗机构可对相关费用予以适当减免。

【理由】

一　及时抢救因见义勇为负伤人员

医疗保障是负伤人员的首要保障，能否及时得到抢救与治疗关系到见义勇为负伤人员的生命、健康等切身利益。因而，课题组明确"依法保障见义勇为人员及时救治"的基本立场，理由如下：

其一，从现实需求进行考察，见义勇为人员负伤后面临的首要危险便是其生命权和健康权的损害，而及时救治是将损害风险降至最低的必要手段。医疗机构及其医护人员、有关单位的不作为带来的不仅仅是见义勇为人员个人损害的扩大，更会在全社会产生极为消极的负面影响。

其二，从立法体系的建构考虑，本法于"权益保护"一章的本款明确赋予医疗机构和有关单位及时救助的义务，并在"法律责任"章节设置相应的责任条款。使得本法既有及时救助义务的责任宣告条款，又有违反义务后予以矫正的依据条款。条款内容前后呼应，层次分明，可见条例体系结构清晰，立法逻辑严谨。

其三，从建立见义勇为联合保障机制层面考虑，综治部门与医疗机构之间的有效联动在见义勇为保障机制中发挥着重要作用，同时，医疗保障是社会防损减损机制的关键环节。因而，医疗机构的积极配合对两大机制的健全均起着积极推动作用，对医疗机构及有关单位课以及时救治的义务是制度建设的必然要求。

其四，及时救治伤员应当是医疗机构与有关单位的职责，在见义勇为立法框架中再次明确，体现了立法精神与实质需求的统一。通过查阅全国

53 个省市的相关文件可以发现，包括安徽①、湖南②、吉林③在内的 50 个省市均设置了"及时救治"条款，且通常将其设置为"保障"章节的首条，从内容上看相差无几。可见，医疗救治的保障一直是各省、市起草、修订见义勇为条例关注的重点。

其五，根据课题组于重庆市九龙坡区实地调研反馈，见义勇为工作一线人员提出：在实际工作，该区出现过属地社区为见义勇为公民垫付医疗费用问题，至今医疗费用赔付问题通过法律程序尚未完全解决，导致见义勇为者"流血又流泪"的现状。为此建议，对见义勇为负伤人员，应当享受绿色医疗通道救助，各级医疗机构和有关单位，应当及时组织抢救和治疗，不得以任何理由拒绝和拖延治疗。

二　全面保障因见义勇为负伤人员的后续治疗

得到及时抢救与治疗仅是医疗救治的起点，见义勇为负伤人员在得到及时救治后，仍需多方主体来保证其在后续治疗中得到全面的保障。因此，本法设立第二款，针对"就医"与"付费"两方面，分别赋予见义勇为负伤人员"优先权"与"减免权"，对医疗救治相关权利进行了细化，旨在提供更具体更全面的保障。具体分析如下：

其一，见义勇为是一项利他却可能损己的风险性行为。见义勇为人员为了维护国家、集体和他人的利益，挺身而出无私奉献，却还要承担可能遭受人身伤害的风险。倘若国家和社会不对见义勇为人员的损害风险提供健全的保障以填补损失，则会导致众多意欲见义勇为者囿于无法估量的风险而选择放弃，也将无法继续传承和发扬见义勇为的美德。此外，在现代

---

① 《安徽省见义勇为人员奖励和保护条例》（安徽省人民代表大会常务委员会公告第 34 号，2011 年 4 月 28 日）第二十二条："单位和个人对见义勇为负伤人员，应当立即送至医疗机构抢救和治疗，并及时向当地综治机构或者公安机关报告。医疗机构和医务人员应当及时组织抢救和治疗，不得拒绝、推诿或者拖延。"

② 《湖南省见义勇为人员奖励和保护条例》（湖南省第十一届人民代表大会常务委员会公告第 19 号，2009 年 3 月 26 日）第十四条："医疗机构及医务人员对见义勇为负伤人员应当及时救治，不得以任何理由拒绝、推诿或者拖延。"

③ 《吉林省见义勇为人员奖励和保护条例》（吉林省第十届人民代表大会常务委员会公告第 19 号，2004 年 9 月 25 日）第十三条："任何单位和个人，对正在实施见义勇为行为的人员，应当及时予以援助和保护；对负伤的见义勇为人员，应当及时护送到医疗机构，各医疗机构应当及时抢救和治疗。"

社会中，任何社会组织的存在价值都是以社会责任为基础的。对于舍己为人而负伤的见义勇为人员，带有公益性质的医疗机构理应当仁不让，积极承担社会责任。对见义勇为人员医疗费用的减免其实是符合"社会公平利益"与"特别牺牲理论"的，见义勇为人员承担了一部分政府或社会应当承担的职责，而导致其自身受到伤害，医疗机构对其医疗费用进行一定的减免，同时也是在帮助政府分担责任。

　　其二，近年来，各省市对见义勇为人员的医疗保障予以了高度关注。综观全国各省、市的相关规定，部分省市仅设置了"及时救助"条款，医疗救治权利的涵盖范围十分有限。而近年经过修订的部分省市，除规定"及时救助"外，还将权利细化到了医疗救治的多个方面，使得见义勇为负伤人员的医疗保障更为全面与具体。例如，南京①不仅制定了"首诊负责制"，还针对急危重症的见义勇为人员给出了"先就医后结算"的措施，同时考虑到见义勇为人员的后续治疗问题，特设置了四项优先权。以辽宁②为代表的部分省市作出"医疗机构应当建立绿色通道"的规定，对绿色通道的设计则不尽相同；贵阳③的规定尤为详细，不仅考虑到了初次

---

　　①　《南京市奖励和保护见义勇为人员条例》（南京市人民代表大会常务委员会公告第36号，2016年9月30日）第二十三条："任何单位和个人对正在实施见义勇为的人员，应当及时予以援助和保护；对见义勇为负伤人员，应当及时送至医疗机构救治。医疗机构对见义勇为负伤人员的急救治疗，实行首诊负责制。对急危重症的见义勇为负伤人员，实施先就医后结算的医疗救助措施，不得拒绝、推诿。"第二十四条："医疗机构应当按照民政行政主管部门优抚和社会救助对象医疗保障的相关规定减免医疗费用。见义勇为基金应当给予医疗费用补贴。见义勇为负伤人员的后续治疗，按照分级诊疗流程就医，优先挂号、优先就诊、优先取药、优先住院。"

　　②　《辽宁省奖励和保护见义勇为人员条例》（辽宁省人民代表大会常务委员会公告第4号，2013年8月2日）第十九条："对见义勇为负伤人员，医疗机构应当建立绿色通道，采取积极措施及时进行救治，不得拒绝、推诿或者拖延。当地社会管理综合治理工作机构应当及时协调解决见义勇为人员的抢救和治疗费用。"

　　③　《贵阳市见义勇为奖励和保护暂行办法》（贵阳市人民政府令第71号，2019年6月2日）第十六条："县级以上见义勇为确认机构应当及时协调解决见义勇为负伤人员的抢救和治疗费用。不能及时解决的，由县级以上见义勇为确认机构从见义勇为专项经费中垫付。医疗机构对见义勇为负伤人员在救治期间的医疗费用，可以适当予以减免。经市级以上医疗鉴定机构鉴定，属非因见义勇为引发的疾病所发生的费用，不适用前款规定。"第十七条："见义勇为负伤人员，在救治期间的医疗、交通、护理等费用，按照有关法律、法规规定，有加害人、责任人的，由加害人、责任人承担。无加害人、责任人，加害人、责任人无力承担或者暂时无法找到、确认加害人、责任人的，按照下列规定支付相关费用：（一）见义勇为负伤人员参加基本医疗保险，由相关经办机构按照有关规定支付相关费用；符合《工伤保险条例》规定并认定为工伤的，其相关费用按照《工伤保险条例》规定支付；不在基本医疗保险、工伤保险支付范围的相关费用，由见义勇为发生地县级人民政府见义勇为专项经费支付；（二）见义勇为负伤人员未参加基本医疗保险、工伤保险的，由见义勇为发生地县级人民政府见义勇为专项经费支付。"

接诊的医疗机构无力继续治疗的情况，规定应当及时转入具备相应诊疗资格的医疗机构抢救治疗，还详细规定了见义勇为负伤人员在需要急救或者住院治疗的情况下的挂号费、诊查费、输血费、检查检验费等 7 类费用的减免，减免力度之大为各省市之首。除上述提到的南京、辽宁、贵阳外，另有多个省市规定了鼓励医疗机构减免见义勇为负伤人员的医疗费用，如海南①、湖南②、江西③、山东④等。

其三，加大见义勇为人员的医疗救治保障力度系完善见义勇为保障机制的应有之义。根据课题组在重庆各区县的调研反馈，重庆各区县均认为应当进一步完善见义勇为人员的医疗保障。其中，重庆黔江区认为，应当建立对见义勇为受伤人员医疗救助的绿色通道，确立"见义勇为定点医院"，专设"见义勇为病房"，确保见义勇为受伤人员能在第一时间接受最好的救治。对受到表彰的见义勇为人员到定点医院就诊，享受"一站式"服务，采取"医疗保险报销一点、定点医院减免一点、专项基金补助一点"的方式给予全额报销，解决其后顾之忧。重庆南川区提出，应当提高见义勇为负伤人员医疗保障水平。对见义勇为负伤人员，建立绿色通道，坚持"先救治、后收费"的原则，采取积极措施进行救治。因负伤造成长期医疗费用个人负担较重的人员，一次性给予 3000 元临时困难救助或纳入低保范畴，将城乡基本医疗保险报销剩余部分再报销 70%。南岸区建议，可定点部分"三甲"医院，设立见义勇为人员医疗优待通道。受到表彰的见义勇为人员到定点医院就诊，可以受到优先诊疗、减免费用的优惠措施。

---

① 《海南省见义勇为人员奖励和保障规定》（海南省人民代表大会常务委员会公告第 73 号，2020 年 12 月 2 日）第二十条："鼓励医疗机构减免见义勇为人员救治期间的医疗费用。"

② 《湖南省见义勇为人员奖励和保护条例》（湖南省第十一届人民代表大会常务委员会公告第 19 号，2009 年 3 月 26 日）第十四条第三款："鼓励医疗机构减免见义勇为负伤人员救治期间的医疗费用。"

③ 《江西省见义勇为人员奖励和保障办法》（江西省人民政府令第 175 号，2009 年 12 月 11 日）第十四条："综治办应当及时协调解决见义勇为人员负伤救治期间的医疗费用。鼓励医疗机构减免见义勇为人员救治期间的医疗费用。"

④ 《山东省见义勇为人员奖励和保护条例》（山东省人民代表大会常务委员会公告第 133 号，2012 年 9 月 27 日）第二十六条第三款："鼓励医疗机构、康复机构减收或者免收见义勇为人员救治期间的医疗和康复费用。"

第四章　经费保障

第二十六条【基金来源】

省、自治区、直辖市应当设立见义勇为基金会，县级以上行政区应当设立见义勇为基金。

见义勇为基金的来源包括：

（一）财政拨款；

（二）社会捐赠；

（三）见义勇为基金的收益；

（四）其他合法收入。

【说明】

本条主要包含以下几层意思：一是各省、自治区、直辖市应当设立见义勇为基金会，而见义勇为基金则为县级以上行政区的必设项目；二是明确了见义勇为基金的来源，包括财政拨款、社会捐赠、见义勇为基金的收益和其他合法收入。

【理由】

一　应当设立见义勇为基金会、见义勇为基金

各省级行政区应当设立见义勇为基金会。根据课题组线上线下的调研，全国 31 个省、自治区、直辖市均已经设立了见义勇为基金会，因此立法做此要求并未增加各地方的责任。况且，成立见义勇为基金会有以下几项利好：一是拓宽见义勇为经费来源渠道，吸纳更多社会力量投入见义勇为事业之中；二是统筹管理下级行政区成立的见义勇为基金，使见义勇为基金的筹集、使用更加规范；三是协助见义勇为工作主管机构完成见义勇为日常工作，见义勇为基金会作为独立的法人，更加便于协助完成见义勇为日常工作。比如见义勇为人员受伤抢救医疗费用的垫付是需要追偿的，追偿行为必然要由具有独立法人资格的组织来实施，此时也就体现了成立见义勇为基金会的必要性。

各县级以上行政区应当成立见义勇为基金。根据课题组在重庆各区县

的调研显示，渝北（之前设立后被取消）、万盛、酉阳、长寿、两江新区、南川等 11 个区县尚未设立见义勇为基金。见义勇为人员，尤其是因见义勇为负伤、死亡的人员及其近亲属，最需要的是来自社会的物质支持，其次才是精神鼓励。不让见义勇为人员因义举致贫，是鼓励见义勇为的重要举措。为实现本法的宗旨，吸纳更多的社会力量投入见义勇为事业中来，应督促各县级以上行政区建立见义勇为基金，更好地落实见义勇为相关保障、宣传等配套措施。

二　拓宽见义勇为基金收入渠道

为了最大限度扩大基金捐赠收入来源渠道，建议不区分捐赠自然人、单位、企业等主体，将所有来自社会的捐赠，都归入"社会捐赠"一项中。就统计的 21 个省关于捐赠条款的规定中，其中 14 个省市未明确规定捐赠人类别，而直接以"捐赠收入"代替。[①] 就目前见义勇为基金的运作

---

① 《辽宁省奖励和保护见义勇为人员条例》（辽宁省人民代表大会常务委员会公告第 4 号，2013 年 8 月 2 日）第三十条第二项"捐赠收入"；《安徽省见义勇为人员奖励和保护条例》（安徽省人民代表大会常务委员会公告第 34 号，2011 年 4 月 28 日）第三十四条第三项"捐赠收入"；《广州市奖励和保护见义勇为人员条例》（广州市人民代表大会常务委员会公告第 73 号，2015 年 12 月 23 日）第二十条"治安基金会接受社会捐赠，必须按照国家有关规定进行"；《海南省见义勇为人员奖励和保障规定》（海南省人民代表大会常务委员会公告第 73 号，2020 年 12 月 2 日）第三十三条第三项"捐赠收入"；《南京市奖励和保护见义勇为人员条例》（南京市人民代表大会常务委员会公告第 36 号，2016 年 9 月 30 日）第三十七条第二项"捐赠收入"；《山东省见义勇为人员奖励和保护条例》（山东省人民代表大会常务委员会公告第 133 号，2012 年 9 月 27 日）第三十四条第二项"社会捐赠"；《湖北省见义勇为人员奖励和保护办法》（湖北省人民政府令第 383 号，2015 年 12 月 7 日）第二十五条第二项"捐赠、募集收入"；《湖南省见义勇为人员奖励和保护条例》（湖南省第十一届人民代表大会常务委员会公告第 19 号，2009 年 3 月 26 日）第二十三条第二款"见义勇为奖励和保护专项资金或者基金通过政府财政专项拨款、社会捐赠等方式筹集"；《江西省见义勇为人员奖励和保障办法》（江西省人民政府令第 175 号，2009 年 12 月 11 日）第二十二条第一款"县级以上人民政府依法设立的见义勇为奖励基金，通过政府财政专项拨款、社会捐赠等方式筹集"；《陕西省奖励和保护见义勇为人员条例》（陕西省第十三届人民代表大会常务委员会，2018 年 9 月 28 日）第二十九条第二项"社会捐赠"；《云南省奖励和保护见义勇为人员条例》（云南省人民代表大会常务委员会第 13 届第 53 号，2021 年 5 月 28 日）第十四条第二项"见义勇为基金会（协会）接受的捐赠"；《广西壮族自治区见义勇为人员奖励和保护条例》（广西壮族自治区人大常委会公告 13 届第 37 号，2020 年 9 月 22 日）第三十九条"鼓励单位和个人向见义勇为基金会、见义勇为人员及其家庭进行捐赠"；《贵阳市见义勇为奖励和保护暂行办法》（贵阳市人民政府令 2012 年第 71 号，2019 年 6 月 2 日）第二十六条第二项"社会捐赠"；《上海市见义勇为人员奖励和保护办法》（上海市人民政府令第 120 号，2002 年 4 月 22 日）第七条第二项"社会捐赠"。

情况而言，应理解为向社会通过宣传见义勇为的事迹而获得社会的资金支持，等同于从社会获得捐赠。如果在条文中对捐赠主体进行规定，无疑是对捐赠主体的一种限制。为拓宽见义勇为基金收入渠道，课题组认为，无须区分捐赠主体，所有来自社会的捐赠均可归属"社会捐赠"一项。

三　规范、简化法律用语

首先，见义勇为基金来源除财政拨款和社会捐赠外，还应包括基金自身投资产生的收益。就统计情况来看，全国 20 个省市未设定该项。宁夏规定为"见义勇为基金的孳息及募集的资金"、湖北规定为"基金增值收益"以及贵州规定为"见义勇为经费存款孳息"。结合其他公益基金的运行情况，一般来说为保值增值，公益基金本身必须进行投资活动，课题组认为，见义勇为基金收益可能包括银行利息、购买国债以及章程规定的其他方式所产生的收益。由于各地见义勇为基金产生收益的方式各有不同，而且如何管理见义勇为基金并使其收益最大化，应由各地见义勇为基金自行依据实际情况决定，因此，建议规定将基金收益等内容简化规定为"见义勇为基金的收益"，简练用语、规范表达。

其次，将其他未能穷尽或将来有可能产生的收益方式规定为"其他合法收入"，这是一个法律用语的问题。对比其他省市的相关规定，6 个省市无相关规定，14 个省市规定为"其他合法收入"以及其他相关表述诸如"其他合法的方式""其他合法来源"等相关表达[1]。根据其中最多的

---

① 《天津市见义勇为人员奖励和保护条例》（天津市人民代表大会常务委员会公告第 73 号，2017 年 11 月 28 日）第二十八条第三项"其他合法收入"；《辽宁省奖励和保护见义勇为人员条例》（辽宁省人民代表大会常务委员会公告第 4 号，2013 年 8 月 2 日）第三十三条第四项"其他合法收入"；《安徽省见义勇为人员奖励和保护条例》（安徽省人民代表大会常务委员会公告第 34 号，2011 年 4 月 28 日）第三十四条第一款第四项"其他合法收入"；《海南省见义勇为人员奖励和保障规定》（海南省人民代表大会常务委员会公告第 73 号，2020 年 12 月 2 日）第三十三条第四项"其他合法收入"；《吉林省见义勇为人员奖励和保护条例》（吉林省第十届人民代表大会常务委员会公告第 19 号，2004 年 9 月 25 日）第二十五条第五项"其他合法来源"；《内蒙古自治区见义勇为人员奖励和保护条例》（自治区九届人大常委会公告第 66 号，2001 年 11 月 21 日）第二十条第三项"基金收入和其他合法收入"；《宁夏回族自治区见义勇为人员奖励和保护条例》（2010 修订）（宁夏回族自治区人民代表大会常务委员会公告第 78 号，2010 年 10 月 15 日）第二十四条第四项"其他合法来源"；《山东省见义勇为人员奖励和保护条例》（山东省人民代表大会常务委员会公告第 133 号，2012 年 9 月 27 日）第三十四条"其他合法方式筹集的资（转下页）

"其他合法收入"的表达进行简洁规定为"其他收入"，同时，这也是一个惯用的兜底条款。

第二十七条【鼓励捐赠】

鼓励单位和个人向见义勇为基金进行捐赠，向见义勇为人员提供捐助和服务。

单位和个人向见义勇为基金的捐赠，按照国家有关规定准予在缴纳所得税前的所得额中扣除。

【说明】

该条主要包括鼓励社会对见义勇为基金或者见义勇为人员进行捐赠的条款，重述在上位法中对捐赠的鼓励措施，对突出捐赠人可予以表彰。

【理由】

减免捐赠者的税负已有其他法律规定。《个人所得税法实施条例》第二十四条第二款规定："捐赠额未超过纳税义务人申报的应纳税所得额30%的部分，可以从其应纳税所得额中扣除。"《企业所得税法》第九条的规定："企业发生的公益性捐赠支出，在年度利润总额12%以内的部分，准予在计算应纳税所得额时扣除。"基金在接受捐赠后应当根据《公益事业捐赠票据使用管理暂行办法》向捐赠人开具捐赠发票，切实保护捐赠人的利益。南京、山东、云南、福建在条例中均重述了对于捐赠的减免税措施[2]。

（接上页）金"；《山西省见义勇为人员保护和奖励条例》（山西省第十届人民代表大会常务委员会第二十四次会议，2006年5月26日）第二十七条第三项"其他依法筹集的资金"；《湖北省见义勇为人员奖励和保护办法》（湖北省人民政府令第383号，2015年12月7日）第二十五条第四项"其他合法收入"；《云南省奖励和保护见义勇为人员条例》（云南省人民代表大会常务委员会公告［13届］第53号，2021年5月28日）第十四条第三项"其他合法收入"；《福建省奖励和保护见义勇为人员条例》（福建省第十一届人民代表大会常务委员会第二十五次会议通过，2011年7月29日）第二十八条第四项"其他合法渠道收入"；《上海市见义勇为人员奖励和保护办法》（上海市人民政府令第120号，2002年4月22日）第七条第三项"其他合法途径"。

[2] 《南京市奖励和保护见义勇为人员条例》（南京市人民代表大会常务委员会公告第36号，2017年1月1日）第三十七条第二款"向见义勇为基金会捐赠的单位和个人，其捐赠额可以按照有关规定享受税前扣除等税收优惠"；《山东省见义勇为人员奖励和保护条例》（山东省人民代表大会常务委员会公告第133号，2012年9月27日）第三十六条"向见义勇为基金会捐赠的单位和个人，按照有关规定享受税收优惠"；《云南省奖励和保护见义勇为人员条例》（云南省人民代表大会常务委员会公告第51号，2012年1月1日）第八条"捐赠人依法享受税收等相关优惠政策"；《福建省奖励和保护见义勇为人员条例（2011）》［福建省人大（含常委会），2011年9月1日］第二十九条第二款"缴纳所得税的单位和个人向见义勇为基金会或者工作协会的捐赠支出，按照国家有关规定予以税前扣除"。

本条规定可大大提高社会捐赠的积极性。建议对突出捐赠人予以表彰，突出的具体标准由基金自行裁量，条例不进行限制规定。沈阳、深圳、广西①规定了对于突出捐赠人予以表彰的内容。规定对突出捐赠人予以表彰的条款，在情况突出的情况下，对于相关捐赠人或者单位，行政机关进行裁量予以表彰。

第二十八条【基金用途】

见义勇为基金用于：

（一）表彰、奖励、慰问见义勇为人员；

（二）救治见义勇为人员，抚恤、补助、救助见义勇为人员及其近亲属；

（三）购买、办理见义勇为不记名人身保险等商业保险；

（四）法律法规规定的其他用途。

【说明】

本条前两项主要从基金使用时间进行区分，一是见义勇为人员见义勇为后的救治费用及相关表彰奖励；二是表彰结束后的后期帮扶慰问等活动；三是规定了保险类别为办理商业保险；四为兜底。

【理由】

突出对见义勇为人员及其近亲属的关怀。参照安徽省的见义勇为条例②，将救治、表彰、奖励等主要措施并列为第一条款，将救治一项放为首位，以突出救治见义勇为人员是最为首要、最为重要的使用内容，同时与医院的紧急救治义务相配套。抚恤、补助、救助、慰问属于见义勇为认定后的一系列保障措施，并列为第二项。

---

① 《广西壮族自治区见义勇为奖励和保护办法》（广西壮族自治区人民政府令第 30 号，2007 年 10 月 1 日）第六条第二款"规定社会治安综合治理工作机构可以为一定数额的捐资者颁发荣誉证书"；《沈阳市奖励和保护维护社会治安见义勇为人员暂行办法》（市政府 1991 年第 8 号令，1991 年 2 月 25 日）第十六条第二款"对捐资贡献突出的要予以表彰"；《深圳经济特区奖励和保护见义勇为人员条例》（深常发〔1997〕17 号，1997 年 2 月 26 日）第二十七条第二款"凡捐款的单位和人员，基金会可以予以公布和表彰。"

② 《安徽省见义勇为人员奖励和保护条例》（安徽省人民代表大会常务委员会公告第 34 号，2011 年 4 月 28 日）第三十五条："见义勇为奖励和保护专项资金或者基金应当用于：（一）救治、表彰、奖励见义勇为人员；（二）抚恤、补助、救助、慰问见义勇为人员及其亲属；（三）法律法规规定的其他支出。"

明确见义勇为基金应当购买商业保险。明晰第三项办理保险的类别，将其规定为办理商业保险，其中包括无记名保险或者其他商业保险。上海、吉林、陕西、黑龙江、新疆、广西、淮南在当地的见义勇为法规或规章中的专项基金用途中规定了应当为见义勇为者投保无记名人身保险。[①] 根据课题组在重庆的调研情况，购买了巨灾保险的有铜梁区、渝北区，该两区县通过与保险机构洽谈将见义勇为的事项包含在巨灾保险内，但是其他大多数区县并没有很明确地将基金用于购买保险，应当将保险规定为商业保险以避免和其他社会保险混淆，并且督促各地政府进行学习。关于商业保险的具体事项由相关部门进行协调。

第二十九条 【基金管理】

见义勇为基金应当严格管理，专款专用，接受民政、财政、审计部门，捐赠人以及社会公众的监督，每年向社会公布收入、支出情况。

【说明】

该条规定了基金使用的基本原则以及对基金的法定监督制度，致力于让见义勇为基金的管理和使用透明化。

【理由】

确保见义勇为基金真正用于保护和鼓励见义勇为行为。公益用途的资金需要接受财政、审计以及社会的监督，同时应当定期对社会进行公开。鉴于见义勇为基金的公益性、社会性更应定期向社会公布其使用情况。对

[①] 《上海市见义勇为人员奖励和保护办法》（上海市人民政府令第120号，2002年4月22日）第八条第三项"办理因见义勇为而牺牲、伤残人员的无记名人身保险"；《淮南市保护和奖励见义勇为人员条例》（安徽省第十一届人民代表大会常务委员会第五次会议批准，2008年10月23日）第二十四条第二项"办理见义勇为牺牲或伤残人员无记名人身保险"；《吉林省见义勇为人员奖励和保护条例》（吉林省第十届人民代表大会常务委员会公告第19号，2004年9月25日）第二十六条第三项"为见义勇为人员办理无记名人身保险"；《广西壮族自治区见义勇为人员奖励和保护条例》（广西壮族自治区人大常委会公告13届第37号，2020年9月22日）第四十条第四项"购买见义勇为死亡、伤残人员的无记名商业保险"；《新疆维吾尔自治区见义勇为人员奖励和保护办法》（新疆维吾尔自治区人民政府令第175号，2012年2月10日）第六条第四项"办理因见义勇为牺牲、伤残人员的无记名人身保险"。

基金使用的公布条款中辽宁①、山东②以及湖北③明确规定了每年向社会公布情况，安徽等八省规定了定期向社会公布使用情况。④ 为了保证基金使

---

① 《辽宁省奖励和保护见义勇为人员条例》（辽宁省人民代表大会常务委员会公告第 4 号，2013 年 8 月 2 日）第三十二条第二款："见义勇为基金应当严格管理，专款专用，接受财政、审计部门和捐赠人的监督，每年向社会公布使用情况。"

② 《山东省见义勇为人员奖励和保护条例》（山东省人民代表大会常务委员会公告第 133 号，2012 年 9 月 27 日）第三十七条："见义勇为基金应当专款专用，接受财政、审计等部门和捐赠人的监督，必须每年向社会公布使用情况。"

③ 《湖北省见义勇为人员奖励和保护办法》（湖北省人民政府令第 383 号，2015 年 12 月 7 日）第二十七条第二款："见义勇为基金会（促进会）应当建立健全资金管理制度，接受登记管理机关、业务主管单位、财政、审计部门和捐赠人的监督，每年向社会公示收入、支出情况。"

④ 《安徽省见义勇为人员奖励和保护条例》（安徽省人民代表大会常务委员会公告第 34 号，2011 年 4 月 28 日）第三十七条："见义勇为奖励和保护专项资金或者基金的管理和使用应当接受同级财政、审计部门监督和社会监督，并定期公布使用情况"；《海南省见义勇为人员奖励和保障规定》（海南省人民代表大会常务委员会公告第 73 号，2020 年 12 月 2 日）第三十五条："见义勇为专项资金和见义勇为基金会经费应当专款专用，任何组织和个人不得贪污、截留、挪用。专项资金和经费的管理和使用应当接受同级财政、审计部门监督和社会监督，并定期向社会公布使用情况"；《吉林省见义勇为人员奖励和保护条例》（吉林省第十届人民代表大会常务委员会公告第 19 号，2004 年 9 月 25 日）第二十八条："见义勇为基金会应当建立健全基金管理制度，定期公布基金的使用情况，依法接受有关国家机关和社会的监督"；《江苏省奖励和保护见义勇为人员条例》（江苏省第十三届人民代表大会常务委员会，2018 年 11 月 23 日）第四十二条："见义勇为基金会依照有关法律、法规和章程的规定，筹集、使用和管理见义勇为基金，定期公布基金的使用情况，依法接受有关国家机关和社会的监督。见义勇为基金会的财产及其他收入受法律保护，任何单位和个人不得私分、侵占、挪用"；《广西壮族自治区见义勇为人员奖励和保护条例》（广西壮族自治区人大常委会公告 [13] 届第 37 号，2020 年 9 月 22 日）第三十八条："见义勇为基金会依照有关法律、法规和章程的规定，筹集、使用和管理见义勇为基金，定期公布基金的使用情况，依法接受有关国家机关和社会的监督。见义勇为基金会的财产及其他收入受法律保护，任何单位和个人不得私分、侵占、挪用"；《云南省奖励和保护见义勇为人员条例》（云南省人民代表大会常务委员会第 [13] 届第 53 号公告，2021 年 5 月 28 日）第八条第二款："见义勇为基金应当确保安全，按规定使用，专款专用，并接受财政、审计部门和社会的监督，定期向社会公开使用情况"；《福建省奖励和保护见义勇为人员条例》（福建省第十一届人民代表大会常务委员会第二十五次会议通过，2011 年 7 月 29 日）第三十一条："见义勇为经费应当专款专用，向社会公开，依法接受有关国家机关、社会和捐赠人的监督"；《〈北京市见义勇为人员奖励和保护条例〉实施办法》（北京市人民政府第 255 号令，2014 年 8 月 1 日）第十五条第二款："基金会应当实行民主管理，建立严格的资金筹集、管理、使用制度，定期公布账目。"

用的透明性、公开性、公益性，应将见义勇为基金使用的情况定期向社会予以公布。

第五章 权益保障

第三十条 【紧急救治】

遇有急需救治，并且有可能认定为见义勇为人员的，医疗机构应当及时作出判断。对初步符合见义勇为认定条件的，医疗机构应当优先救治。因救治而产生的医疗费、护理费等费用，由见义勇为基金垫付。

【说明】

本条是紧急情况下的立即判断与救治条款。课题组认为在第二十五条虽然已规定了认定为见义勇为负伤人员的医疗救治帮助的内容，但仍然有必要规定紧急救治条款对第二十五条进行额外补充。本条旨在规定事发突然，尚未认定为见义勇为的人员，伤势严重而亟须救治，却无法直接适用第二十五条的情形。此条文规定了如下内容：第一，由医疗机构先行判断被救治者是否有可能为见义勇为人员；第二，由见义勇为基金垫付相关救治费用。

【理由】

一 由医疗机构先行判断见义勇为人员

紧急情况下的先行认定是现实所需。见义勇为行为具有较大的人身危险性，有可能会承受巨大的身体伤害乃至生命危险，对其进行救治刻不容缓。但是由于见义勇为的认定流程存在滞后性，因此对于尚未认定而需立即救治的情形，医疗机构若仅因该伤员未经认定而拒绝给予见义勇为人员的特殊优待，则难免有所遗漏。

课题组在重庆九龙坡区实地调研收到了综治办调研员的实际反馈，为防止医疗机构因为伤者不能确定是否为见义勇为公民而拒绝治疗的情形，应当设置见义勇为应急机制，建立综治部门与医疗机构之间的联动机制，及时救助可能因见义勇为受伤的人员。根据《医疗机构管理条例》第三十一条之规定①，医疗机构大多已经设有抢救应急制度，因此从医院的操作而言并无困难。从见义勇为行为的认定来看，课题组在实际调研情况中发现，见义勇为认定机构往往难以在第一时间到达见义勇为事发现场，也就无法第一时间作出初步认定，除非是存在侵害人型的见义勇为且已经有公安机关介入的情形。综上所述，因见义勇为具有突发性和紧急性，见义勇为人员及其亲属或事发当事人于事发时无暇或无意取证，无法有力举证；又因作为救治主体的医疗机构有责任且具备能力对负伤人员的情况作大致的了解与判断，故本条特别规定了关于紧急情况下的先行认定应急机制内容。旨在消除上述问题对见义勇为人员的救治产生的阻碍。并充分考虑到时间的紧迫性与耽误治疗的风险性，规定由医疗机构作立即判断，且将标准放至最低，仅初步符合确认条件（例如：有见证人当场作证的、有近亲属能较为详细描述事情经过的、有受伤现场录音录像的……即具备可能性的，均可认定）即可享有见义勇为人员的医疗优待。故课题组认为应当规定"紧急情况下的认定与救治"，以填补长期以来的保障缺失与立法空白。

二　由见义勇为基金垫付相关救助费用

医疗机构虽以救死扶伤为责任，但同时也是以营利为目的的服务行业，规定由医疗机构垫付未经确认机构认定的负伤人员的医疗费用，难免打击医疗机构参与联动的积极性，不利于本款规定的落实。故本条款规定，因救治而产生的相关费用由见义勇为基金垫付，一来可充分发挥见义勇为基金的作用，实现专款专用；二来本条例赋予了见义勇为基金追偿权，即待确认机构作出认定后，可由基金出面追偿，避免了医疗机构的不便。

第三十一条【责任承担】

见义勇为人员的医疗费、护理费、交通费、营养费、住院伙食补助费等为治疗和康复支出的合理费用，因误工减少的收入、残疾辅助器具费、残疾赔偿金、丧葬费、死亡赔偿金、精神损害抚慰金以及其他财产损失，由加害人或者其他责任人依法承担。没有加害人、其他责任人，或者加害

---

① 《医疗机构管理条例》（中华人民共和国国务院令第149号，2016年2月6日）第三十一条："医疗机构对危重病人应当立即抢救。对限于设备或者技术条件不能诊治的病人，应当及时转诊。"

人、其他责任人下落不明或者无力承担的，按照下列方式支付：

（一）见义勇为人员符合社会保险法律法规规定，享受工伤保险、医疗保险待遇的，按照有关规定支付；

（二）由受益人依法给予适当补偿；

（三）通过前两项方式未能解决的费用，由见义勇为基金支付。

通过前款方式不能及时解决相关费用的，由见义勇为基金先行垫付相关费用。见义勇为基金管理机构自向见义勇为人员或者其近亲属垫付相关费用之日起，在垫付金额范围内有权向加害人、其他责任人追偿。

【说明】

本条款规定的内容为"见义勇为损害赔偿责任的分配"。本条款规定的内容包括：一是见义勇为损害赔偿的范围，包括医疗费、护理费、交通费、营养费、住院伙食补助费等为治疗和康复支出的合理费用，因误工减少的收入、残疾辅助器具费、残疾赔偿金、丧葬费、死亡赔偿金、精神损害抚慰金以及其他财产损失；二是规定了承担责任的顺序，按照加害人和其他责任人、保险人、受益人补偿、见义勇为基金支付的顺序承担相关费用；三是赋予见义勇为基金管理机构对加害人和其他责任人的追偿权。

【理由】

一　损害赔偿范围

构建见义勇为损害赔偿救济制度在于填补见义勇为人员的损失。本条款内容的救济范围是对见义勇为损失的最大限度的扩张。其一，从立法现状进行考察，《民法典》针对被侵权人的治疗与康复，规定了包括医疗费、护理费和交通费、住宿费、住院伙食补贴费、必要的营养费；针对被侵权人因遭受人身侵害致残的相关赔付，规定了残疾生活辅助、用具补助费、护理费、残疾赔偿金；针对致死的相关赔付，则规定了丧葬费与死亡赔偿金[①]。在一定程度上，见义勇为人员可视为侵权法上的被侵权人，理

---

① 《民法典》第一千一百七十九条："侵害他人造成人身损害的，应当赔偿医疗费、护理费、交通费、营养费、住院伙食补助费等为治疗和康复支出的合理费用，以及因误工减少的收入。造成残疾的，还应当赔偿辅助器具费和残疾赔偿金；造成死亡的，还应当赔偿丧葬费和死亡赔偿金。"

应在见义勇为责任赔偿范围内享有不小于侵权责任赔偿范围的救济权。从见义勇为条例的立法目的来看，旨在进一步完善见义勇为保障体系，通过全面覆盖见义勇为人员的损失，以实现条例鼓励见义勇为的规范意图。

其二，各省市的相关规定对见义勇为损害赔偿责任分配的范围在逐步扩大。其中，极少部分省市仅针对医疗费用明确规定救济条款，覆盖面局限，例如江苏①、上海②；大多省市则将医疗费、误工费、丧葬费等基本费用囊括在内，例如江西③、陕西④等。其中，重庆⑤、

---

① 《江苏省奖励和保护见义勇为人员条例》（江苏省第十三届人民代表大会常务委员会，2018 年 11 月 23 日）第二十五条："因见义勇为负伤人员在救治期间的医疗、交通、护理等有关费用，有加害人、责任人的，由加害人、责任人依法承担，行为发生地县级公安机关监督加害人或者责任人及时支付；无加害人、责任人，加害人、责任人逃逸或者无力承担的，按照下列规定支付：（一）参加基本医疗保险的，按照基本医疗保险有关规定支付，所受伤病、并发病症的基本医疗费用中个人支付部分，由见义勇为人员奖励和保护经费支付；（二）属于视同工伤情形的，按照工伤保险有关规定支付；（三）未参加基本医疗保险且不属于视同工伤情形的，或者因负伤造成长期医疗费用负担较重的，通过适当减免医疗费用、城乡医疗救助以及见义勇为基金补助等方式帮助解决，不足部分从见义勇为人员奖励和保护经费中支付；（四）交通、护理等其他费用，从见义勇为人员奖励和保护经费中支付。"

② 《上海市见义勇为人员奖励和保护办法》（上海市人民政府令第 120 号，2002 年 4 月 22 日）第十九条："见义勇为人员因见义勇为负伤而发生的医疗费用，由医疗保险机构按照国家和本市有关规定支付后的不足部分，从专项经费中支出。"

③ 《江西省见义勇为人员奖励和保障办法》（江西省人民政府令第 175 号，2009 年 12 月 11 日）第十五条："对因见义勇为负伤的人员，其医疗、误工、生活补助等费用，有工作单位的，按照因工（公）负伤处理；无工作单位或者工作单位无力解决的，由当地财政拨款给同级综治委安排解决。"

④ 《陕西省奖励和保护见义勇为人员条例》（陕西省第十三届人民代表大会常务委员会，2018 年 9 月 28 日）第十六条："见义勇为人员的医疗费、交通住宿费、住院伙食补助费、误工费、护理费、康复费、残疾辅助器具费、劳动能力鉴定费、丧葬费等合理费用，由责任人、加害人或者其监护人依法承担赔偿责任；没有责任人、加害人，或者不能确定责任人、加害人以及责任人、加害人或者其监护人无力支付的，依据有关法律、法规由以下各方承担：（一）由社会保险机构按规定支付；（二）由受益人适当补偿；（三）见义勇为人员有工作单位的，所在单位给予适当补助。通过上述方式未能解决的费用，从当地见义勇为奖励和保护资金或者见义勇为基金收益中支付。"

⑤ 《重庆市见义勇为人员奖励和保护条例》（重庆市人民代表大会常务委员会公告［5 届］第 127 号，2021 年 3 月 31 日）第二十七条第一款："见义勇为人员的医疗费、护理费、交通费、营养费、住院伙食补助费等为治疗和康复支出的合理费用，因误工减少的收入、残疾辅助器具费、残疾赔偿金、丧葬费、死亡赔偿金、精神损害抚慰金以及其他财产损失，由加害人或者其他责任人依法承担。"

湖北①、山东②的责任分配范围最为全面，除医疗费、误工费、丧葬费外，还纳入了护理费、交通费、残疾生活辅助器具费等必要支出。山东更是开创先例，将精神损害赔偿金纳入其中。

其三，扩大损害赔偿范围也是一线工作的需要。课题组在重庆綦江区和重庆九龙坡区实地调研时，听取了一线同志对见义勇为实际工作中遇到的各种问题以及对立法工作的意见。其中不少意见表示，见义勇为人员的损失应当被完全覆盖，避免出现"英雄流血又流泪"的情形。见义勇为人员可能会遭受一定的损失，此种损失如果由见义勇为人员自身承担，不仅不符合常理，也符合鼓励见义勇为的立法目的，例如在重庆九龙坡区政法委调研时曾遇到真实的案例，针对见义勇为人员的损失，区财政只解决了医疗费，其他的诸如护理费、误工费等却无法落实。

其四，精神损害赔偿金应当纳入赔偿范围。理由有二：一是根据现行法的规定，精神损害赔偿金适用的前提条件为加害人实施了侵权行为，在

---

① 《湖北省见义勇为人员奖励和保护办法》（湖北省人民政府令第383号，2015年12月7日）第二十条："见义勇为负伤、致残人员在救治期间的医疗费、交通费、护理费等相关费用，见义勇为牺牲人员的丧葬费、死亡赔偿金及其他财产损失，有加害人、责任人的，由加害人、责任人依法承担；无加害人、责任人以及加害人、责任人逃逸或者加害人、责任人无力承担的，依照有关法律、法规由下列各方承担：（一）见义勇为行为人已参加基本医疗保险、工伤保险的，由社会保险基金按照有关规定支付；（二）由见义勇为行为人的用人单位给予适当资助；（三）由见义勇为受益人给予适当经济补偿；（四）由行为发生地的见义勇为基金（资金）支付。"

② 《山东省见义勇为人员奖励和保护条例》（山东省人民代表大会常务委员会公告第133号，2012年9月27日）第二十三条第一款："见义勇为人员负伤、致残、死亡的，其医疗费、护理费、交通费等为治疗和康复支出的合理费用、因误工减少的收入、残疾生活辅助器具费和残疾赔偿金、丧葬费、死亡赔偿金、精神损害赔偿金等，由加害人或者责任人依法承担赔偿责任；没有加害人、责任人，或者不能确定加害人、责任人以及加害人、责任人无力支付的，按照下列方式支付：（一）见义勇为人员符合社会保险法律、行政法规规定，享受工伤保险、医疗保险待遇的，由用人单位或者社会保险经办机构按照规定支付；（二）见义勇为人员享受公费医疗待遇的，按照规定从公费医疗经费中支付；（三）见义勇为受益人应当给予适当补偿；（四）见义勇为人员有工作单位的，所在单位应当给予补助；（五）见义勇为人员无工作单位或者工作单位无力支付或者未参加社会保险的，从见义勇为基金中给予适当补助；（六）情况特殊确有实际困难仍需救助的，由当地人民政府按照有关规定给予救助。"

见义勇为事件中，不论是与正在发生的违法犯罪行为作斗争，抑或是实施抢险、救灾、救人，见义勇为人员均系因实施见义勇为行为而受到损害。因而，在见义勇为法律体系中，适用精神损害赔偿金的限定条件应当放宽。二是在司法实践中，人民法院的观点并不一致，部分法院认为应当给予见义勇为人员适当的精神损害赔偿金。例如浙江省嵊州市人民法院（2014）绍嵊三民初字第 4 号判决书中，法院即认为"因某某的死亡给原告造成了重大的精神损害，故原告理应得到相应的精神损害抚慰金补偿"①。可见，司法判例中，精神损害赔偿金存在适用空间。

二　承担责任的顺序

（一）受益人应当承担适当补偿责任

作为见义勇为事件的核心人物与最大受益者，受益人是否应当承担补偿见义勇为人员损失的责任，关系到见义勇为人员求偿范围的大小与见义勇为成本分担的合理与否。为传承知恩图报的传统美德、弘扬社会正气，并充分考虑到见义勇为人员的权利保障，在本条规定中明确将受益人的补偿责任确定为具有强制力的法定义务，理由如下：

其一，赋予受益人补偿义务符合现行法律精神。首先从现行立法进行考察，《民法典》第一百八十三条规定了见义勇为受益人的补偿责任，补偿的对象均是见义勇为人员的损害。其次从立法效果进行考量，任由受益人选择是否予以补偿，势必导致受益人置若罔闻的概率上升。再者，从司法实践观之，法官大多认可由受益人进行适当补偿，如罗某某等诉李某某见义勇为人受害责任纠纷案②、鲜某某等与袁某某等见义勇为人受害责任纠纷上诉案③等。

其二，设置受益人补偿④义务系各省、市通行做法。查阅所统计的 44 个省市分别出台的地方性法规与市级规章对见义勇为损害赔偿的规定，其

---

① 参见浙江省嵊州市人民法院民事判决书，（2014）绍嵊三民初字第 4 号。

② 参见湖南省新田县人民法院民事判决书，（2017）湘 1128 民初 1343 号。

③ 参见四川省南充市中级人民法院民事判决书，（2013）南中法民终字第 232 号。

④ 《重庆市见义勇为人员奖励和保护条例》（重庆市人民代表大会常务委员会公告〔5 届〕第 127 号，2021 年 3 月 31 日）第二十七条第一款第（二）项："由受益人依法给予适当补偿"。

中，广东①、辽宁②、江西③、重庆等 24 个省市将受益人纳为损害赔偿主体，另外 20 个省市则将受益人排除在外。而在上述 24 个省市中，将受益人的补偿设置为强制性义务的包括安徽④、海南⑤、太原⑥等 19 个省市，

---

① 《广东省见义勇为人员奖励和保障条例》（广东省第十三届人民代表大会常务委员会公告第 66 号，2020 年 9 月 29 日）第十九条："因见义勇为而遭受人身损害的，在救治期间的医疗费、护理费等合理的治疗费用，由公安机关通知见义勇为专项经费管理部门先行垫付。造成残疾的，并垫付残疾生活辅助器具费。造成死亡的，并垫付丧葬费。因见义勇为而遭受人身损害并有侵权人的，侵权人或者侵权人的监护人应当依法承担侵权责任。依照前款规定先行垫付相关费用的，应当向侵权人或者侵权人的监护人追偿。因见义勇为而遭受人身损害并有受益人的，有关费用可以由受益人或者受益人的监护人适当承担。"

② 《辽宁省奖励和保护见义勇为人员条例》（辽宁省人民代表大会常务委员会公告第 4 号，2013 年 8 月 2 日）第十八条："见义勇为人员负伤、致残、死亡的，其医疗费、护理费、交通费等为治疗和康复支出的合理费用、因误工减少的收入、残疾生活辅助器具费和残疾赔偿金、丧葬费、死亡赔偿金等，由责任人、加害人依法承担赔偿责任；没有责任人、加害人，或者不能确定责任人、加害人以及责任人、加害人无力支付的，依据有关法律、法规由以下各方承担：（一）由社会保险机构按规定支付；（二）由受益人适当补偿；（三）见义勇为人员有工作单位的，所在单位给予适当补助；通过上述方式未能解决的费用，由见义勇为行为发生地的社会管理综合治理工作机构从见义勇为奖励和保护基金中支付。"

③ 《江西省见义勇为人员奖励和保障办法》（江西省人民政府令第 175 号，2009 年 12 月 11 日）第十八条："见义勇为人员负伤、致残、死亡，有加害人的，除依法追究其刑事责任外，加害人应当依法承担民事赔偿责任。有受益人的，受益人应当依法给予适当补偿。"

④ 《安徽省见义勇为人员奖励和保护条例》（安徽省人民代表大会常务委员会公告第 34 号，2011 年 4 月 28 日）第二十三条："见义勇为人员的医疗费、交通食宿费、住院伙食补助费、误工费、护理费、康复费、残疾辅助器具费、劳动能力鉴定费等其他合理费用，依照有关法律、法规由以下各方承担：（一）由责任人、加害人或者其监护人依法赔偿；（二）由社会保险机构按规定支付；（三）由受益单位、受益人或者其监护人补偿；（四）由所在单位补助。通过上述方式未能解决的费用，由行为发生地县级综治机构从见义勇为奖励和保护专项资金或者基金中支付。"

⑤ 《海南省见义勇为人员奖励和保障规定》（海南省人民代表大会常务委员会公告第 73 号，2020 年 12 月 2 日）第二十三条："因见义勇为负伤，无加害人、责任人的，其医疗费用，按照下列方式支付：（一）有工作单位的见义勇为人员已参加工伤保险的，由工伤保险基金按照规定支付医疗费用；所在单位未依法缴纳工伤保险费的，由其所在单位支付；所在单位不支付的，由工伤保险基金先行支付。从工伤保险基金中先行支付的医疗费用应当由所在单位偿还。（二）无工作单位的见义勇为人员参加基本医疗保险的，由基本医疗保险基金按照规定支付。（三）符合医疗救助条件的，由市、县（区）、自治县人民政府医疗保障部门按照有关规定给予医疗救助。（四）按照本款前三项规定不予支付的医疗费用，从见义勇为专项资金中支付。因见义勇为负伤，加害人、责任人不支付医疗费用的，其医疗费用由相关社会保险基金或见义勇为专项资金按照前款规定先行支付；先行支付后，有权向加害人、责任人追偿。"

⑥ 《太原市奖励和保护见义勇为人员条例》（太原市第九届人民代表大会常务委员会第二十九次会议通过，1996 年 1 月 19 日）第十三条："因抢险救灾等原因而负伤的见义勇为人员的医疗费、因误工减少的收入和生活补助费用，由受益人承担；受益人无力承担的部分，由民政部门解决。"

其余5个省市，如广东①、湖南②等，则规定受益人可自由选择是否给予适当补偿。从比例上看，大多省市倾向于将受益人的补偿设置为法定义务。

其三，民众对受益人的补偿义务认可度较高。据课题组此次767份问卷调查统计数据显示，43.3%的受访者认为受益人应当赔偿见义勇为人员遭受的损失。虽不到半数，但足以可见民众对见义勇为行为的认可以及责任担当意识的增强。

其四，综观各份调研报告，其中，重庆梁平区就受益人是否应当承担义务发表了看法，其认为：应当规定受益人应当承担的法律义务，避免受益人冷漠。重庆涪陵区在报告的建议部分提出：应当适当加大见义勇为受益人承担见义勇为伤亡人员民事经济补偿责任，增加约束条款。可见在具体操作中，存在一定问题，需要修法予以明确。

综上，规定受益人应当承担补偿责任。又鉴于受益人的补偿责任为民事责任，以填补损害为原则，规定"由受益人适当补偿"。具体额度取决于个案实际情况。法官需要综合权衡各种因素，借助"动态系统论"查明，例如可充分考虑受益人的财产状况与受害人的损失。

（二）由见义勇为专项基金承担兜底责任

构建多元见义勇为损害赔偿制度旨在及时有效地填补见义勇为人员的损失、保障其合法权益。其中，兜底条款的设置能够起到消除见义勇为人员后顾之忧的关键作用，由专项基金承担兜底责任，理由如下：

其一，在某种意义上，见义勇为行为可以理解为见义勇为人员主动无偿地在政府力所不及的领域为其履行维护社会安全的义务，那么当见义勇为人员处于困境时，国家理应有所担当。以立法的形式予以昭示，国家将作为最有力的后盾保障见义勇为人员的权利，避免其因求偿不能而扩大损失甚至引发纠纷，可在最大程度上消除公众的顾虑，真正起到鼓励见义勇为的作用。

---

① 《广东省见义勇为人员奖励和保障条例》（广东省第十三届人民代表大会常务委员会公告第66号，2020年9月29日）第十九条第三款："因见义勇为而遭受人身损害并有受益人的，有关费用可以由受益人或者受益人的监护人适当承担。"

② 《湖南省见义勇为人员奖励和保护条例》（湖南省第十一届人民代表大会常务委员会公告第19号，2009年3月26日）第十六条："见义勇为人员负伤、致残、死亡，有加害人的，加害人应当依法承担法律责任；有受益人的，受益人也可以给予适当补偿。"

其二，明确规定兜底条款系各省市通行做法。在查阅的 45 个省市相关文件中，仅有广东、山西、天津等 5 个省市未规定或未明确规定兜底条款，其余 40 个省市均有涉及。其中有 28 个省市将见义勇为基金或专项资金作为兜底主体，如重庆①、武汉②、福建③等，而四川④等 13 个省市则选择了将政府作为兜底主体。

其三，设置兜底条款系民心所向。根据课题组所做问卷调查数据反馈，关于"见义勇为人员受有的损失国家应该兜底"的看法，仅 13% 的受访者表示不赞同，13% 的受访者不清楚或未填写，74% 的受访者表示赞同，充分证明：民众普遍认为，若见义勇为人员的损失经由民事手段不能得到完全赔偿，国家应该对剩余部分进行兜底。

因而，本条规定将见义勇为发生地见义勇为专项基金作为兜底条款的主体。在条款结构设置上，借鉴武汉市等省市做法，将兜底条款作为本条最后一款单独列出，既起到明示作用，又使得条款清晰简洁。旨在积极营造"人人崇尚见义勇为、人人支持见义勇为、人人敢于见义勇为"的良好社会风尚，进一步让匡扶正义、惩恶扬善、舍己救人等见义勇为行为蔚然成风。

---

① 《重庆市见义勇为人员奖励和保护条例》（重庆市人民代表大会常务委员会公告［5 届］第 127 号，2021 年 3 月 31 日）第二十七条第一款第（三）项："通过前两项方式未能解决的费用，由见义勇为基金支付。"

② 《武汉市见义勇为人员奖励和保护条例》（武汉市人民代表大会常务委员会公告［14 届］第 29 号，2019 年 8 月 14 日）第二十一条第四款："见义勇为负伤人员通过本条规定仍不能解决的费用，由市见义勇为基金会支付。"

③ 《福建省奖励和保护见义勇为人员条例》（福建省第十一届人民代表大会常务委员会第二十五次会议通过，2011 年 7 月 29 日）第十五条第二款："无加害人、责任人或者加害人、责任人无力承担的，相关费用按照下列规定支付：（一）见义勇为负伤人员参加基本医疗保险、工伤保险的，按照有关规定，由保险支付相关费用。相关费用不在保险支付范围的，由见义勇为发生地县级人民政府见义勇为专项经费支付；（二）见义勇为负伤人员未参加基本医疗保险、工伤保险的，由见义勇为发生地县级人民政府见义勇为专项经费支付。"

④ 《四川省保护和奖励见义勇为条例》（四川省第十三届人民代表大会常务委员会公告第 80 号，2021 年 5 月 28 日）第十三条："见义勇为伤残人员的医疗、误工及伤残后的生活补助等法定费用或见义勇为牺牲人员的丧葬费、生前抚养（扶养）人的必要生活费等法定费用，按下列顺序解决：（一）致害人及其监护人承担；（二）见义勇为人员所在单位承担或保险机构按规定支付；（三）从保护奖励见义勇为基金中支付；（四）当地县级以上人民政府财政解决。"

（三）见义勇为基金的先行垫付

其一，见义勇为人员的救助系社会责任承担的应有之义。从见义勇为具备的公法性质进行考察，见义勇为人员系延伸履行了警方对公共秩序的管理职责，具有行政协助性。因而，在见义勇为行为的法律关系中，国家与社会其实也是受益人。见义勇为人员之所以能奋不顾身、挺身而出，是基于对社会的信赖，对公众的维护。故无论是政府、专项基金还是医疗机构，作为社会责任主体，理应承担起救助见义勇为人员的责任。

其二，垫支制度是解决求偿困难的有效方式。从现实需求的角度来看，实际生活中的大多加害人是因生活窘迫才铤而走险，造成他人损害后并无赔偿能力，或赔偿能力很差；抢险、救灾等事件中更是不存在加害人的赔偿。而受益人的补偿义务，仅能发挥补充作用，并不足以填补见义勇为人员的损失。寻求社保、基金或政府的救济则需经历一整套流程，存在滞后性。对伤亡的见义勇为人员而言，救助费用不及时、不到位，再多嘉奖都形同虚设。因此，只有规定垫支制度，让强有力的政府基金承担起责任，才能真正及时地实现保障。

其三，在统计的44个省市相关法规与规章中，仅9个省市规定了先行垫支制度，做法不尽相同。如重庆①规定：通过前两项方式未能解决的费用，由见义勇为基金支付。海南②规定：应当由见义勇为行为发生地市、县（区）、自治县社会管理综合治理部门从见义勇为专项资金中先行垫付医疗费；吉林③规定：由见义勇为行为发生地县级人民政府暂付救治

---

① 《重庆市见义勇为人员奖励和保护条例》（重庆市人民代表大会常务委员会公告［5届］第127号，2021年3月31日）第二十七条第一款第（三）项："通过前两项方式未能解决的费用，由见义勇为基金支付。"

② 《海南省见义勇为人员奖励和保障规定》（海南省人民代表大会常务委员会公告第73号，2020年12月2日）第二十一条："在加害人、责任人承担责任前或者无加害人、责任人的，见义勇为人员救治期间的医疗费用，应当由见义勇为行为发生地市、县（区）、自治县见义勇为工作机构从见义勇为专项资金中先行垫付。"

③ 《吉林省见义勇为人员奖励和保护条例》（吉林省第十届人民代表大会常务委员会公告第19号，2004年9月25日）第十四条："公民因见义勇为负伤的救治费用，由见义勇为行为发生地县级人民政府暂付。"

费用；福建①规定：救治期间的医疗费用，有工作单位的，由所在工作单位垫付，无工作单位的，由医疗机构垫付；陕西②同深圳经济特区一致，规定：有关单位和部门应当按照条例的规定先行支付医疗费、误工费及丧葬费。

其四，落实垫支制度是解决现实问题的需要。课题组赴重庆綦江区和九龙坡区政法委进行了实地调研，听取了一线同志对见义勇为条例的意见。其中多次提到见义勇为人员的损害赔偿问题，他们均表示，实际操作中曾遇到见义勇为人员的护理费、误工费等无法在现行条例的框架下得到落实的情况。各区县的调研报告中也具有反映，例如重庆亚溪县提到：相关法规规定见义勇为者只能请求侵权人承担赔偿责任，被救助人只能适当补偿，现实中操作的难度极大，给见义勇为者的求偿带来极大的困难。见义勇为人员"流血又流泪"的尴尬局面不时发生，深层次的原因在于赔偿资金不到位。因此，应当建立见义勇为人员损失的垫支制度，在加害人或其他责任主体不能全部或部分赔偿时，由见义勇为基金或区财政解决，进一步消除见义勇为人员的后顾之忧。

三 见义勇为基金管理机构的追偿权

本条款规定了基金的追偿权，实际上是将见义勇为人员的求偿权通过垫支制度转化为见义勇为基金的追偿权。例如，在重庆③就已有对追偿权的规

---

① 《福建省奖励和保护见义勇为人员条例》（福建省第十一届人民代表大会常务委员会第二十五次会议通过，2011 年 7 月 29 日）第十四条："因见义勇为负伤的人员，在救治期间的医疗费用，有工作单位的，由所在工作单位垫付；无工作单位的，由医疗机构垫付。"

② 《陕西省奖励和保护见义勇为人员条例》（陕西省第十三届人民代表大会常务委员会，2018 年 9 月 28 日）第十六条："见义勇为人员的医疗费、交通住宿费、住院伙食补助费、误工费、护理费、康复费、残疾辅助器具费、劳动能力鉴定费、丧葬费等合理费用，由责任人、加害人或者其监护人依法承担赔偿责任；没有责任人、加害人，或者不能确定责任人、加害人以及责任人、加害人或者其监护人无力支付的，依据有关法律、法规由以下各方承担：（一）由社会保险机构按规定支付；（二）由受益人适当补偿；（三）见义勇为人员有工作单位的，所在单位给予适当补助。通过上述方式未能解决的费用，从当地见义勇为奖励和保护资金或者见义勇为基金收益中支付。"

③ 《重庆市见义勇为人员奖励和保护条例》（重庆市人民代表大会常务委员会公告［5 届］第 127 号，2021 年 3 月 31 日）第二十七条第二款："通过前款方式不能及时解决相关费用的，见义勇为人员或者其近亲属可以与见义勇为基金管理机构签订协议，由见义勇为基金先行垫付相关费用。见义勇为基金管理机构自向见义勇为人员或者其近亲属垫付相关费用之日起，在垫付金额范围内有权向加害人、其他责任人追偿。"

定。基金先行补偿，体现的是政府的"保障责任"，并非消解加害人的赔偿责任和受益人的补偿责任，替侵害人、受益人买单。因此，基金通过与见义勇为人员或近亲属签订协议，将追偿权授权给见义勇为基金，由基金会代位行使见义勇为人员的追偿权，去追究加害人的赔偿责任和受益人的补偿责任。关爱见义勇为人员的程度，体现了国家社会的文明程度。国家社会和有良知的人都要尽力关爱见义勇为人员，共同营造和谐美好的家园。

第三十二条 【抚恤待遇】

因见义勇为死亡的人员，依法被评定为烈士、被确认为因公牺牲或者被认定为视同因工死亡的，按照国家有关规定享受相应待遇。不属于上述情形的，补助金发放标准按照国家和各省、自治区、直辖市有关规定执行。

因见义勇为致残的人员，凡符合享受工伤保险待遇条件的，依据《工伤保险条例》落实相应待遇；不符合享受工伤保险待遇条件的，按照《伤残抚恤管理办法》以及有关规定，由退役军人事务部门评定伤残等级落实相应待遇。

见义勇为负伤人员不够评定伤残等级而又生活困难或者已享受见义勇为伤亡人员抚恤补助待遇仍有特殊生活困难的，当地县级人民政府应当采取措施给予帮扶。

【说明】

本条规定的内容是"对见义勇为人员的抚恤待遇"，包括见义勇为人员死亡、伤残和不够评定伤残等级三种情况的抚恤待遇。本条规定了被评定为烈士、被确认为因公牺牲、被认定为视同因工死亡和其他四种情形，对于补助金的具体计算标准直接使用了"国家有关规定"来表述。在实践操作中，适用补助的先后顺位为：烈士待遇、军人因公牺牲抚恤待遇、视同工伤待遇、按特定标准发放一次性补助金。

【理由】

一 见义勇为人员的死亡抚恤

《国务院办公厅转发民政部等部门关于加强见义勇为人员权益保护意见的通知》对于因见义勇为而牺牲的人员按照不同的情况进行牺牲补助发放。本条为了贯彻政策的实施，规定了见义勇为死亡人员在满足不同评定条件时享受不同的待遇。课题组考察了其他省市对见义勇为人员牺牲补助的立法实践，发现天津①、海南②、江苏③等6个省市规定对见义勇为人员的牺牲补助仅为烈士待遇，而安徽④、吉林⑤等7个省市则将此规定为烈士待遇与因公（工）死亡待遇两种形式。唯有重庆⑥、山

---

① 《天津市见义勇为人员奖励和保护条例》（天津市人民代表大会常务委员会公告第73号，2017年11月28日）第二十条第一款："见义勇为牺牲人员，符合烈士评定条件的，按照国家有关规定评定为烈士，其遗属享受相关待遇。"

② 《海南省见义勇为人员奖励和保障规定》（海南省人民代表大会常务委员会公告第73号，2020年12月2日）第二十六条："见义勇为牺牲人员，符合烈士条件的，按照《烈士褒扬条例》的规定办理。不符合烈士条件，属于因公牺牲的，按照《军人抚恤优待条例》的规定办理；依法认定为工伤的，按照国家和本省规定发放补助金。不属于前款情形的，按照国家和本省规定发放补助金。"

③ 《江苏省奖励和保护见义勇为人员条例》（江苏省第十三届人民代表大会常务委员会，2018年11月23日）第二十七条："对因见义勇为死亡人员的遗属，应当按照下列规定予以抚恤或者补助：（一）见义勇为人员属于烈士的，按照《烈士褒扬条例》享受相关待遇；（二）见义勇为人员不属于烈士，属于因公牺牲情形的，按照《军人抚恤优待条例》有关规定予以抚恤；属于视同工伤情形的，按照工伤保险有关规定享受一次性工亡补助金等待遇，并享受由当地财政部门安排、民政部门按照国家有关规定发放的遗属特别补助金；同时符合因公牺牲情形和视同工伤情形的，按照就高原则予以抚恤或者补助；（三）不属于本款第一项、第二项所列情形的，由见义勇为死亡人员生前所在单位按照国家有关规定发放一次性补助金；无工作单位或者工作单位确实无力足额支付的，所需资金从见义勇为人员奖励和保护经费中支付。不属于烈士且不属于因公牺牲情形的因见义勇为死亡人员遗属的定期抚恤待遇，按照因公牺牲军人遗属的标准予以保障。"

④ 《安徽省见义勇为人员奖励和保护条例》（安徽省人民代表大会常务委员会公告第34号，2011年4月28日）第二十五条："见义勇为牺牲人员，经相关部门认定为公（工）亡的，按照国家因公（工）死亡规定享受抚恤待遇；未被认定为公（工）亡的，参照因公（工）死亡规定享受抚恤待遇，抚恤金从见义勇为行为发生地县级见义勇为专项资金或者基金中支付；按照国家规定批准为烈士的，其遗属享受烈士遗属待遇。"

⑤ 《吉林省见义勇为人员奖励和保护条例》（吉林省第十届人民代表大会常务委员会公告第19号，2004年9月25日）第十九条："见义勇为牺牲人员的抚恤按照国家有关因公（工）死亡规定办理；国家没有规定的，由见义勇为行为发生地县级公安机关，从见义勇为基金中给予一次性抚恤金。符合革命烈士条件的，根据《革命烈士褒扬条例》的规定，由省人民政府批准为革命烈士。其家属按照《军人抚恤优待条例》的规定享受烈属待遇。"

⑥ 《重庆市见义勇为人员奖励和保护条例》（重庆市人民代表大会常务委员会公告〔5届〕第127号，2021年3月31日）第二十八条："因见义勇为死亡的人员，依法被评定为烈士、被确认为因公牺牲或者被认定为视同因工死亡的，按照国家有关规定享受相应待遇。不属于上述情形的，补助金发放标准按照国家和本市有关规定执行。因见义勇为致残的人员，凡符合享受工伤保险待遇条件的，依据《工伤保险条例》落实相应待遇；不符合享受工伤保险待遇条件的，按照《伤残抚恤管理办法》以及有关规定，由退役军人事务部门评定伤残等级落实相应待遇。见义勇为负伤人员不够评定伤残等级而又生活困难或者已享受见义勇为伤亡人员抚恤补助待遇仍有特殊生活困难的，当地区县（自治县）人民政府应当采取措施给予帮扶。"

东①与黑龙江②对见义勇为人员的牺牲补助形式规定得最为全面，严格遵照国务院发布的《国务院办公厅转发民政部等部门关于加强见义勇为人员权益保护意见的通知》，将烈士待遇、因公牺牲待遇、视同工亡待遇以及按特定标准的待遇均纳入法规之中。

本条规定了按军人抚恤优待的补助方式以及兜底性补助方式——按特定标准发放一次性补助金。其中，按军人抚恤优待的，发放 40 个月工资，月工资或者津贴低于排职少尉军官工资标准的，按照排职少尉军官工资标准发给其遗属一次性抚恤金；③ 按视同工伤的，一次性工亡补助金为上一

---

① 《山东省见义勇为人员奖励和保护条例》（山东省人民代表大会常务委员会公告第 133 号，2012 年 9 月 27 日）第二十八条："因见义勇为死亡的人员被评定为烈士或者经有关部门认定为因公（工）牺牲（死亡）的，其近亲属按国家规定享受相关待遇；未被评定为烈士或者未被认定为因公（工）牺牲（死亡）的其他人员，按照国家有关规定，以不低于上一年度全国城镇居民人均可支配收入的二十倍加四十个月的中国人民解放军排职少尉军官工资的标准对其近亲属发放一次性补助金。因见义勇为人员死亡致孤的其家庭成员，按照国家规定享受供养待遇或者基本生活补助。"第二十九条："因见义勇为致残的人员，符合残疾人标准的，由残疾人联合会核发残疾人证，享受残疾人优惠待遇；符合《工伤保险条例》或者《伤残抚恤管理办法》规定范围和条件的，享受相关待遇。"

② 《黑龙江省见义勇为人员奖励和保护规定》（黑龙江省人民政府令第 4 号，2015 年 6 月 4 日）第十条："因见义勇为牺牲的人员依法被评定为烈士的，按照国家有关规定，其遗属享受下列抚恤补助待遇：（一）上一年度全国城镇居民人均可支配收入三十倍的烈士褒扬金；（二）属于《军人抚恤优待条例》以及相关规定适用范围的，享受上一年度全国城镇居民人均可支配收入二十倍加本人四十个月工资的因公牺牲一次性抚恤金；（三）属于《工伤保险条例》以及相关规定适用范围的，享受上一年度全国城镇居民人均可支配收入二十倍的一次性工亡补助金和相当于烈士本人四十个月工资的烈士遗属特别补助金；（四）不属于本款第二项、第三项规定情形的，享受上一年度全国城镇居民人均可支配收入二十倍加四十个月的中国人民解放军排职少尉军官工资标准的一次性抚恤金。因见义勇为牺牲的人员未被评定为烈士的，其遗属根据国家有关规定，按照第一款第二项、第三项、第四项规定的标准享受抚恤补助待遇。"

③ 《军人抚恤优待条例》（中华人民共和国国务院令第 709 号，2019 年 3 月 2 日）第十三条："现役军人死亡，根据其死亡性质和死亡时的月工资标准，由县级人民政府退役军人事务部门发给其遗属一次性抚恤金，标准是：烈士和因公牺牲的，为上一年度全国城镇居民人均可支配收入的 20 倍加本人 40 个月的工资；病故的，为上一年度全国城镇居民人均可支配收入的 2 倍加本人 40 个月的工资。月工资或者津贴低于排职少尉军官工资标准的，按照排职少尉军官工资标准计算。获得荣誉称号或者立功的烈士、因公牺牲军人、病故军人，其遗属在应当享受的一次性抚恤金的基础上，由县级人民政府退役军人事务部门按照下列比例增发一次性抚恤金：（一）获得中央军事委员会授予荣誉称号的，增发 35%；（二）获得军队军区级单位授予荣誉称号的，增发 30%；（三）立一等功的，增发 25%；（四）立二等功的，增发 15%；（五）立三等功的，增发 5%。多次获得荣誉称号或者立功的烈士、因公牺牲军人、病故军人，其遗属由县级人民政府退役军人事务部门按照其中最高等级奖励的增发比例，增发一次性抚恤金。"

年度全国城镇居民人均可支配收入的 20 倍①。

本条对因见义勇为死亡的人员所规定的牺牲补助待遇在适用上存在鲜明的顺序性，它们依次是：烈士待遇、军人因公牺牲抚恤待遇、视同工伤待遇、中国人民解放军排职少尉军官一次性补助金待遇。之所以有此顺位，在于强调前者待遇更能恰如其分地用于评价并补助见义勇为人员所作出的牺牲。唯有在前者无法满足的情况下才能落至下一待遇之中。例如，《淮安市人民政府关于印发淮安市奖励和保护见义勇为人员办法的通知》第二十五条也对此有相同规定。② 另外，本条中所规定的牺牲补助发放主体包括：民政部门、见义勇为基金会、见义勇为人员所在单位。根据具体情况的分异，由不同的主体发放牺牲补助。此举既考虑到各主体与相对的应受补助者之间发放补助的便利，也充分将发放补助的财政资金压力进行了合理分担，以避免发放牺牲补助而给相关部门增添不必要的负担。

二　见义勇为人员的伤残抚恤

本条所规定的内容是"对见义勇为人员的伤残抚恤制度"，本规定与《国务院办公厅转发民政部等部门关于加强见义勇为人员权益保护意见的通知》所提出的意见相衔接，充分表明了国家对见义勇为行为的鼓励态度。增设本条着重把握如何评定伤残以落实待遇、伤残抚恤金的发放类别两个方面。具体理由如下述之：

---

① 《工伤保险条例》（中华人民共和国国务院令第 586 号，2010 年 12 月 20 日）第三十九条第三款："一次性工亡补助金标准为上一年度全国城镇居民人均可支配收入的 20 倍。"

② 《淮安市奖励和保护见义勇为人员办法》（淮安市人民政府令 24 号，2014 年 1 月 16 日）第二十五条："因见义勇为死亡的，享受下列抚恤和补助政策：（一）凡符合烈士评定条件的，依法评定为烈士，其家属按照《烈士褒扬条例》享受相关待遇；（二）不符合烈士评定条件，属于因公牺牲情形的，按照《军人抚恤优待条例》有关规定予以抚恤；（三）属于视同工伤情形的，享受一次性工亡补助金以及相当于本人 40 个月工资的遗属特别补助金，其中，一次性工亡补助金由工伤保险基金按有关规定支付，遗属特别补助金由户籍所在地财政部门安排，民政部门发放；不属于本条（一）（二）（三）款情形的，按照上一年度全国城镇居民人均可支配收入的 20 倍加中国人民解放军排职少尉军官 40 个月的工资标准发放一次性补助金，有工作单位的由所在单位落实待遇；无工作单位的由户籍所在地民政部门会同见义勇为基金会负责发放，所需资金通过见义勇为专项基金统筹解决；尚未建立见义勇为专项基金的，由当地财政部门安排，民政部门发放。"

其一，根据《国务院办公厅转发民政部等部门关于加强见义勇为人员权益保护意见的通知》所传达的精神，应当认真落实见义勇为伤亡人员抚恤补助的政策。对于符合工伤保险待遇条件的，则按照《工伤保险条例》予以落实；对于不符合的情况则按照《伤残抚恤管理办法》等相关规定进行办理，具体工作由民政部门负责实施。譬如《辽宁省奖励和保护见义勇为人员条例》就严格遵循上述文件而进行规定。①

其二，对于劳动能力受到一定影响的人员，并未直接规定相应的赔偿数额或者赔偿数额区间，是因为个案情况不一，无法确定具体的数额或区间。而根据上述《国务院办公厅转发民政部等部门关于加强见义勇为人员权益保护意见的通知》所提及，"尚未建立见义勇为专项基金的，由当地财政部门安排，民政部门发放"。故本条将认定人员因见义勇致残并影响到劳动能力的尺度交由民政部门来把控。

三　见义勇为人员的政府帮扶

实践中因见义勇为受伤可能达不到评定伤残的标准生活困难的，或者已经享受了见义勇为人员死亡、伤残抚恤仍然生活困难的，为了达到"英雄流血不流泪"的目的，弘扬社会正气，政府应当及时介入，对见义勇为人员采取适当地帮扶措施。本条款的规定在各省市已有实践，例如重庆市规定了"见义勇为负伤人员不够评定伤残等级而又生活困难或者已享受见义勇为伤亡人员抚恤补助待遇仍有特殊生活困难的，当地区县（自治县）人民政府应当采取措施给予帮扶"②，陕西就规定了"因见义勇为负伤人员不够评定伤残等级而又生活困难或者已享受见义勇为伤亡人员抚恤补助待遇仍有特殊生活困难的，当地县（市、区）人民政府应当采取措

---

① 《辽宁省奖励和保护见义勇为人员条例》（辽宁省人民代表大会常务委员会公告第 4 号，2013 年 8 月 2 日）第十七条："对见义勇为死亡人员，依法被评定为烈士、属于因公牺牲或者视同工亡的，按照国家有关规定享受相应待遇。不属于上述情形的，补助金发放标准按照国家有关规定执行。"

② 《重庆市见义勇为人员奖励和保护条例》（重庆市人民代表大会常务委员会公告［5 届］第 127 号，2021 年 3 月 31 日）第二十八条第三款："见义勇为负伤人员不够评定伤残等级而又生活困难或者已享受见义勇为伤亡人员抚恤补助待遇仍有特殊生活困难的，当地区县（自治县）人民政府应当采取措施给予帮扶。"

施给予帮扶"①。此外，规定本条也在体系上构建了对见义勇为人员权益的全方位保障。一方面，因为实践中伤残等级需要退役军人事务部门依照《伤残抚恤管理办法》来评定，此种评定是一种具体的行政行为，见义勇为人员有可能因为受伤不重无法被评为"伤残"，但其生活确实困难，此时由政府出面给予适当地帮扶是最为恰当的；另一方面，见义勇为人员如果死亡或伤残，其本人或者家属已经根据本条前两款享受了相应的抚恤待遇，但这种待遇可能不能消除见义勇为人员死亡或伤残给其家庭带来的不利后果，这是因为见义勇为人员死亡或者伤残就意味着家庭劳动力的直接减少，家庭收入大幅度降低，这种不利影响很有可能无法通过前两款的抚恤来弥补，所以在此种情况下，政府的帮扶也是十分必要的。

第三十三条【劳动待遇保障】

对因见义勇为负伤的人员，用人单位不得降低其医疗期间的工资福利待遇。

对因见义勇为致残不能适应原工作岗位的人员，用人单位应当根据实际情况适当调整工作岗位，非因法定事由和非经法定程序不得辞退或者解除劳动关系。

【说明】

本条内容是对用人单位的限制。即因见义勇为负伤的人员，用人单位不得因为其受伤不能完成之前的工作而降低其工资福利待遇，同时如果因见义勇为致残不能完成原工作的，用人单位应当首先调整其工作岗位，没有发生法定事由、没有经过法定程序不得辞退见义勇为人员。

【理由】

见义勇为人员的待遇保障在各省市自治区已有规定。课题组统计了2018年机构改革之后出台的12项省级见义勇为地方性法规，其中有9个省、自治区规定了见义勇为人员的待遇保障，只有天津、陕西未规定，从数量上观察，本条款的存在是其他省市的通识。在上述9项法规中，有的省市

---

① 《陕西省奖励和保护见义勇为人员条例》（陕西省第十三届人民代表大会常务委员会，2018年9月28日）第十八条第三款："因见义勇为负伤人员不够评定伤残等级而又生活困难或者已享受见义勇为伤亡人员抚恤补助待遇仍有特殊生活困难的，当地县（市、区）人民政府应当采取措施给予帮扶。"

仅规定不得降低见义勇为人员负伤期间的工资福利待遇，例如广西①、贵州②、河南③；有的省市在规定不得降低见义勇为人员负伤期间工资福利待遇的基础上，同时规定了不得违法解除劳动合同，例如重庆④、广东⑤、海南⑥、四川⑦、云南⑧、江苏⑨。从数量上说，同时规定不得降低工资福

---

① 《广西壮族自治区见义勇为人员奖励和保护条例》（广西壮族自治区人大常委会公告 13 届第 37 号，2020 年 9 月 22 日）第二十五条："对因见义勇为负伤人员，用人单位不得降低其治疗期间的工资福利待遇。"

② 《贵州省见义勇为人员奖励和保护条例》（贵州省人民代表大会常务委员会公告 2020 第 13 号，2020 年 9 月 25 日）第二十三条："见义勇为负伤人员治疗期间，其工资、奖金等待遇不变；无固定收入，生活困难的，由见义勇为发生地县级人民政府按照每月不低于当地上年度城镇单位在岗职工月平均工资的标准给予生活补助。"

③ 《河南省见义勇为人员奖励和保障条例》（河南省第十二届人民代表大会常务委员会公告第 82 号，2017 年 12 月 1 日）第十七条："见义勇为人员因见义勇为误工、医疗期间，有工作单位的，其工资、奖金以及各类福利待遇一律不变；无工作单位的，由见义勇为发生地县级人民政府按照当地上一年度城镇居民人均可支配收入标准按日计算给予经济补助。"

④ 《重庆市见义勇为人员奖励和保护条例》（重庆市人民代表大会常务委员会公告［5 届］第 127 号，2021 年 3 月 31 日）第二十九条："对因见义勇为负伤的人员，用人单位不得降低其医疗期间的工资福利待遇。对因见义勇为致残不能适应原工作岗位的人员，用人单位应当根据实际情况适当调整工作岗位，非因法定事由和非经法定程序不得辞退或者解除劳动关系。"

⑤ 《广东省见义勇为人员奖励和保障条例》（广东省第十三届人民代表大会常务委员会公告第 66 号，2020 年 9 月 29 日）第二十一条："因见义勇为误工的人员，所在工作单位应当视同出勤，不得降低其福利待遇或者违法解除其劳动合同。"

⑥ 《海南省见义勇为人员奖励和保障规定》（海南省人民代表大会常务委员会公告第 73 号，2020 年 12 月 2 日）第二十五条第一款："因见义勇为负伤的人员在治疗、康复期间，原享有的工资、津贴、奖金、福利等待遇不变，所在单位不得解除劳动关系；见义勇为人员无工作单位的，由就业管理部门介绍就业。"

⑦ 《四川省保护和奖励见义勇为条例》（四川省第十三届人民代表大会常务委员会公告第 80 号，2021 年 5 月 28 日）第十五条："公民因见义勇为负伤而误工的，所在单位应按工伤对待，其负伤治疗期间的工资、奖金、福利待遇等应与在职职工相同。"第十六条第一款："职工因见义勇为部分丧失劳动能力的，由所在单位安排力所能及的工作，若待遇低于原工资标准的，按原工资标准执行。确实无法安排工作的，可离岗退养，其待遇享受因工致残同类人员的待遇。"

⑧ 《云南省奖励和保护见义勇为人员条例》（云南省人民代表大会常务委员会第 13 届第 53 号，2021 年 5 月 28 日）第二十一条："因见义勇为部分丧失劳动能力的人员，有工作单位但不适合继续在原岗位工作的，由其所在单位安排力所能及的工作；完全丧失劳动能力的，按照国家有关规定，享受伤残保险或者办理提前退休手续。"

⑨ 《江苏省奖励和保护见义勇为人员条例》（江苏省第十三届人民代表大会常务委员会，2018 年 11 月 23 日）第三十三条："对因见义勇为负伤人员，用人单位不得降低其医疗期间的工资福利待遇。对因见义勇为致残不能适应原工作岗位的人员，用人单位应当根据实际情况适当调整工作岗位，非因法定事由和非经法定程序不得辞退或者解除劳动关系。"

利待遇和不得违法解除劳动合同的占多数，从其他省市地方性规范的现有规定来看，应当将见义勇为人员待遇保障的具体制度纳入其中。

本条规定并不会造成对用人单位个体自决的侵害。本条具体内容可以分为两个部分，一是见义勇为人员的工资福利待遇不得降低；二是用人单位不得违法解除劳动合同。对于后者而言，有《劳动法》《劳动合同法》的上位约束，地方性法规在此提及并无不妥，也只是起到提醒和强调的作用。而对于前者而言，《劳动法》规定用人单位应当为劳动者购买养老保险等各种法定保险之外，法律可以为用人单位设置法定的义务，这并不违背用人单位作为私主体的意思自治，同时符合私法中"法无禁止皆自由"的基本理由，此处的"不得降低工资福利待遇"就是为用人单位设立的行为禁止事项。加之见义勇为人员为社会所做出的突出贡献，对用人单位课以此种义务并无违法和不合理之处。

第三十四条 【生活保障】

见义勇为人员及其家庭符合城乡居民最低生活保障条件的，应当按照有关规定纳入城乡居民最低生活保障范围，因见义勇为享受的奖金、补助金、抚恤金、抚慰金和奖品在申请时不计入家庭收入；符合相关条件的，可以申请相应的专项救助和临时救助。

因见义勇为死亡人员的家庭成员符合特困人员供养条件的，纳入特困人员供养保障范围；致孤儿童符合孤儿供养条件的，纳入孤儿保障范围。

【说明】

本条所规定的内容是"对见义勇为人员的生活保障"。就见义勇为人员的生活保障，课题组从以下几个立法层面予以考虑：纳入低保保障范围、给予专项救助或临时救助、将见义勇为人员的近亲属纳入特困供养范围、对见义勇为人员的孤儿提供保障。

【理由】

一　对见义勇为人员的生活保障需求

全面保障见义勇为人员及家庭的生活承载着中央对鼓励义行所提出的殷切期许。《国务院办公厅转发民政部等部门关于加强见义勇为人员权益保护意见的通知》中明确指出，应当积极完善见义勇为人员权益保护的政策措施，保障低收入见义勇为人员及其家庭的基本生活。在《民政部、财政部、国务院扶贫办关于在脱贫攻坚三年行动中切实做好社会救助兜底保障工作的实施意见》中提到，为了打赢脱贫攻坚战，要做到应保尽保、兜底救助、统筹衔接、正确引导，优化政策供给，完善低保、特困人员救助供养、临时救助等保障性措施，以保证贫困人口的基本生活。对符合保障要求的见义勇为人员及其家庭提供各类社会救助，是我国政策提倡见义勇为的引导方向。帮助见义勇为人员脱贫解困是我国民生保障政策中不可或缺的一部分。故强化对生活困难的见义勇为人员及家庭的保障在立法中落到实处的意义重大。

　　通过分析比较各省市就见义勇为人员及其家属的生活保障规定，可以发现主要存在如下两种制度设计的方式：一是直接在省级地方法规中明确将生活保障的方式予以规定，其中以重庆①、黑龙江②的立法实践为典型；二是在省级其他规范性文件中提出对见义勇为人员的生活进行保障，省内各地区依照此文件所传达的精神在市级的见义勇为奖励和保障条例中作出相应规定。譬如《河南省人民政府办公厅转发省民政厅等部门关于加强见义勇为人员权益保护工作意见的通知》在"完善见义勇为人员权益保护

---

　　① 《重庆市见义勇为人员奖励和保护条例》（重庆市人民代表大会常务委员会公告［5届］第 127 号，2021 年 3 月 31 日）第三十条："见义勇为人员及其家庭符合城乡居民最低生活保障条件的，应当按照有关规定纳入城乡居民最低生活保障范围，因见义勇为享受的奖金、补助金、抚恤金、抚慰金和奖品在申请时不计入家庭收入；符合相关条件的，可以申请相应的专项救助和临时救助。因见义勇为死亡人员的配偶、子女、父母符合特困人员供养条件的，纳入特困人员供养保障范围；致孤儿童符合孤儿供养条件的，纳入孤儿保障范围。"

　　② 《黑龙江省见义勇为人员奖励和保护规定》（黑龙江省人民政府令第 4 号，2015 年 6 月 4 日）第二十条："因见义勇为牺牲或者丧失劳动能力的人员，县级人民政府应当保障其家庭生活不低于当地居民平均生活水平。对符合城乡低保条件的见义勇为人员及其家庭，除按照国家有关规定将其纳入低保范围外，民政部门应当给予低保金加发的照顾。见义勇为抚恤金、补助金和奖金等不计入家庭收入。对符合相关条件申请专项救助和临时救助的见义勇为人员及其家庭，县级以上人民政府应当给予优先救助。"第二十一条："对见义勇为牺牲造成的致孤人员，民政部门应当按照国家有关规定，将其安排到城市社会福利机构供养或者纳入农村五保供养范围。对因见义勇为牺牲造成的致孤儿童，县级以上人民政府应当按照国家有关规定，将其纳入孤儿保障体系，并按照相关标准发放孤儿基本生活费。对生活不能自理且无法定赡养人或者监护人照顾的见义勇为人员，由民政部门安置到社会福利机构。"

政策措施"一节①中就规定了保障低收入见义勇为人员及其家庭的基本生活的内容。

应对实践需要，弥补保障漏洞。根据课题组在重庆市的调研情况可知，2013—2018 年，重庆不同的区县对于见义勇为人员及家庭的保障情况参差不齐。其中，比较有代表性的是：合川区②、荣昌区③、九龙坡区④以及璧山区⑤4 个区采取爱心帮扶的方式，为见义勇为者本人或其家属争取见义勇为英模脱贫解困资金。通过对调研报告予以分析，大致可以反映出重庆对见义勇为人员及其家属的保障形式单一，缺少低保、特困救助、专项救助和临时救助、孤儿救助等多重衔接顺畅的保障制度，以至于相关人员得不到相应保障的困境。据璧山区调研情况反映，因见义勇为牺牲的人员，被评为烈士的较少，得不到应有的抚恤，造成遗属生活困难。故建议单列出因见义勇为牺牲人员家庭帮扶办法。而在荣昌区，对因见义勇为行为导致劳动能力受限的，民政部门给予最低生活保障，全力维护保障见义勇为者合法权益。此为正举，但也需注意给予见义勇为人员的保障水平务必与实际情况相称，以免浪费国家资源。由于没有立法的明确规定，民政部门缺少立法的指引以及合法的支撑，在实际操作中困难重重。另有，万州区提及见义勇为人员因所获保障不满足而闹访的现象存在，其实归根结底仍在于制度的缺失与立法的缺位。

内在逻辑连贯性所需，立法体系完备性使然。罗尔斯在《正义论》

---

① 《河南省人民政府办公厅转发省民政厅等部门关于加强见义勇为人员权益保护工作意见的通知》（豫政办 90 号，2013 年 10 月 28 日）："保障低收入见义勇为人员及其家庭的基本生活。对符合城乡低保条件的见义勇为人员及其家庭，要按有关规定及时纳入低保范围，做到应保尽保；符合相关条件的还可申请相应的专项救助和临时救助。按照国家规定享受的抚恤金、补助金不计入家庭收入，见义勇为人员所得奖金或奖品按照现行税收政策的有关规定免征个人所得税。对致孤人员，属于城市社会福利机构供养范围的优先安排到福利机构供养，符合农村五保供养条件的纳入农村五保供养范围；对致孤儿童，纳入孤儿保障体系，按照相关标准发放孤儿基本生活费。"

② 合川区对家庭特别困难的见义勇为人员陈大富给予爱心帮扶，累计拨款 2 万元。为王力新、陈文礼、宋胜柏分别争取全国助力见义勇为英模脱贫解困资金 2 万元。

③ 荣昌区对予两名生活困难的见义勇为人员发放 1.5 万元进行救助。

④ 九龙坡区将见义勇为英模陈文胜的女儿列为脱贫解困对象，并提供入学资助 3 万元。

⑤ 璧山区考虑到因见义勇为牺牲的罗章忠的妻子年事已高，生活困难，申报罗章忠的妻子为 2017 年见义勇为英模脱贫解困对象。

中提到："只有对社会成员的基本权利予以切实保证，才能够从最起码的意义上体现出对个体缔结社会的基本贡献和对人的种族尊严的肯定；才能够从最本质的意义上实现发展的宗旨，亦即以人为本位的发展的基本理念；才能从最实效的意义上为社会的正常运转确立起必要。"① 保障每一个公民在社会中过上有尊严的生活是国家义不容辞的责任。一来，倘若人员因为见义勇为行为牺牲了自己曾经在基本保障线以上的体面生活；二来，假使人员虽原本处于不济的境地，但是冒险而为的见义勇为行为也没有带来丝毫好的转变。那么，国家的扶贫济困政策将沦为苍白口号，鼓励见义勇为的效果也将大打折扣。正如葛某某诉哈尔滨市道外区人民政府一案中，葛某某因协助公安民警抓捕歹徒的过程中被枪击致残，属于见义勇为行为，负伤后就补偿生活费、困难补助费与政府之间形成行政纠纷。由此可见，未妥善处理对见义勇为人员的保障问题，无疑对见义勇为的倡议以及政府的公信力造成了极大的负面影响。② 所以，在健全见义勇为法规的过程中，社会保障制度的跟进至关重要，应当带动各方力量加入到见义勇为保护的队列中来，从而建立起一整套见义勇为的法律和社会保护体系③。

二 见义勇为人员生活保障具体内容

第一，优先纳入低保范围。最低生活保障，是指国家对家庭人均收入低于当地政府公告的最低生活标准的人口给予一定现金资助，以保证该家庭成员基本生活所需的社会保障制度。在考察见义勇为人员及家庭是否符合低保条件时，应当注意关于其家庭收入的计算方式。根据《国务院办公厅转发民政部等部门关于加强见义勇为人员权益保护意见的通知》，优抚对象领取的各类抚恤金、补助费不计入家庭收入的范畴。故本条第一款的后半部分对计算见义勇为人员的家庭收入作出了排除性的规定，排除因见义勇为所享受的抚恤金、补助金以及奖金。

第二，规定了专项救助与临时救助的保障方式。这旨在为存在困难的见义勇为人员及家庭，提供及时、有效的救助。关于临时救助，国务院印

---

① 吴忠民：《公正新论》，《中国社会科学》2000 年第 4 期。

② 参见黑龙江省高级人民法院行政裁定书，〔2018〕黑行终 30 号。

③ 张素凤、赵琰琳：《见义勇为的认定与保障机制》，《法学杂志》2010 年第 3 期。

发《关于全面建立临时救助制度的通知》，部署进一步发挥社会救助托底线、救急难作用，解决城乡困难群众突发性、紧迫性、临时性生活困难。当见义勇为人员及其家庭因特殊原因导致生活陷入困境，其他社会救助暂时无法覆盖或救助之后基本生活仍有严重困难时，临时救助能够帮助其应急和过渡。关于专项救助，包括医疗救助、住房救助等不同专门领域内的救助。若见义勇为人员的医疗、住房等基本生存需求无法满足时，专项补助将对其施以援手。

第三，规定了对特困人员保障与孤儿保障。根据民政部印发的《特困人员认定办法》，特困人员保障是指国家对无劳动能力、无生活来源且无法定赡养、抚养、扶养义务人，或者其法定赡养、抚养、扶养义务人无赡养、抚养、扶养能力的老年人、残疾人以及未满 16 周岁的未成年人，给予特困人员供养。秉持"应救尽救，应养尽养"的原则，对待符合条件的见义勇为特困人员自然也应当纳入该保障体系之中。另外，《国务院办公厅关于加强孤儿保障工作的意见》指出，要加强对孤儿保障工作的领导，健全"政府主导，民政牵头，部门协作，社会参与"的孤儿保障工作机制，及时研究解决孤儿保障工作中存在的实际困难和问题。人员因见义勇为而牺牲之后，其家庭可能由此陷入经济困难的状态，甚至导致其原本抚养的近亲属老无所依、幼无所靠。所以，对其近亲属有必要提供生活来源，对其遗留下来的孤儿通过孤儿保障体系进行保障。

另外，还应当注意的是，几种保障制度之间的关系。考虑到目前的实际情况，特困人员的供养水平高于低保的供养水平，而孤儿的基本生活保障水平要高于特困人员救助供养水平。① 对于已经纳入了特困人员救助供

---

① 《国务院关于进一步健全特困人员救助供养制度的意见》："特困人员救助供养标准包括基本生活标准和照料护理标准。基本生活标准应当满足特困人员基本生活所需。照料护理标准应当根据特困人员生活自理能力和服务需求分类制定，体现差异性。特困人员救助供养标准由省、自治区、直辖市或者设区的市级人民政府综合考虑地区、城乡差异等因素确定、公布，并根据当地经济社会发展水平和物价变化情况适时调整。民政部、财政部要加强对特困人员救助供养标准制定工作的指导。"《重庆市民政局重庆市财政局关于提高城乡低保等社会救助保障标准的通知》"一、提高城乡低保标准。全市城市居民最低生活保障标准提高到每人每月 636 元，农村居民最低生活保障标准提高到每人每月 515 元。二、提高特困人员救助供养标准。全市特困人员基本生活标准提高到每人每月 827 元。"

养范围的，不得再享受最低生活保障。已经纳入孤儿基本生活保障政策的就不再享受特困人员救助供养政策。

第三十五条【法律援助、司法救助】

因主张见义勇为产生的民事权益申请法律援助的，法律援助机构应当依法及时提供援助。

见义勇为人员交纳诉讼费用确有困难，向人民法院申请缓交、减交、免交诉讼费用的，人民法院应当依法准予缓交、减交、免交诉讼费用。

【说明】

本条规定的是见义勇为人员享有的法律援助和司法救助保障。见义勇为人员在事后若产生行政纠纷、民事纠纷或者刑事纠纷，法律援助就成为其维护自身合法权益的必要手段之一。当前，我国各省大都形成对见义勇为人员提供法律援助和司法救助的共识，相应部门依职权或依申请提供法律援助和司法救助。为见义勇为人员增设获取法律援助和司法救助的规定，符合"保护弱者"的法理要求，更是鼓励人员见义勇为的重要激励机制。

【理由】

其一，从增设法律援助和司法救助的必要性来看，相关人员在见义勇为之后可能产生一系列问题。一方面是见义勇后产生的民事纠纷、刑事纠纷，例如见义勇为人员因见义勇为行为导致第三人财产损害所面临的民事赔偿问题，或者见义勇为导致他人人身伤亡时所面临的行为是否过当的争议问题。另一方面，人员见义勇为后本人及其家属对政府及相关部门的行政奖励、抚恤、救助、保护等不服所形成的行政纠纷也需要提供法律援助和司法救助。况且，同时对于因见义勇为牺牲或者致残的人，即使被评为见义勇为英雄，其基本生活也仍然可能无法获得保障，故应当对需要法律援助的见义勇为人员及其近亲属提供法律援助，以帮助其获得其应得的权利。法律援助和司法救助是人员合法权益受侵时寻求救济的重要保障措施，也是保护弱势群体的社会公益事业。一方面，当见义勇为人员的合法权益遭受侵害，则明显处于弱者地位，本应当提供法律援助和司法救助的便利；另一方面，见义勇为人员是基于义举而遭遇权益受侵害，为其提供法律援助和司法救助更是彰显公平的应有之义。

其二，就法律援助的立法现状而言，重庆①、广东②、海南③、南京④等多个省市地区大都设置了为见义勇为人员提供法律援助的规定。针对见义勇为人员的法律援助保障主要分为两种类型：一种是因为见义勇为行为引起的与他人之间的民事纠纷、刑事纠纷而需要法律援助；另一种是针对见义勇为之后与行政机关产生的行政纠纷而需要法律援助。在统计的各省的条例中，绝大多数省市规定了需要当事人或近亲属进行申请后才能提供法律援助，有些地区还规定了见义勇为人员申请法律援助的必须要符合法律援助的相关规定才能进行申请，如《天津市见义勇为人员奖励和保护条例》第二十四条⑤，《安徽省见义勇为人员奖励和保护条例》第三十条⑥对民事诉讼、权益保障的诉讼进行了分别规定。此外，为见义勇为人员提供司法救助符合上位法的规定，国务院《诉讼费用交纳办法》第四

---

① 《重庆市见义勇为人员奖励和保护条例》（重庆市人民代表大会常务委员会公告［5届］第127号，2021年3月31日）第三十一条第一款："因主张见义勇为产生的民事权益申请法律援助的，法律援助机构应当依法及时提供援助。见义勇为人员交纳诉讼费用确有困难，向人民法院申请缓交、减交、免交诉讼费用的，人民法院应当依法准予缓交、减交、免交诉讼费用。"

② 《广东省见义勇为人员奖励和保障条例》（广东省第十三届人民代表大会常务委员会公告第66号，2020年9月29日）第二十九条第二款："见义勇为人员及其近亲属因见义勇为行为产生民事权益纠纷请求法律援助的，法律援助机构应当及时提供援助。"

③ 《海南省见义勇为人员奖励和保障规定》（海南省人民代表大会常务委员会公告第73号，2020年12月2日）第二十九条："见义勇为人员或其亲属因见义勇为遭受人身损害或者财产损失请求法律援助的，法律援助机构应当及时提供援助。"

④ 《南京市奖励和保护见义勇为人员条例》（南京市人民代表大会常务委员会公告第36号，2016年9月30日）第三十四条第一款："见义勇为人员及其近亲属因见义勇为遭受人身损害或者财产损失申请法律援助的，法律援助机构应当依法提供法律援助。"

⑤ 《天津市见义勇为人员奖励和保护条例》（天津市人民代表大会常务委员会公告第73号，2017年11月28日）第二十四条："法律援助机构对见义勇为人员及其家属因见义勇为引起的民事权益纠纷，符合法律援助条件的，应当及时安排法律援助。"

⑥ 《安徽省见义勇为人员奖励和保护条例》（安徽省人民代表大会常务委员会公告第34号，2011年4月28日）第三十条："见义勇为人员及其亲属因其见义勇为遭受人身损害或者财产损失请求法律援助的，法律援助机构应当及时提供援助。"第三十二条："合法权益未依照本条例的规定得到保护的见义勇为人员或者其近亲属，可以依法申请行政复议或者提起行政诉讼。"

十五条规定，因见义勇为或者为保护社会公共利益致使自身合法权益受到损害，本人或者近亲属请求赔偿或补偿的，可以向法院申请司法救助，人民法院应当准予免交诉讼费用。① 重庆在立法中也规定了向法院申请司法救助的，应当准予缓交、减交、免交相关费用②。

　　在适用本条时应当注意的是，首先，这里可以申请法律援助的人员一定是已经相关见义勇为确认机构核实确认为见义勇为的人员，而并非尚未确定或对确定与否有争议的人员；其次，通常情况下，申请法律援助的申请人应当符合经济困难的条件，因此必须出具经济困难的证明，而在此处已经确认为见义勇为的人员则无须满足经济困难的条件，无须出具经济困难的证明；最后，见义勇为人员既可以就民事诉讼申请法律援助，也可以就刑事诉讼申请法律援助。

　　综上，对见义勇为人员提供法律援助和司法救助的规定，于法于理均有据可依。当前，我国关于见义勇为的制度体系中缺少为见义勇为人员提供法律援助和司法救助的法规设计，而见义勇为后发生纠纷的大量实际情况的确存在，本条无疑完善了见义勇为整体保障机制，也向保护弱者、维护正义迈进一步。

第三十六条 【公益诉讼】

　　对侵害见义勇为人员姓名、肖像、名誉、荣誉的行为，见义勇为人员的近亲属可以向人民法院提起诉讼。没有近亲属或者近亲属不提起诉讼的，人民检察院可以对侵害见义勇为人员的姓名、肖像、名誉、荣誉且损害社会公共利益的行为提起公益诉讼。

【说明】

　　本条所规定的内容是"保护见义勇为英雄的公益诉讼"制度。见义

---

　　① 《诉讼费用交纳办法》（国务院令第 481 号，2006 年 12 月 8 日）第四十五条第四项："当事人申请司法救助，符合下列情形之一的，人民法院应当准予免交诉讼费用：（四）因见义勇为或者为保护社会公共利益致使自身合法权益受到损害，本人或者其近亲属请求赔偿或者补偿的。"

　　② 《重庆市见义勇为人员奖励和保护条例》（重庆市人民代表大会常务委员会公告［5届］第 127 号，2021 年 3 月 31 日）第三十一条第二款："见义勇为人员交纳诉讼费用确有困难，向人民法院申请缓交、减交、免交诉讼费用的，人民法院应当依法准予缓交、减交、免交诉讼费用。"

勇为人员符合对国家、民众英雄的评价，本条创设性地规定了检察院可以提起公益诉讼以保护见义勇为人员的人格权或人格利益。具体支撑理由包括既有立法的铺垫、减低见义勇为人员的维权成本、公益诉讼的本身要求等方面。

【理由】

其一，该条与我国《民法典》所倡的保护英雄烈士的精神相一致，以公益诉讼的方式保障见义勇为人员的人格权或者人格利益。根据我国《民法典》第一百八十五条规定①，侵害对象为"英雄烈士等"，而在本条中所述"见义勇为人员"符合民众对于英雄的定义与期待，而我国《英雄烈士保护法》第二十五条对此也有相应规定②，故本条规定保护见义勇为英雄的公益诉讼制度并无不妥。

其二，通过公益诉讼的方式有助于见义勇为人员降低维护自身合法权益的成本。见义勇为人员的姓名、肖像、名誉及荣誉遭受侵害时维权不易，可能为此付出高昂的维权成本。而本应受表彰的见义勇为人员却为此而陷入孤立无援之境，无异于给见义勇为人员的热情与积极性予以沉重的打击。故此，本条规定检察院以公益诉讼的方式维护见义勇为人员的姓名、肖像、名誉以及荣誉，可使得见义勇为人员免受讼累之虞。

其三，公益诉讼表明了国家对保护见义勇为人员，维护社会公共利益的决心，有助于推动全社会兴起尊重英雄、崇敬英雄的良好风尚。除了见义勇为人员的人格权或者人格利益受侵害以外，本条规定检察院提起公益诉讼的另一个前提是社会公共利益遭受损害。而通常提起公益诉

---

① 《民法典》第一百八十五条："侵害英雄烈士等的姓名、肖像、名誉、荣誉，损害社会公共利益的，应当承担民事责任。"

② 《英雄烈士保护法》（中华人民共和国主席令第5号，2018年5月1日）第二十五条："对侵害英雄烈士的姓名、肖像、名誉、荣誉的行为，英雄烈士的近亲属可以依法向人民法院提起诉讼。英雄烈士没有近亲属或者近亲属不提起诉讼的，检察机关依法对侵害英雄烈士的姓名、肖像、名誉、荣誉，损害社会公共利益的行为向人民法院提起诉讼。负责英雄烈士保护工作的部门和其他有关部门在履行职责过程中发现第一款规定的行为，需要检察机关提起诉讼的，应当向检察机关报告。英雄烈士近亲属依照第一款规定提起诉讼的，法律援助机构应当依法提供法律援助服务。"

讼缘起于公益受侵，所以本条作此规定也被公益诉讼本身的内涵所包含允许。

综上所述，对见义勇为人员的公益诉讼保护是在现有立法的基础上，结合实践情况所做的一次创造性尝试。从物质层面上，此举将极大减轻见义勇为人员的维权负担。而从精神层面上，此举对于促进社会尊崇见义勇为义举、扬善抑恶，弘扬社会主义核心价值观意义重大。

第三十七条【保障人身财产安全】

因见义勇为导致人身、财产安全受到威胁、侵害，见义勇为人员及其近亲属请求保护的，公安等有关部门和单位应当采取有效措施予以保护。

【说明】

本条规定的内容为"保障见义勇为人员及其近亲属人身财产安全"，在本条规定中明确了提供人身财产安全保障的主体为公安部门和有关单位，以及将见义勇为人员的保护范围扩大到其近亲属。

【理由】

从学理上考虑，见义勇为是一项利他行为，其动机是为了避免或者减少损失。如果缺少对见义勇为人员人身财产方面的保障，即间接否定了见义勇为的行为。倘若见义勇为人员及其近亲属因而遭到人身和财产方面的损失时，则违背了基本法理"人不能有因为做好事而受到惩罚"[1]。从条文性质进行考察，该条为注意规定，旨在提示执法者对见义勇为人员及其近亲属加以保护，而非创设新的权利义务安排。普通人员在遭受威胁时，各级公安机关及其他单位尚且应当采取保护措施，更何况实施了见义勇为行为的人员。从主体要求的角度来看，当见义勇为人员作出特别牺牲之后，保障其合法权益是政府不可推卸的责任。况且，在现代社会只有政府才有足够的力量进行全面保障。[2] 即政府应当对见义勇为人员及其近亲属的人身财产安全买单。

---

① 邝少明：《法律视野下的见义勇为——基于立法进行补偿和奖励的角度》，《广东行政学院学报》2014 年第 6 期。

② 秦小建、陈健夫：《见义勇为人员合法权益的法律保障与补偿机制》，《重庆社会科学》2012 年第 4 期。

从提供保护的性质来看，除了江西①、福建②、新疆③将对见义勇为人员的保护定性为依申请而被动提供，其余各省市大都采取主动保护主义，公安机关直接依职权保护见义勇为人员而无须申请。

从增设因果关系前提的必要性上看，对见义勇为人员的人身财产保护的规定不必再作因果关系的限定。在对 18 个省份的相关立法实践进行统计之后，可以发现虽然共计 13 个省份的立法实践中，规定了必须是遭受基于见义勇为行为而导致的危险才予以国家保护，例如武汉④。但另外，包括辽宁、江西在内的 6 个省份却并未对此作出规定。是否增设因果关系这一条件作为人身财产安全保障的前提并不实质影响规范的效力，为了避免立法过于冗杂，无须设置该限定条件。

综上所述，围绕保障人身财产安全的主体要求、提供保护的自动性与否、增设因果关系前提的必要性、从扩大保护范围的必要性对本条文的逻辑结构展开论证，加之法理解剖与性质分析相佐证，对本条予以规定。

第三十八条 【见义勇为责任豁免】

见义勇为人员实施紧急救助造成受助人损害的，依法不承担民事责任。

---

① 《江西省见义勇为人员奖励和保障办法》（江西省人民政府令第 175 号，2009 年 12 月 11 日）第二十条："见义勇为人员及其近亲属因见义勇为致使人身、财产安全受到威胁而申请保护的，公安机关和其他有关单位应当予以保护。对见义勇为人员进行打击报复的，公安、监察等有关机关应当及时依法处理。"

② 《福建省奖励和保护见义勇为人员条例》（福建省第十一届人民代表大会常务委员会第二十五次会议通过，2011 年 7 月 29 日）第二十五条："见义勇为人员及其近亲属因见义勇为受到诬陷、报复，人身、财产安全受到威胁，要求保护的，公安机关等有关部门应当采取有效措施予以保护。"

③ 《新疆维吾尔自治区见义勇为人员奖励和保护办法》（新疆维吾尔自治区人民政府令第 175 号，2012 年 2 月 10 日）第二十五条："见义勇为人员或者其近亲属因实施见义勇为行为受到诬告、陷害、打击报复，或者人身、财产安全受到威胁，请求有关行政主管部门依法保护其合法权益的，有关行政主管部门应当依法采取有效措施予以保护。"

④ 《武汉市见义勇为人员奖励和保护条例》（武汉市人民代表大会常务委员会公告［14 届］第 29 号，2019 年 8 月 14 日）第十九条："司法机关和有关部门对见义勇为人员及其近亲属因受到威胁而申请保护其人身、财产安全的，应当及时采取措施依法予以保护；对恐吓、侮辱、歧视、殴打、诬告、陷害、报复见义勇为人员及其近亲属的违法行为，应当依法及时处理。"

【说明】

本条规定内容为"见义勇为人员的责任豁免"。根据我国《民法典》的规定，见义勇为人员在救助过程中造成受助人损失的应当免于承担民事责任。结合我国各省市的具体规定以及借鉴国外做法，规定"责任豁免"条款，以更全面的实现见义勇为救济。

【理由】

其一，对致使受助人损害的见义勇为人员予以责任豁免与现行立法精神相契合。《民法典》第一百八十四条规定："因自愿实施救助行为造成受助人损害的，救助人不承担民事责任。"该条规定经历三度修改，直至表决稿，不再区分是否构成"重大过失"。全国人大法律委员会表示，该条旨在免除见义勇为人员的后顾之忧，倡导培育见义勇为、乐于助人的良好社会风尚。课题组认为在对见义勇为进行立法中应当贯彻《民法典》的立法精神，对见义勇为人员致受助人损害的责任予以免除，以实现立法体系的统一。

其二，对见义勇为人员的行为要求不可过高是现实层面的需求。见义勇为事件通常发生在紧急情况或意外事件中，见义勇为人员仅靠道德驱使的本能挺身而出，并不具备深思熟虑的条件，难以在极短的时间内选择出最佳救助手段。因此，见义勇为救助行为客观上确有导致受助人或加害人损害的可能性。若对见义勇为人员课以过高的行为要求，民众势必有所顾虑，慑于不确定的行为后果而选择放弃救助。如此一来，鼓励见义勇为的社会风气必将深受打击。

其三，设置豁免条款是对国外立法经验的有益借鉴。对比域外立法经验，我国不同于澳大利亚①、法国②等国，并未将见义勇为规定为一项法律义务并附以相应惩罚性制度。因而，我国的见义勇为系完全基于高尚道德取向做出，更值得钦佩与保护。美国各州普遍实行一项法律救济制度，给予见义勇为者相应的"民事豁免"，通常称为《好撒玛利亚人法》。例

---

① 《澳大利亚刑法》第一百五十五条规定："任何人如果能够向迫切需要的人提供任何形式的救援、复苏、医疗、急救或救助，且不提供，其生命可能会受到威胁。那么不提供，就构成了犯罪，可判处7年徒刑。"

② 《法国刑法》第一条规定："任何人如果本可以在没有风险的情况下通过亲自行动或呼吁援助向他或她本人或他人提供援助，却故意不向处于危险中的人提供援助，可处最高五年监禁和罚款。"

如，缅因州好撒玛利亚法案①规定："尽管任何公共或私法和特别法的规定不一致，但任何人在自愿地且不期望受助人或受助人给予金钱或其他赔偿的情况下，向昏迷、生病、受伤或需要救援的人提供急救、紧急治疗或救援援助，对过程中该人遭受的伤害不承担损害赔偿责任。但如证明该等伤害或死亡是由该人故意、肆意或罔顾后果或严重疏忽造成的，则属例外。"南达科他州②也有类似规定："任何人如真诚地在意外或紧急情况发生时向受害人提供紧急护理，则该人无须对其在作出紧急护理时的作为或不作为、没有采取行动或没有安排进一步的治疗而造成的人身伤害承担民事损害赔偿责任。但构成严重疏忽、故意或肆意的不当行为除外。"

然而，我国法律层面的见义勇为人员与西方国家的"好撒玛利亚人"存在一定差异。见义勇为人员经一系列程序认定，基本排除"故意造成受助人或加害人损害"的情况。对于"重大过失"是否应当豁免，上述调查问卷的数据有据可循，有73.8%的民众选择应当豁免，系民心所向。因此，豁免条款无须将"故意或重大过失"设置为例外。

其四，豁免条款为全国各省、市立法之缺失。在全国五十多个省市的相关文件中，仅有重庆、广东与天津设置了责任豁免条款。其中，重庆③规定在2021年7月实施的《重庆市见义勇为人员奖励和保护条例》规定："见义勇为人员实施紧急救助造成受助人损害的，依法不承担民事责任。"天津④在2018年1月实施的《天津市见义勇为人员奖励和保护条例》中针对受助人的损害规定："见义勇为人员实施紧急救助造成受助人损害的，见义

---

① Maine Good Samaritan Act，http：//cprinstructor. com/ME-GS. htm.

② South Dakota Good Samaritan Act，http：//www. cprinstructor.com/SC-GS. htm。

③ 《重庆市见义勇为人员奖励和保护条例》（重庆市人民代表大会常务委员会公告［5届］第127号，2021年3月31日）第三十三条："见义勇为人员实施紧急救助造成受助人损害的，依法不承担民事责任。"

④ 《天津市见义勇为人员奖励和保护条例》（天津市人民代表大会常务委员会公告第73号，2017年11月28日）第二十五条："见义勇为人员实施紧急救助造成受助人损害的，见义勇为人员依法不承担民事责任。见义勇为人员受到损害，法律规定加害人、责任人或者受益人应当承担赔偿或者补偿责任的，加害人、责任人或者受益人依法承担相应的责任。"

勇为人员依法不承担民事责任。"而广东①的豁免范围更大，其在 2013 年 1 月开始实施的《广东省见义勇为人员奖励和保障条例》中规定："因见义勇为造成他人财产损失，依法应当承担赔偿责任的，由见义勇为专项经费给予适当的经济补助。"上述省市率先将见义勇为致人损害的责任纳入救济制度，予以豁免，不仅具有开创性与前瞻性，更是为全国性立法提供了有益借鉴。

其五，见义勇为人员的责任豁免为民众所高度认可。课题组在重庆市民众的见义勇为观调查问卷中针对是否应当豁免设置了相关问题。据统计结果显示，在 767 位受访者中，除 59% 的受访者持观望态度外，30% 的受访者认为见义勇为人员不应当赔偿被救助者的损失，11% 的受访者认为应当赔偿。可以表明：第一，民众对此问题内心没有完全确信的答案；第二，不应当赔偿的观点相对占主流。

此外，根据豁免事由比例的统计结果可知：第一，如果见义勇为造成的是财产损失，则可以豁免（该事由占比 76.8%）；第二，故意造成的损失不得豁免（仅占比 6.1%）；第三，重大过失可豁免（占比 73.8%），但重大过失的认定应考虑见义勇为者的职业，比如医生重大过失时仅有 20.3% 的受访者认为可以豁免，普通人重大过失时则有 53.5% 认为可以豁免，显然民众认为医生实施见义勇为的责任豁免的标准更高；第四，收取报酬的不得豁免（仅占比 16.0%）。综合观之，民众对见义勇为人员的责任豁免认可度极高。

综上所述，豁免见义勇为人员造成受助人损害的赔偿责任系鼓励见义勇为应有之义。因此，课题组认为应当规定豁免条款，给予见义勇为人员更深层次的救济保障。

第三十九条【见义勇为造成第三人损失】

因见义勇为造成第三人人身伤害或者财产损失的，由见义勇为基金依法给予适当经济补助。

【说明】

本条规定内容为"造成第三人损失的救济"。对见义勇为人员因救助

---

① 《广东省见义勇为人员奖励和保障条例》（广东省第十三届人民代表大会常务委员会公告第 66 号，2020 年 9 月 29 日）第二十九条："因见义勇为造成他人财产损失，依法应当承担赔偿责任的，由见义勇为专项经费给予适当的经济补助。见义勇为人员及其近亲属因见义勇为行为产生民事权益纠纷请求法律援助的，法律援助机构应当及时提供援助。"

造成第三人损失的责任予以豁免，在救济见义勇为人员的同时，充分落实赔偿责任，以实现最大限度的利益平衡。

【理由】

其一，在权衡豁免条款时，必须考虑现实情况。"见义勇为"与"见义智为"在本质上存在一定区别，见义智为者，必然有其勇敢精神，而见义勇为者，即使有一定的救助能力与救助智慧，也不必然能够在极短时间内予以发挥，其价值更多地体现在危难时刻舍己为人的勇气。如果非要以"智为者"的标准要求"勇为者"，那么在很多情况下，民众将顾虑于自身能力的不足，而只能选择见死不救。并且，"需有多大的把握才可以为"这一形势判断，对普通民众的要求过于苛刻。在面对危险时，有勇气伸出援手帮助他人已属不易，若还苛求施救者要以最小的成本完成救助，未免过于吹毛求疵。

再回到见义勇为行为本身，其价值不仅仅在于维护了国家、集体或他人的利益，更多地体现在社会意义上。践行见义勇为有利于继承传统美德、弘扬社会正气、推动全社会营造和谐互助的良好氛围。因而，在评价见义勇为行为时，不应单纯地将实际结果作为评判标准，即使救助行为对他人造成了损害，亦不足以否定见义勇为行为存在的重大价值。

其二，无辜第三人的救济应当为见义勇为保障所承担。造成第三人损失不同于第三十八条中造成受助人损失，第三人系见义勇为事件之外的无辜主体，见义勇为救助行为对第三人造成损害，理应在立法框架内予以救济，避免见义勇为行为产生不必要的消极影响。因此，本条在豁免见义勇为人员的责任的同时，规定由见义勇为基金给予适当的经济补助。一方面，明确为第三人的损失提供了救济；另一方面，再次彰显了政府对见义勇为人员提供全面保障的立法立场。

其三，立法缺失应当予以填补。纵观各省市，仅重庆①、广东②因见

---

① 《重庆市见义勇为人员奖励和保护条例》（重庆市人民代表大会常务委员会公告［5届］第127号，2021年3月31日）第三十四条："因见义勇为造成第三人人身伤害或者财产损失的，由见义勇为基金依法给予适当经济补助。"

② 《广东省见义勇为人员奖励和保障条例》（广东省第十三届人民代表大会常务委员会公告第66号，2020年9月29日）第二十九条："因见义勇为造成他人财产损失，依法应当承担赔偿责任的，由见义勇为专项经费给予适当的经济补助。见义勇为人员及其近亲属因见义勇为行为产生民事权益纠纷请求法律援助的，法律援助机构应当及时提供援助。"

义勇为造成他人财产损失，依法应当承担赔偿责任的，由见义勇为专项经费给予适当的经济补助。虽全国范围内目前只有重庆、广东的条例对第三人损失情况下的救济予以规定，但足以提供借鉴。

其四，设置豁免条款可为现实问题的解决提供依据。课题组调研针对见义勇为人员的责任豁免展开了深入讨论。其中，见义勇为嘉奖获得者赵同志以及杨律师都曾提到关于见义勇为造成的损害的责任问题，他们一致认为，如果见义勇为造成了损害仍需进行赔偿，必会造成"英雄流血又流泪"的情形，如果在条例中对责任进行明确的豁免，则可在极大程度上鼓励人员进行见义勇为。

其五，据重庆各区县调研报告内容反馈，对见义勇为人员的责任豁免仍为大部分区县所忽略。其中，万盛经济开发区对此提出了建议，表示如果法律法规没有对人员实施见义勇为行为过程中造成他人人身、财产受损的赔偿问题的处理作出有利于传递社会正能量的明确规定，基层难以妥善处理。为引导更多人员支持、参与见义勇为工作，有效传递社会正能量，避免"英雄流血又流泪"类似问题的发生，建议规定：对人员因实施见义勇为造成他人人身伤害、财产损失，依法应当承担赔偿责任的，由见义勇为专项经费给予适当的经济补助。见义勇为人员及其近亲属因见义勇为行为产生民事权益纠纷请求法律援助的，法律援助机构应当及时提供援助。可见，基层工作中确实存在问题，需要相应规定予以回应。

综上所述，对见义勇为致第三人损害的责任予以豁免，并对产生的损害进行救济，是从另一层面实现对见义勇为人员的保护，尤为必要。此举不仅为弥补全国范围内多地立法实践缺失的趋势使然，更是实现公平正义的必然要求，填补漏洞和提升效率的必然选择。

第六章　法律责任

第四十条【相关机构及其工作人员的责任】

有关单位及其工作人员有下列情形之一的，对主管人员及直接责任人员依法予以处分；构成犯罪的，依法追究刑事责任：

（一）在见义勇为认定、奖励和保护等工作中滥用职权、玩忽职守、徇私舞弊的；

（二）贪污、侵占或者挪用见义勇为人员奖励保护经费或者见义勇为基金的；

（三）其他侵害见义勇为人员及其近亲属合法权益的行为。

【说明】

本条是见义勇为工作相关单位及其工作人员的责任条款。课题组在参照其他省市相关规定的基础上添加了上述责任的表述。条文主要涉及两个方面的内容。一方面，宏观层面采用"义务责任分列"模式；另一方面，微观层面明确了责任成立的构成要件与责任承担方式。关于责任成立的构成要件，条文规定了三种情况：一是有关单位及其工作人员在见义勇为认定、奖励和保护等工作中滥用职权、玩忽职守、徇私舞弊；二是有关单位及其工作人员贪污、侵占或者挪用见义勇为人员奖励保护经费或者见义勇为基金；三是兜底条款。关于责任承担方式，条文采用了基本责任与刑事责任的递进责任模式，一是将基本责任规定为政务处分；二是当有关行为构成犯罪的，依法追究刑事责任。

【理由】

一 条文的规范意义

课题组经调研了解到，重庆市巫溪县综治办同志反映立法对法律责任承担问题，尤其是国家责任问题的规定相当模糊，具体表现在国家对应否承担法律责任以及承担何种法律责任的问题存在规定不清之处。同时，课题组了解到，重庆秀山、合川、城口、大足、梁平、南岸、巫溪等七个区县综治办同志均提出要将见义勇为的相关工作纳入县、乡级政府和有关职能部门的社会治安综合治理目标考核之中，这反映出对见义勇为工作设置相应的责任条款，具有现实必要。

课题组认为，在鼓励见义勇为行为的宏观背景下，除了要依靠行政机关内部的社会治安综合治理目标考核体系以外，还应当从立法层面来规制与见义勇为各项工作有关的国家机关及其工作人员的职权职责，并就履行职权职责的情况负担一定后果。一方面，通过以"权利义务责任"为导向的制度设计落实"公平、公正、公开、及时"等原则①，切实保障见义勇为各项工作的有序有效开展。另一方面，遵循"有责要担当、失责必追究"的执政理念与行政理念，通过问责机制来保障见义勇为公民及其近亲属的合法权益。统观全国，多地的规范性文件均设置有国家机关及其工作人员的责任条款，如广东②、四川③、天津④等省市。

---

① 从中央层面看，公安部《见义勇为人员奖励和保障条例（草案公开征求意见稿）》明确将"公开、公正、及时原则"写入了法条的总则部分，充分说明了中央对于此原则性条款的肯定。地方层面的规范性文件中，如《广东省见义勇为人员奖励和保障条例》（2020 年 9 月 29 日公布）第四条、《陕西省奖励和保护见义勇为人员条例》（2018 年 9 月 28 日公布）第四条、《四川省保护和奖励见义勇为条例》（2021 年 5 月 28 日公布）第六条、《内蒙古自治区见义勇为人员奖励和保护条例》（2001 年 11 月 21 日公布）第四条等。"公开原则"的落实体现为对于见义勇为人员公开奖励和公开宣传。如《福建省奖励和保护见义勇为人员条例》（2011 年 7 月 29 日公布）第十一条、《深圳经济特区奖励和保护见义勇为人员条例》（2019 年 11 月 13 日公布）第十五条、《天津市见义勇为人员奖励和保护条例》（2017 年 11 月 28 日公布）第十四条。再如《安徽省见义勇为人员奖励和保护条例》（2011 年 4 月 28 日公布）第六条、《云南省奖励和保护见义勇为人员条例》（2021 年 5 月 28 日公布）第六条等要求当地文化、广播电视、新闻出版等行政部门对见义勇为行为公开进行报道。"公正原则"的落实体现为对救济途径的规定。如《安徽省见义勇为人员奖励和保护条例》（2011 年 4 月 28 日公布）第三十二条规定"合法权益未依照本条例的规定得到保护的见义勇为人员或者其近亲属，可以依法申请行政复议或者提起行政诉讼"。"及时原则"的落实体现为对见义勇为人员及其近亲属及时保护、及时援助和对负伤的见义勇为人员及时救治。如《天津市见义勇为人员奖励和保护条例》（2017 年 11 月 28 日公布）第二十三条、第二十四条，以及《广东省见义勇为人员奖励和保障条例》（2020 年 9 月 29 日公布）第十八条、《海南省见义勇为人员奖励和保障规定》（2020 年 12 月 2 日公布）第二十条。

② 《广东省见义勇为人员奖励和保障条例》（2020 年 9 月 29 日公布）第三十条："各级人民政府、有关主管部门及其工作人员违反本条例规定，有下列行为之一的，由有关机关责令改正；情节严重的，对主管人员和其他直接责任人员依法给予处分；构成犯罪的，依法追究刑事责任：（一）贪污、挪用、截留、私分见义勇为专项经费的；（二）不按规定发放见义勇为人员奖金、抚恤金或者落实待遇的；（三）有其他滥用职权、玩忽职守、徇私舞弊行为的。"

③ 《四川省保护和奖励见义勇为条例》（2021 年 5 月 28 日公布）第二十八条："对见义勇为负有确认、保护、奖励职责的国家机关工作人员，贪污、挪用见义勇为保护奖励基金，或者滥用职权、玩忽职守、徇私枉法的，由有关部门依法给予处分；触犯刑律的，由司法机关依法追究刑事责任。"

④ 《天津市见义勇为人员奖励和保护条例》（2017 年 11 月 28 日公布）第三十一条："公安机关及其工作人员违反本条例规定，有下列行为之一的，对直接负责的主管人员和其他直接责任人员依法给予处分；构成犯罪的，依法追究刑事责任：（一）对举荐、自荐见义勇为不及时调查取证的；（二）在见义勇为确认工作中弄虚作假的；（三）泄露见义勇为人员及其家属要求保密的信息的；（四）对人身、财产安全需要保护的见义勇为人员及其家属不依法采取保护措施的；（五）贪污、挪用见义勇为人员奖励和保护经费的。"第三十二条："有关部门、单位及其工作人员违反本条例规定，有下列行为之一的，对直接负责的主管人员和其他直接责任人员予以批评教育；情节严重的，给予处分：（一）对见义勇为负伤人员拒绝、推诿或者拖延救治的；（二）不按照规定为见义勇为人员及其家属办理相关待遇的；（三）不按照规定为见义勇为人员及其家属提供法律援助的；（四）其他侵害见义勇为人员及其家属合法权益的。"

二 义务责任分列模式

关于责任条款的体系位置，全国各省市大致分为两种立法模式。一是"责任紧跟义务"模式，如《洛阳市保护和奖励维护社会治安见义勇为公民条例》（2002 年 11 月 30 日公布）第九条将医疗机构的义务和责任整合为一个条文，在规定医疗机构救治义务后，紧接责任条款保障义务条款的落实。二是"义务责任分列"模式，如《天津市见义勇为公民奖励和保护条例》（2017 年 11 月 28 日公布）先在第十七、第十八条规定义务条款，而后将责任条款置于第三十二条统于第六章"法律责任"部分。

课题组认为，应采"义务责任分列"模式，将二者分别置于各自章节。理由在于，其一，义务条款本质上应属于见义勇为工作制度的重要内容，突出工作的程序性和职责性。而责任条款更突出惩处和矫正目的，将其置于"法律责任"章中更能体现其责任性质。其二，将其置于"法律责任"章中，可以与前述规定的违反各类义务职责的责任后果一并明示，避免条文过于烦琐，使条例文本更为清晰简洁，适用更为便捷。

三 责任成立的构成要件与责任承担方式

理论上，责任条款的设置是为保证见义勇为相关工作有序有效开展。一方面，责任条款应当尽可能全面覆盖见义勇为的行政确认、奖励评定发放、权益保护落实等各个环节。通过明确规定"滥用职权""玩忽职守""徇私舞弊"等违法违纪行为，既能对接《刑法》以及有关政务处分的规定，也能形成完整的逻辑闭环，防止立法漏洞的出现；另一方面，由于见义勇为基金及有关经费是见义勇为人员奖励与保护的物质保障，因此，见义勇为基金及有关经费的安全至关重要。同时，由于见义勇为基金构成源于政府财政、社会慈善捐赠等途径，立法对见义勇为基金的保护，打击贪污、侵占与挪用等违法违纪行为，根本上也关系到社会主义核心价值观的践行，确保了社会慈善目的的顺利实现，彰显了政府公信力。而现实中，因见义勇为工作所引发的纠纷，以及有关人员挪用见义勇为基金的现象确实存在，① 这说明立法

---

① 李伟俏：《见义勇为基金被挪用 勇敢市民身处困境中苦盼奖励基金》，《黑龙江日报》2003 年 4 月 17 日。

设置责任条款具有较强的现实必要性。

当然，为力求责任条款能够全面覆盖违法违纪行为，课题组还建议增加兜底条款形成概括式规定，即增设第（三）项"其他侵害见义勇为人员及其近亲属合法权益的行为"。而第（三）项的规定在现实中仍有必要性。例如，本条例确立了应当及时有效保护见义勇为人员及其家属的义务，并且针对打击报复见义勇为人员及其家属的违法犯罪行为应当予以严惩的立场。但是现实中，完全可能出现相关机构工作人员与违法犯罪分子勾结打击报复见义勇为人员及其家属的情况。工作人员的不作为、乱作为危害更大，社会影响更为恶劣，在立法中必须予以特殊考虑，不容忽视。

尽管全国各省、直辖市、自治区的地方性法规对于有关机关及其工作人员的责任规定存在具体表述差异，但多数均明确规定了见义勇为确认、奖励与保护各个工作环节的责任，大体实现了责任条款的全面覆盖。而责任成立构成要件上，全国共有20个省、直辖市、自治区明确规定了"滥用职权""玩忽职守"与"徇私舞弊"情形，其余省市即便未采用上述表述，但也体现出了上述规范意旨，如福建规定了"不及时确认见义勇为或者确认错误"与"不按规定落实见义勇为人员的待遇以及相关费用"。① 再如天津规定了"对举荐、自荐见义勇为不及时调查取证的"。② 而针对见义勇为基金与有关经费安全的责任条款，全国共有19个省、直辖市、自治区明确规定了"贪污""挪用"与"侵占"的情形。这表明全国各省、直辖市、自治区对于保护见义勇为基金与有关经费安全的重要性取得了较大范围的共识。

责任承担方式应当区分基本责任与加重的刑事责任。其一，体现责罚相适应的现代法治理念。通过区分不同情节，设置基本责任与加重责任，能保证有关违法违纪行为得到妥当的处置，实现法治的形式与实质的统一。其二，体现党和国家对见义勇为工作的重视。通过设置加重的刑事责任，加大了对与见义勇为有关违法违纪行为的打击惩处力度，确保掌握有关职权的单位和个人不敢违法违纪，不愿违法违纪，不能违法违纪，最终保证见义勇为工作

---

① 《福建省奖励和保护见义勇为人员条例》（2011年7月29日发布）。

② 《天津市见义勇为人员奖励和保护条例》，（天津市人民代表大会常务委员会公告第73号，2017年11月28日发布）。

能真正落到实处。其三，体现罪刑法定原则的要求。在满足基本责任构成要件的前提下，追究有关单位和个人违法行为的刑事责任，必须严格依照《刑法》滥用职权罪、玩忽职守罪等规定定罪量刑，这反映出条例作为行政法规对上位法的应有尊重，也体现出国家刑罚权的必要克制。全国各省、直辖市、自治区共有 20 个地方性法规采用了"基本责任+加重责任"的立法模式，其余地区即便未采用上述模式，但也明确规定了基本责任，如安徽省规定了有关部门及其工作人员对见义勇为人员违法违纪行为的政务处分。①

第四十一条 【医疗机构责任】

医疗机构或者医务人员拒绝、推诿或者拖延救治因见义勇为负伤人员的，由卫生健康部门给予处分；构成犯罪的，依法追究刑事责任。

【说明】

本条是医疗机构或者医务人员拒绝、推诿或者拖延救治因见义勇为负伤人员的责任条款。课题组在参照其他省、直辖市、自治区相关规定的基础上添加了上述责任的表述。条文主要涉及两个方面的内容。一方面，构成要件上，责任主体是医疗机构或者医务人员，行为是拒绝、推诿或者拖延救治，对象是因见义勇为负伤的人员。另一方面，责任后果上，条文采用了基本责任与刑事责任的递进责任模式，一是将基本责任规定为行政处分，二是当医疗机构或者医务人员拒绝、推诿或者拖延救治的行为构成犯罪时，依法追究刑事责任。

【理由】

一 条文的规范意义

设置医疗机构或者医务人员的责任条款具有现实意义。面对突发险情时，见义勇为往往具有一定的人身危险，见义勇为人员的生命健康权益应当予以充分保障，而医疗救治无疑是防止、减少见义勇为人员人身权益损害的必要介入手段。如果医疗机构及其医务人员面对负伤的见义勇为人员而无所作为的话，则可能导致见义勇为人员的损失扩大，进而造成恶劣的社会影响。当然，依据《医师法》第二十七条的规定，医师应当对急危患者采取

---

① 《安徽省见义勇为人员奖励和保护条例》（安徽省人民代表大会常务委员会公告第 34 号，2011 年 4 月 28 日发布）第四十条："有关部门及其工作人员对见义勇为人员的待遇以及相关费用不按规定办理的，由县级以上人民政府和有关主管部门责令改正；拒不改正的，依法对直接负责的主管人员和其他直接责任人员给予处分。"

紧急措施进行诊治，不得拒绝急救处置。因而，医疗机构与医务人员拒绝、推诿和拖延救治的行为本身不合法，应当承担相应的责任。本条将医疗机构或者医务人员拒绝、推诿和拖延救治的责任单独规定的意义还在于，一是细化《医师法》的有关责任规定；二是通过设置责任条款，落实本法第二十五条的规定，若不设置相应责任条款，则该条款容易沦为具文；三是体现立法者对见义勇为人员权益的高度重视与充分保障。全国各省、直辖市、自治区共有 20 个地方性法规规定了医疗机构或者医务人员的责任条款，仅北京、广西、湖南、吉林与江苏未作规定。① 这表明，立法规定医疗机构或者医务人员的责任条款已在较大范围取得了共识，且形成了相对成熟的立法经验。

二　责任成立的构成要件

责任主体明确为医疗机构或者医务人员，作为注意规定提示医疗机构及医护人员明确其在见义勇为相关工作中的义务责任。值得说明的是，国内部分省、直辖市、自治区的地方性法规将医疗机构或者医务人员的责任统一规定为"有关部门及人员"，如甘肃、河北、河南、辽宁、山西、陕西、天津、西藏、云南与浙江。② 诚然，上述地方性法规将责任主体统一规定，确也可适用，但是从责任主体明确的角度而言，"有关部门及人

---

① 《北京市见义勇为人员奖励和保护条例》（北京市人民代表大会常务委员会公告第 28 号，2016 年 11 月 25 日发布）；《广西壮族自治区见义勇为人员奖励和保护条例》（广西壮族自治区人大常委会公告第 37 号，2020 年 9 月 22 日发布）；《湖南省见义勇为人员奖励和保护条例》（湖南省第十一届人民代表大会常务委员会公告第 19 号，2009 年 3 月 26 日发布）；《吉林省见义勇为人员奖励和保护条例》（吉林省第十届人民代表大会常务委员会公告第 19 号，2004 年 9 月 25 日发布）；《江苏省奖励和保护见义勇为人员条例》（2018 年 11 月 23 日发布）。

② 《甘肃省奖励和保护见义勇为人员条例》（2007 年 9 月 27 日发布）第二十七条；《河北省奖励和保护见义勇为条例》（河北省第十二届人民代表大会常务委员会公告第 41 号，2014 年 11 月 28 日发布）第三十八条；《河南省见义勇为人员奖励和保障条例》（河南省第十二届人民代表大会常务委员会公告第 82 号，2017 年 12 月 4 日发布）第三十一条；《辽宁省奖励和保护见义勇为人员条例》（辽宁省人民代表大会常务委员会公告第 4 号，2013 年 8 月 2 日发布）第三十六条；《山西省见义勇为人员保护和奖励条例》（2006 年 5 月 26 日发布）第三十条；《陕西省奖励和保护见义勇为人员条例》（2018 年 9 月 28 日发布）第三十四条；《天津市见义勇为人员奖励和保护条例》（天津市人民代表大会常务委员会公告第 73 号，2017 年 11 月 28 日发布）第三十二条；《西藏自治区见义勇为人员表彰奖励和权益保障条例》（西藏自治区人民代表大会常务委员会公告 7 号，2017 年 5 月 26 日发布）第三十九条；《云南省奖励和保护见义勇为人员条例》（云南省人民代表大会常务委员会公告第 53 号，2021 年 5 月 28 日发布）第二十五条；《浙江省见义勇为人员奖励和保障条例》（浙江省第十三届人民代表大会常务委员会公告第 38 号，2020 年 11 月 27 日发布）第二十一条。

员"这一概念外延过于宽泛，在具体适用时须依照条例规范目的和概念语义进行限缩解释，可能造成解释适用时标准的不统一，引发歧义。故而应当从立法源头上对此加以明确，从而根本解决问题。因而课题组建议将责任主体进一步明确为"医疗机构或者医护人员"。

在责任成立条件上予以明确。鉴于见义勇为人员负伤后，其生命健康权益面临损害的紧迫性，医疗机构责任成立的条件应表现为：违反本法规定，医疗机构及其医护人员拒绝、推诿或者拖延抢救见义勇为负伤人员。统观全国各省、直辖市、自治区，共有 20 个地方性法规明确规定了"拒绝、推诿或者拖延救治负伤的见义勇为人员"作为责任成立的条件，如重庆规定"医疗机构或者医务人员拒绝、推诿或者拖延救治因见义勇为负伤人员的，由卫生健康部门给予处分；构成犯罪的，依法追究刑事责任"。再如福建规定"拒绝或者故意拖延救治见义勇为负伤人员的，由县级以上地方人民政府卫生行政部门依法给予处罚"。因此，课题组建议将医疗机构责任成立的条件明确为医疗机构或者医务人员拒绝、推诿或者拖延救治因见义勇为负伤人员。如此既能符合实际，也能满足见义勇为人员的迫切需求，还能兼顾参考国内的通行做法。

三 责任承担方式

考虑到行为危害程度差异而导致责任承担方式的不同，建议区分两类责任承担方式。一种是医疗机构及其工作人员仅违反及时救治义务，由医疗机构的主管部门即卫计部门对其进行行政处分。另一种是因拒绝、拖延或推诿导致出现严重后果，构成犯罪的，应当依法追究刑事责任。[①] 统观

---

① 《刑法》第三百三十五条："医务人员由于严重不负责任，造成就诊人死亡或者严重损害就诊人身体健康的，处三年以下有期徒刑或者拘役。"《最高人民检察院、公安部关于公安机关管辖的刑事案件立案追诉标准的规定（一）》第五十六条将"医疗事故罪"的立案追诉标准规定为：医务人员由于严重不负责任，造成就诊人死亡或者严重损害就诊人身体健康的，应予立案追诉。并且进一步界定"严重不负责任"的情形：（一）擅离职守的；（二）无正当理由拒绝对危急就诊人实行必要的医疗救治的；（三）未经批准擅自开展试验性医疗的；（四）严重违反查对、复核制度的；（五）使用未经批准使用的药品、消毒药剂、医疗器械的；（六）严重违反国家法律法规及有明确规定的诊疗技术规范、常规的；（七）其他严重不负责任的情形。所谓"严重损害就诊人身体健康"，是指造成就诊人严重残疾、重伤、感染艾滋病、病毒性肝炎等难以治愈的疾病或者其他严重损害就诊人身体健康的后果。

国内各省、直辖市、自治区，共有 14 个地方性法规依据情节不同对责任进行了区分规定。如宁夏规定，违反本条例规定，推诿、拒绝或者拖延抢救见义勇为负伤人员的，由其所在单位对直接负责的主管人员和其他直接责任人员给予处分；构成犯罪的，依法追究刑事责任。再如四川规定，医疗机构及其医务人员推诿、拖延或拒绝抢救见义勇为负伤人员造成后果的，依法给予处分；情节严重的，依照有关法律法规的规定予以处罚。

　　此外，尚需说明的是责任承担方式的依据问题。基本责任的依据源于《医师法》第五十五条。该条规定，医师在执业活动中对需要紧急救治的患者，拒绝急救处置，或者由于不负责任延误诊治的，由县级以上人民政府卫生健康主管部门责令改正，给予警告；情节严重的，责令暂停六个月以上一年以下执业活动直至吊销医师执业证书。而加重刑事责任源于《刑法》第三百三十五条医疗事故罪，即医务人员由于严重不负责任，造成就诊人死亡或者严重损害就诊人身体健康的，处三年以下有期徒刑或者拘役。同时，《最高人民检察院、公安部关于公安机关管辖的刑事案件立案追诉标准的规定（一）》第五十六条规定，严重不负责任的情形包括"无正当理由拒绝对危急就诊人实行必要的医疗救治"，而严重损害就诊人身体健康，则是指造成就诊人严重残疾、重伤、感染艾滋病、病毒性肝炎等难以治愈的疾病或者其他严重损害就诊人身体健康的后果。

第四十二条【用人单位责任】

　　用人单位未依法保障见义勇为人员治疗期间的工资福利待遇，或者未经法定事由、法定程序违法解除因见义勇为致残人员的劳动关系，由人力社保部门责令改正。

【说明】

　　本条规定用人单位的责任，对应本法第三十三条的规定，即用人单位没有保障见义勇为人员的工资福利待遇，或者违法解除劳动关系的，由主管用人单位的人力社保部门责令改正。

【理由】

一　条文的规范意义

　　见义勇为往往具有一定的人身危险，因见义勇为所造成的人身损害可能不可逆，导致见义勇为人员全部或部分丧失劳动技能。此种情况既容易使见义勇为人员及其近亲属的正常生活无法获得保障，也产生了用人单位随意解除劳动关系的可能性，进一步恶化见义勇为人员及其近亲属的生活条件。现实中，个别用人单位对其所属见义勇为员工权利的保障义务并不明确，导致出现了有关纠纷。① 同时，有的用人单位也存在随意解雇见义勇为人员的现象。② 这为立法防止此类事件的再次发生提供了干预的必要性。

全国共有 8 个省、直辖市、自治区的地方性法规明确规定了用人单位的责任，如安徽、重庆、福建、甘肃、山东、云南、西藏、贵州。《安徽省见义勇为人员奖励和保护条例》第三十九条规定，违反本条例第二十七条规定，用人单位非因法定事由，与见义勇为负伤致残人员解除劳动关系的，由人力资源和社会保障部门责令改正，恢复劳动关系。《贵州省见义勇为人员奖励和保护条例》规定，违反本条例规定，用人单位非因法定事由，对见义勇为伤残人员予以辞退或者解除劳动（聘用）合同的，由县级以上人民政府人力资源社会保障部门依法处理。其余 6 个省、直辖市、自治区的规定大体相同。以上表明，立法规定用人单位的责任条款，已在一定范围内取得共识，且已有成熟经验。

二　责任成立的构成要件与责任承担方式

本条涉及用人单位责任成立的构成要件与责任承担方式两部分内容。

关于责任成立的主体要件。责任主体的性质决定了本条不能写入第四十条之中。本条的责任主体为用人单位，大多数情况是私主体，或者说需要通过设置法律责任来规制的都是私主体。国家机关等公法主体由于有国家政府公信力做背书，因而，其应能完成本法的有关要求。不同于国家机关等公法主体，作为一般企业的用人单位奉行理性经济人的基本规律，一般只会从事对自身有利的事务，见义勇为人员如果受伤，其能够给用人单位带来的正面效应显然不足以抵消其工作量减少的负面影响，因此，作为私主体的用人单位本质上是没有动力履行本条例有关义务要求，规定本条

① 参见重庆市涪陵区人民法院（2013）涪法行初字第 77 号行政判决书。
② 汶金让：《辞退见义勇为者是一种"助恶"行为》，2013 年 1 月 14 日，https：//www.chinacourt.org/article/detail/2013/01/id/812687.shtml。

款也正是为了解决这一问题。由于本法第四十条大多涉及公权力机关或者公益事业，本条的对象——作为私主体的用人单位——不宜直接纳入第四十条，应当单独列示。

关于责任成立的行为要件。本条明确了用人单位承担责任的两种行为，一是用人单位未依法保障见义勇为人员治疗期间的工资福利待遇，二是用人单位未经法定事由、法定程序违法解除因见义勇为致残人员的劳动关系。前者是为防止用人单位随意克扣、减低见义勇为人员治疗期间的工资福利待遇，而后者是为防止用人单位随意解除因见义勇为致残人员的劳动关系。不过，用人单位作为私主体，有关经济效益方面的利益也应构成立法的考量因素，因而，本条主要是防止用人单位随意减少见义勇为人员依法应得的权益，而非强制要求用人单位提高其福利待遇。当然，本条例也鼓励用人单位在法律法规规定范围之外提高见义勇为人员的福利待遇。

关于责任承担方式。本条规定了"由主管用人单位的人力社保部门责令改正"。一方面，明确了实施本条规定的行政主体为主管用人单位的人力社保部门。落实此条款的政府职责主体，保证条文能有效落地，同时，也能防止各部门因缺乏明文规定互相推诿扯皮。另一方面，明确了本条的责任承担方式是责令改正。责令改正，是指行政主体责令违法行为人停止和纠正违法行为，以恢复原状，维持法定的秩序或者状态，具有事后救济性。例如责令用人单位恢复劳动关系、补发拖欠的工资等。

第四十三条【惩处打击报复行为】

采取威胁、侮辱、殴打等行为打击报复见义勇为人员及其近亲属，由公安机关依法予以治安管理处罚；构成犯罪的，依法追究刑事责任。

【说明】

本条规定了打击报复见义勇为人员及其近亲属的行政责任与刑事责任，对应本法第三十七条的规定。课题组在参照其他省、直辖市、自治区相关规定的基础上添加了上述责任的表述。条文主要涉及两个方面的内容。一方面，构成要件上，行为是威胁、侮辱、殴打等打击报复行为，对象是见义勇为人员及其近亲属。另一方面，责任后果上，条文采用了行政责任与刑事责任的递进责任模式，一是将基本责任规定为治安处罚，二是打击报复行为构成犯罪时，依法追究刑事责任。

【理由】

一　条文的规范意义

本条显示了国家机关依法惩处打击报复行为的立场。立法表达上属于公安司法等机关依法惩处打击报复行为的职责，应为见义勇为保护环节的重要内容。本法第三十七条规定，因见义勇为导致人身、财产安全受到威胁、侵害，见义勇为人员及其近亲属请求保护的，公安等有关部门和单位应当采取有效措施予以保护。通过设置责任条款，能够保障第三十七条的落实。国务院办公厅转发民政部等部门《关于加强见义勇为人员权益保护意见的通知》，强调"公安部门要加大对见义勇为人员的保护力度，防止见义勇为人员受打击、报复或陷害"。本条的设置也是对这一要求的制度化。而现实中，见义勇为人员被打击报复的悲剧屡有发生。根据法院认定的事实，1996 年 4 月，21 岁的张某骑车去离家不远的迪士高舞厅，撞见 5 个流氓欺负两个女孩，他出面劝止却遭事后报复挨了 4 刀。[①] 2010 年 2 月，汕头刘某云南昆明的梁某因制止偷盗，被歹徒持刀砍伤。[②] 以上表明，通过对打击报复行为设置责任条款，具有现实意义。

全国范围内，共有 21 个省、直辖市、自治区的地方性法规规定了打击报复见义勇为人员及其近亲属的责任。如福建规定，对见义勇为人员及其亲属诬陷、报复的，由公安机关依照《治安管理处罚法》给予处罚；构成犯罪的，依法追究刑事责任。再如贵州规定，公安机关对人身、财产安全需要保护的见义勇为人员及其近亲属，应当依法采取措施予以保护；对恐吓、侮辱、殴打、诬告、陷害见义勇为人员及其近亲属的违法犯罪行为，应当依法及时处理。这表明，立法规定这一责任条款，已在较大范围内取得共识，且已有成熟经验。

二　责任成立的构成要件与责任承担方式

本条涉及打击报复见义勇为人员及其近亲属的责任成立的构成要

---

① 杨海文：《男子见义勇为被歹徒报复捅 4 刀，因无人作证苦等 24 年》，2020 年 7 月 29 日，https：//baijiahao.baidu.com/s？id=1673508557353738076&wfr=spider&for=pc。

② 陈正新：《见义勇为遭遇报复》，2010 年 02 月 04 日，http：//news.gd.sina.com.cn/news/2010/02/04/809515.html。

件与责任承担方式。本条未就责任主体予以规定，其规范意味在于凡涉嫌打击报复见义勇为人员及其近亲属的组织或个人，均属于本条规制的主体范围。这反映出立法对见义勇为人员及其近亲属权益的全面保护。

关于责任成立的行为要件，课题组建议采用"列举＋概括"式规定。一方面，将"威胁、侮辱与殴打"等较为常见的违法犯罪行为予以明确列示，提示有关执法司法机关要重点关注此类行为的出现；另一方面，采用"打击报复"表述予以概括兜底，防止立法漏洞出现，衔接有关法律。其一，能与刑法领域的"打击报复"概念相衔接。"打击"是客观行为，"报复"是主观目的。其二，更符合现实情况，更能有效保护见义勇为人员。现实中"打击报复"的行为种类较多，外延更广泛，既可以表现为行为人滥用职权、假公济私，也可以表现为基于报复目的，对见义勇为人员运用侮辱、恐吓、行凶、伤害等手段进行侵害。将上述"打击报复"予以明确规定，能更有效保护见义勇为人员。其三，全国范围内，共有 17 个省、直辖市、自治区的地方性法规采用了"打击报复"的表述。

关于打击报复行为的对象要件，课题组建议采用"见义勇为人员及其近亲属"。针对见义勇为人员本人的打击报复，应当承担相应责任，自不必言。但见义勇为人员的近亲属权益是否也应予特殊保护，国内各省、直辖市、自治区地方性法规规定不一。如四川并未规定见义勇为人员近亲属遭遇打击报复的追责问题。① 不过，国内其他省、直辖市、自治区的通行做法是将见义勇为人员近亲属的权益纳入保护范围。而在现实中，见义勇为人员的近亲属权益确也有保护之必要。据《南方都市报》报道，2009年，东莞保安梁某因制止盗窃，且将不法分子扭送至公安机关。但两个月后，不法分子追踪至梁某家中，绑架梁某之女，并对其实施了强奸与故意伤害等恶行。② 此外，国内有的省、直辖市、自治区的地方性法规采用了

---

① 《四川省保护和奖励见义勇为条例》（四川省第十三届人民代表大会常务委员会公告第80号，2021 年 5 月 28 日发布）第三十一条："打击、报复、诬陷见义勇为人员的，依法给予处分；构成违反治安管理行为的，由公安机关予以处罚；触犯刑律的，由司法机关依法追究刑事责任。"

② 《保安抓贼后女儿遭报复性轮奸 儿子抢劫被抓》，《南方都市报》2009 年 6 月 3 日。

"家属"的表述，如天津。① 对此，课题组建议将采用"近亲属"的表述。家属的本意为家庭内户主本人以外的成员，也指职工本人以外的家庭成员。主要突出户籍性，外延涵盖有限。家属并非法律概念，也难以衔接上位法。而采用近亲属的表述可适度扩张保护公民范围，能更较全面地保护见义勇为人员及其近亲属的合法权益。近亲属作为法律概念，也可与上位法衔接。

关于责任承担方式，本条设置了基本责任与加重的刑事责任。一是打击报复行为违反《治安管理处罚法》的，由公安机关依法予以处罚；二是当该行为构成犯罪的，依法追究刑事责任。递进式的责任模式属于国内较为普遍的做法，共有 16 个省、直辖市、自治区做出了规定。不过，也有部分省、直辖市、自治区的规定较为笼统，如安徽规定，对见义勇为人员进行打击报复的，公安机关等有关部门应当及时依法处理。再如北京规定，打击报复见义勇为人员的，由有关机关依法处理。课题组认为，为了体现追责的严肃性与实操性，应当明确责任的性质，方便公安司法机关具体落实，因此，应当在立法时采用递进模式予以明确规定。当然，处罚种类与权限的设定，应以遵循罪刑法定与法律保留等原则。

第四十四条【虚假申报见义勇为的责任】

弄虚作假骗取见义勇为奖励或者保护的，由原认定或者批准机关公开注销其奖励证书，追回所获奖励以及其他有关的经济利益，取消相关待遇，依法追究法律责任。

弄虚作假骗取紧急优先救治的，依前款规定追究法律责任。

【说明】

本条是对见义勇为虚假申报的责任条款。课题组在参照其他省、直辖市、自治区相关规定的基础上起草了这一规定。条文主要涉及两个方面的内容。一方面，构成要件上，主体可以是有关单位或个人，行为是弄虚作

---

① 《天津市见义勇为人员奖励和保护条例》（天津市人民代表大会常务委员会公告第 73 号，2017 年 11 月 28 日发布）第三十四条："对见义勇为人员及其家属威胁、诬陷、报复，违反《中华人民共和国治安管理处罚法》的，由公安机关依法予以处罚；构成犯罪的，依法追究刑事责任。"

假骗取见义勇为奖励、保护以及紧急优先救治；另一方面，责任后果上，条文规定由原认定或者批准机关公开注销其奖励证书，追回所获奖励以及其他有关的经济利益，取消相关待遇，依法追究法律责任。

【理由】

现实生活中，申报人员弄虚作假骗取见义勇为奖励和保护的行为是存在的。由于社会对于见义勇为行为的鼓励，除了赋予光荣的荣誉称号，还将为其提供优厚的经济利益和优惠政策。这就有可能刺激某些别有用心之人弄虚作假骗取奖励和保护，甚至故意制造险情灾情来骗取社会经济利益。① 学者们也深刻认识到这类事件发生的可能性，建议设立责任条款来规避此类事件。②

基于法律主体权利义务平衡的要求，见义勇为申报人应当有保证事迹真实性的义务。在社会生活中，法的规范作用体现在利用主体的权利义务关系来调节平衡社会成员间的利益。现代法治社会，法律所规定的主体间的权利义务应是大体均衡对等的。本法本意是"鼓励见义勇为"，因此条例的前述章节均是设计制度程序保证见义勇为人士权利的实现，但却唯独较少提及见义勇为人员义务和责任的问题。而事实上，鉴于见义勇为工作的严肃性和社会公共性，欲使见义勇为工作真正实现其公共效应，事迹的真实性应是最起码的要求。这也在整个工作环节的源头上为申报公民提出了较低限度的义务要求。

---

① 如 1992 年 11 月发生于广西的韦某非法制造爆炸物案。经柳州铁路运输中级法院查明：被告人韦某因无力归还即将到期的贷款，便策划采用将自制的定时爆炸装置送上铁路旅客列车，待导火索被点燃即将发生爆炸时，由其出来排除险情，充当见义勇为抢救列车的英雄，以骗取巨额奖金。参见韦某等非法制造爆炸物案，广西壮族自治区高级人民法院（1993）桂刑核字第 90 号刑事裁定书。再如 2016 年 10 月，陈某在辽宁沈阳因喝止偷窃遭报复而被砍断肌腱，其自述的"见义勇为"事迹被辽宁媒体报道后，引来全国多家媒体转载和社会的广泛关注。然而，经相关部门核实，该事件是骗局，陈某受伤是其前女友造成的。参见段彦超《见义勇为小伙承认是假英雄 道歉完事 沈阳警方：在查》，2016 年 11 月 9 日，https：//www.thepaper.cn/newsDetail_forward_1556989。

② 有学者提出，对于制造虚假见义勇为事件，骗取见义勇为基金和精神奖励的，如果情节较轻，按照不当得利，要求退还物质奖励，撤销精神奖励，并通报批评。对于情节较重的，如骗取金额较大的，达到诈骗罪标准的话，可以按照诈骗罪来处理。参见孙日华《见义勇为认定的法理反思与制度建构》，《东北大学学报》2013 年第 1 期。

　　见义勇为确认、奖励和保护工作的客观公正也要求见义勇为事迹的真实性。见义勇为的确认类似于行政法上的行政确认行为。[①] 行政确认应遵循客观公正原则，行政主体和相对人均应满足客观公正的要求，行政确认行为才可能是合法有效的。客观公正的原则对见义勇为申报公民事迹材料的真实性提出义务要求。就整个见义勇为确认、奖励和保护工作的流程而言，应当是以见义勇为申报为起点的。只有存在真实的见义勇为事迹，后续公共行为实施才有意义。为了保证整个见义勇为工作的有序有效开展，保证公共资源的有效利用，同时也为维护政府机构的社会公信力，有必要对见义勇为的申报进行一定程度的规范。而申报人员若违反真实性义务，则势必会引发责任后果的承担。

　　在全国较大范围内，这一条文也得到了普遍的认可，共有20个省、直辖市、自治区的地方性法规明确禁止弄虚作假的申报行为。如西藏规定，违反本条例规定，弄虚作假、骗取见义勇为表彰、奖励和抚恤的，由原确认机关核实后，撤销荣誉称号，取消相关待遇，并追缴所获奖励及其他相关费用；涉嫌犯罪的，移送司法机关处理。再如天津规定，弄虚作假骗取见义勇为奖励和保护的，由确认机关撤销确认，由授予机关撤销荣誉称号，追回所获奖励及其他相关经济利益；情节严重的，依法追究法律责任。

　　值得说明的是，本条涉及的责任成立构成要件与责任后果。就责任成立要件而言，申报者必须是通过弄虚作假，而已经骗取了见义勇为奖励和保护等利益，因为只有行为已经得逞才具有现实的危害，进而有科责的必要性和可能性。就责任承担方式而言，本条例设计了两种后果。一般情节的，只由原审批机关撤销其荣誉称号，追回所获奖励及其他相关的经济利益，取消相关待遇；而情节严重的，还必须依法追究法律责任，如依照《治安管理处

---

　　① 行政确认行为，是指行政主体根据法律、法规的规定或授权，依职权或依当事人的申请，对一定的法律事实、法律关系、权利、资格或法律地位等进行确认、甄别、证明等的行政行为。具有要式性和羁束性等特征。参见杨解君《行政法学》，中国方正出版社2002年版。但目前国内法律法规对于见义勇为的"认定主体"以及"认定程序"并无统一规定，更多交由地方自主实践。参见张素凤、赵琰琳《见义勇为的认定与保障机制》，《法学杂志》2010年第3期。

罚法》或者《刑法》进行治安处罚或者刑事处罚。① 鉴于本法设计了针对因见义勇为负伤人员的优先紧急救治权益，故而，为实现权责义相统一，本条针对骗取优先紧急救治的行为，专门规定了相应责任。

第四十五条【受助人、见证人的责任】

受助人、见证人等实施侮辱、诽谤、敲诈勒索、诬告陷害等侵害见义勇为人员合法权益的行为，见义勇为人员可以向人民法院提起民事诉讼，要求受助人、见证人等承担赔礼道歉、赔偿损失、消除影响、恢复名誉等民事责任。

受助人、见证人等实施侮辱诽谤、敲诈勒索、诬告陷害等侵害见义勇为人员合法权益的行为，或者伪造、隐匿、毁灭证据、提供虚假证言、谎报案情等影响行政执法机关依法办案的行为，由公安机关依法予以治安管理处罚；构成犯罪的，依法追究刑事责任。

【说明】

本条为此次修订建议新增的规定，确立的是受助人、见证人等主体的责任。主要应对现实中见义勇为人员"做好事被讹"的现象，旨在通过对讹人者课以责任的方式来遏制这一现象的发生，解决见义勇为人员"做好事"的后顾之忧，达到鼓励见义勇为的目的。责任成立的构成要件上，受助人、见证人等实施侮辱、诽谤、敲诈勒索、诬告陷害等侵害见义勇为人员合法权益的行为，或者伪造、隐匿、毁灭证据、提供虚假证言、谎报案情等影响行政执法机关依法办案的行为。责任承担方式上，既赋予了见义勇为人员提起民事诉讼的权利，也明确规定了公安司法机关追究受助人、见证人等主体行政责任与刑事责任的权力。

---

① 《治安管理处罚法》第四十九条："盗窃、诈骗、哄抢、抢夺、敲诈勒索或者故意损毁公私财物的，处五日以上十日以下拘留，可以并处五百元以下罚款；情节较重的，处十日以上十五日以下拘留，可以并处一千元以下罚款。"

《刑法》第二百六十六条："诈骗公私财物，数额较大的，处三年以下有期徒刑、拘役或者管制，并处或者单处罚金；数额巨大或者有其他严重情节的，处三年以上十年以下有期徒刑，并处罚金；数额特别巨大或者有其他特别严重情节的，处十年以上有期徒刑或者无期徒刑，并处罚金或者没收财产。本法另有规定的，依照规定。"

根据《最高人民法院关于审理诈骗案件具体应用法律的若干问题的解释》的规定，诈骗公私财物数额较大的，构成诈骗罪。人员诈骗公私财物 2000 元以上的，属于"数额较大"；人员诈骗公私财物 3 万元以上的，属于"数额巨大"。

【理由】

一　条文的规范意义

近年来，伸援手、施善举反遭诬陷、被讹诈的事件常有发生。[①] 个别机构的不作为、乱作为也对这类事件的频发起到了推波助澜的作用。在此类纠纷发生之后，个别机构怠于积极取证而常以和解调解方式处理结案，和解调解的不当使用容易混淆是非，有违公正。某些人甚至认为在这类事件的和解调解中有利可图，从而变本加厉地践踏社会良知。

这类事件的频发引起了强烈的社会效应。一方面，人们担心被讹诈，不敢不愿做好事，人与人之间冷漠加剧，也有人在面对弱困群体时，"巧妙"地将"见义勇为"变为"见义智为"。[②] 另一方面，也引起社会广泛的热议。除了道德谴责之外，也有有识之士认为"违法零成本"是助长之因，呼吁立法者和执法机关不能袖手旁观。[③]

诬陷、讹诈事件本质上是对社会信任机制的破坏，是关乎道德良知和公序良俗的社会问题。一般而言，社会的和谐运作之必要条件就是良好的人际关系和必要的信任心理。"救人反被诬陷讹诈"不仅使善良之辈心寒，更会恶化社会冷漠，引发社会信任危机。[④] 如果任由此类事件的泛化和极端化，整个社会可能变成"损人利己型社会"，甚至恶化为"互害型社会"[⑤]。有

[①]　《四川三儿童搀扶摔倒老太反遭讹诈索赔》，2013 年 11 月 25，http：//china.cankaoxiaoxi.com/2013/1125/307154.shtml。

[②]　《大叔路遇女子被撞倒地 先拍照取证再扶人》，2014 年 2 月 11 日，http：//news.sohu.com/20140211/n394728315.shtml。

[③]　例如有学者认为，立法惩罚"诬赖"有利于净化社会风气，恢复由于人员功利主义过强而导致的道德逐渐滑坡的社会关系。参见马云生、刘阳《从"诬告反坐"到"讹诈有罚"——对被救助者诬赖救助者立法惩罚的再思考》，《河南科技大学学报》2012 年第 2 期。

[④]　郑丽清：《被救助者失信行为的法律规制——以打破"救人反被诬陷"怪圈为中心》，《兰州学刊》2014 年第 3 期。

[⑤]　有学者从"动机—结果"的社会类型学将社会划分为"互利型社会""损人利己型社会""损己利人型社会""互害型社会"。其中所谓"损人利己性"，意指通过损人的方式来实现自己的利益。在利己主义理论中，社会行为都具有利己取向。但利己行为既包括利他型利己，也包括只利己不利他，甚至还包括害他型利己。害他型利己最主要的表达方式是在违法、犯罪中显现，也常在违约和侵权中显现。所谓"互害性"，意指通过害己的方式来实现害他的目的。互害型社会的本源并非源于互害的行为动机，而是基于利己的结果。即当一个社会生态链基于利己的动机，最后变成交互相害的结果时，互害已经出现。而当整个社会都处于互害生态链中时，互害社会就可能形成。在互害型社会中，没有人是社会的受益者，人与人之间相互损害。参见张善根《从互害型社会走向互利型社会——中国社会主要矛盾的转化及应对》，《探索与争鸣》2018 年第 8 期。

鉴于此，立法者应有所作为。此外，受助人等"诬陷讹人"所表现的行为形态可能已经触犯了某些法律，"诬陷讹人"往往伴随着如"侮辱诽谤""敲诈勒索""诬告陷害"等违法犯罪行为，具有社会危害性，这在客观上也说明了立法权等公权力介入的必要性。

用规范手段来应对"受助人讹诈"这类事件所引发的社会问题是可行的。学界对此颇有著述。① 在立法实践层面，2016 年 11 月 1 日正式实施的《上海市急救医疗服务条例》规定"紧急现场救护行为受法律保护，对患者造成损害的，不承担法律责任"。《民法典》第一百八十四条也做了类似规定，即"因自愿实施紧急救助行为造成受助人损害的，救助人不承担民事责任"。第一百八十四条又被称为"中国式好人法"，该条对于唤起社会良知，鼓励人们对处于危难和困境中的他人予以救助，端正社会风气，具有重要的价值。

但是也应看到，《民法典》第一百八十四条等规范在应对诬陷、讹诈事件时存在明显局限性。第一百八十四条只从正面维护了救助人权益，而未从反面对诬陷讹诈行为进行苛责。② 对此，有学者指出该条在惩戒诬陷讹诈见义勇为者方面存在局限，或可通过侵权责任法来解决，侵权责任法

---

① 就如何应对"讹诈事件"所引发的社会信任危机而言，有学者提出"作为信任保护机制的法律"和"作为信任替代机制的法律"。"作为信任保护机制的法律"具体表现在：第一，法律能以其自身的品格与属性卓有成效地构建社会信任；第二，法律通过对利益关系进行权威性调整，平抑和减缓贫富差距，从而消除不信任因素，促进社会信任；第三，法律通过预防和惩治腐败，净化社会环境，促成和恢复社会信任。从中国社会从传统向现代转型角度提出"作为信任替代机制的法律"，其意指当社会信任缺乏并难以维系社会交往和运行时，法律就成为信任的替代品，以维系社会的正常交往。同时，应当以法律手段来"阻却极端利己主义的泛滥"。参见张善根《社会信任危机的法律治理》，《探索》2015 年第 1 期；张善根：《从互害型社会走向互利型社会——中国社会主要矛盾的转化及应》，《探索与争鸣》2018 年第 8 期。就"讹诈事件"所引发的道德滑坡、良知沉沦而言，有学者提出"以法律来保卫良知"，指出法律保卫良知的可能性是因为法律调整利益关系，能够减少良知实现的成本负担。具体表现为法律通过防范压善行为、惩治欺善行为以及通过自身扬善行为等方式来保卫良知，并认为，良知被主体视为利益实现的巨大成本时，良知便出现沉沦。于是，良知的呈现便面临内在和外在的压力，内在压力为自我利益的计较，外在压力为外界环境的逼迫。参见郭忠《法律如何保卫良知》，《武汉大学学报》（哲学社会科学版）2017 年第 2 期。

② 课题组在本市九龙坡区政法委进行"关于修订《重庆市鼓励公民见义勇为条例》的调研"时，石桥铺街道相关同志在座谈会上提出，除了关注见义勇为人士的奖励保障措施之外，可否从反面严惩"讹诈"行为，防止"做好事却要承担责任"的情况发生。

可以对诬陷讹诈者进行严厉制裁。① 然而，由于"受助人讹人"这一现象已非单纯是私人之事，而是关乎社会信任的大问题。仅有私法上的责任尚不足以解决社会诚信的问题，需要借助公法和私法责任的相互配合。② 课题组经调研了解到，重庆市长寿区综治办同志建议在《刑法》或《治安管理处罚法》中明确立法，凡是被救助者，认为是救助人过错造成的伤害，必须由被救助者举证，否则，帮扶者一律不承担任何法律和经济责任，对无理由无证据而冤枉、讹诈他人者，将依法予以惩罚。重庆市九龙坡区、武隆区、垫江县和秀山县等地综治办同志也认为应打击讹诈行为。

二 责任成立的构成要件与责任承担方式

结合前述立法背景，课题组认为见义勇为立法应坚持"私法责任和公法责任条款互相配合"这一立法思路，该思路早在深圳和珠海等地率先得到实践，③ 而近年来已有13个省、直辖市、自治区的地方性法规进行了明文规定，如云南规定，诬告陷害见义勇为人员及其近亲属，由所在单位或者主管部门给予处分；违反治安管理的，由公安机关依法给予治安处罚；构成犯罪的，依法追究刑事责任。再如山东规定，有下列行为之一的，由有关部门责令改正；构成违反治安管理行为的，依法予以处罚；构成犯罪的，依法追究刑事责任：（一）拒绝提供或者不如实提供见义勇为证明材料的；

---

① 《专家谈"见义勇为遭诬陷讹诈"：可依侵权责任制裁》，2016年7月29日，http://www.sohu.com/a/108278652_418933。

② 郑丽清、俞煌霞：《被救助者讹诈行为的法律规制途径探析——以"扶老人被讹"为视角》，《行政与法》2016年第9期。

③ 《深圳经济特区救助人权益保护规定》（2013年6月28日公布）第六条："被救助人捏造事实，诬告陷害救助人，构成违反治安管理规定行为的，依法予以行政处罚；构成犯罪的，依法追究刑事责任。被救助人捏造事实，诬告陷害救助人的，救助人可以向人民法院提起民事诉讼，要求被救助人承担赔礼道歉、赔偿损失、消除影响、恢复名誉等民事责任。被救助人诬告陷害救助人的，处理机关应当在法律文书生效之日起十五个工作日内将处理结果通知公共征信机构，录入个人信用记录系统。"《珠海经济特区见义勇为公民奖励和保障条例》（2014年7月26日公布）第三十一条："见义勇为人员因见义勇为受益人、侵权人捏造事实诬告陷害而发生费用的，有权依法向见义勇为受益人、侵权人追偿。"第三十二条："见义勇为受益人、侵权人捏造事实诬告陷害见义勇为人员，违反治安管理规定的，依法予以行政处罚；构成犯罪的，依法追究刑事责任。见义勇为人员可以向人民法院提起民事诉讼，要求受益人、侵权人承担赔礼道歉、赔偿损失、消除影响、恢复名誉等民事责任。"

（二）诬告见义勇为人员的；（三）损害见义勇为人员合法权益的其他行为。

第一，责任主体。结合"诬陷讹诈"事件的特点，建议规定受助人、见证人等为责任主体。有的地方条例采用"受益人"的表述不够客观，采用"受助人"更中性，表意更符合实际情况。"等"字表明此处规定为不完全列举，公安司法机关应结合实情掌握。

第二，责任成立的行为要件。建议采用"列举加概括模式"，一方面明确规定侮辱、诽谤、敲诈勒索、诬告陷害等四类常见情形，另一方面，仅上述四类情形尚不足以完全涵盖针对救助人的侵权行为，故而增加"等影响行政执法机关依法办案的行为"。

第三，责任承担方式。建议采用行政责任和刑事责任结合的模式，衔接《治安管理处罚法》《刑法》，赋予对违法犯罪行为的治安处罚和刑事处罚的职权。①

---

① 《刑法》第二百四十六条："以暴力或者其他方法公然侮辱他人或者捏造事实诽谤他人，情节严重的，处三年以下有期徒刑、拘役、管制或者剥夺政治权利。前款罪，告诉的才处理，但是严重危害社会秩序和国家利益的除外。通过信息网络实施第一款规定的行为，被害人向人民法院告诉，但提供证据确有困难的，人民法院可以要求公安机关提供协助。"第二百四十三条："捏造事实诬告陷害他人，意图使他人受刑事追究，情节严重的，处三年以下有期徒刑、拘役或者管制；造成严重后果的，处三年以上十年以下有期徒刑。"第二百七十四条："敲诈勒索公私财物，数额较大或者多次敲诈勒索的，处三年以下有期徒刑、拘役或者管制，并处或者单处罚金；数额巨大或者有其他严重情节的，处三年以上十年以下有期徒刑，并处罚金；数额特别巨大或者有其他特别严重情节的，处十年以上有期徒刑，并处罚金。"第三百〇五条："在刑事诉讼中，证人、鉴定人、记录人、翻译人对与案件有重要关系的情节，故意作虚假证明、鉴定、记录、翻译，意图陷害他人或者隐匿罪证的，处三年以下有期徒刑或者拘役；情节严重的，处三年以上七年以下有期徒刑。"第三百〇七条之一："以捏造的事实提起民事诉讼，妨害司法秩序或者严重侵害他人合法权益的，处三年以下有期徒刑、拘役或者管制，并处或者单处罚金；情节严重的，处三年以上七年以下有期徒刑，并处罚金。"《治安管理处罚法》第四十二条："有下列行为之一的，处五日以下拘留或者五百元以下罚款；情节较重的，处五日以上十日以下拘留，可以并处五百元以下罚款：（一）写恐吓信或者以其他方法威胁他人人身安全的；（二）公然侮辱他人或者捏造事实诽谤他人的；（三）捏造事实诬告陷害他人，企图使他人受到刑事追究或者受到治安管理处罚的；（四）对证人及其近亲属进行威胁、侮辱、殴打或者打击报复的；（五）多次发送淫秽、侮辱、恐吓或者其他信息，干扰他人正常生活的；（六）偷窥、偷拍、窃听、散布他人隐私的。"第四十九条："盗窃、诈骗、哄抢、抢夺、敲诈勒索或者故意损毁公私财物的，处五日以上十日以下拘留，可以并处五百元以下罚款；情节较重的，处十日以上十五日以下拘留，可以并处一千元以下罚款。"第六十条："有下列行为之一的，处五日以上十日以下拘留，并处二百元以上五百元以下罚款：（一）隐藏、转移、变卖或者损毁行政执法机关依法扣押、查封、冻结的财物的；（二）伪造、隐匿、毁灭证据或者提供虚假证言、谎报案情，影响行政执法机关依法办案的；（三）明知是赃物而窝藏、转移或者代为销售的；（四）被依法执行管制、剥夺政治权利或者在缓刑、保外就医等监外执行中的罪犯或者被依法采取刑事强制措施的人，有违反法律、行政法规和国务院公安部门有关监督管理规定的行为。"

关于未如实作证的责任。通常而言，见义勇为行为具有突发性和紧急性，见义勇为人员实施救助行为时无暇或无意取证，这就导致其在遭诬陷讹诈时难以自证清白。而实践中也时常发生受助人家属等听信受助人片面之词，误解救助人的情形。甚至还可能出现受助人与其家属、其他在场公民恶意串通，谎报警情，敲诈勒索救助人的情形。受助人、见证人等提供虚假证言，诬陷救助人时，除了会损害救助人的合法权益，更会阻碍公安司法机关处理案件的公正性，破坏公权力的公信力。

责任条款的设置无疑是如实作证义务落实的关键。而在多个省市（像重庆市、湖南省、安徽省、南京市、南宁市等）的见义勇为条例中虽明确规定了见义勇为受助人在综治机构确认见义勇为时负有如实作证、保全证据的义务，但并未针对此义务设置相应的法律后果，① 实质上并未对见证人和受助人产生任何的约束。

针对上述情形，建议对受助人、见证人等施加未如实作证责任。② 一方面重申"谁主张，谁举证"原则，保障如实作证义务落实；③ 另一方面就调整事项进行合理性和合目的性的综合考量，兼顾立法的技术理性，重

---

① 《海南省见义勇为公民奖励和保障规定》（2020 年 12 月 2 日公布）第三十一条："见义勇为受益人应当尊重社会公德，不得隐瞒、歪曲事实，诬陷见义勇为人员。见义勇为受益人与见义勇为人员就见义勇为行为发生争议时，为见义勇为人员作证的证人提供的证据经查证属实的，同级见义勇为工作机构应当予以物质奖励。"《湖南省见义勇为公民奖励和保护条例》（2009 年 3 月 26 日公布）第七条："见义勇为行为的受益人应当如实向有关单位、人员提供见义勇为行为证据或者其他有关情况。"

② 有学者主张，可仿效《深圳经济特区救助人权益保护规定》（2013 年 6 月 28 日公布）第三条来进行"举证责任"的分配，即"被救助人主张其人身损害是由救助人造成的，应当提供证据予以证明。没有证据或者证据不足以证明其主张的，依法由被救助人承担不利后果"。参见《专家谈"见义勇为遭诬陷讹诈"：可依侵权责任制裁》，2016 年 7 月 29 日，http：//www.sohu.com/a/108278652_418933。

③ 有学者指出，结合当下的社会现实，就会发现立法者向全社会暗示了一个清晰的政策导向，即在举证责任的分配上，法官（或其他执法人员）应向对救助人有利的方向倾斜。类似责任条款和证据规则的设置除了回应当下的社会心态以外，也有着精明的利弊衡量。桑本谦教授还运用法经济学分析得出，当事实不清，证据不足时，无论如何都会发生错判。除了要考虑错判带来的损失之外，还应考虑错判所引发的社会激励效果。就致力于保护救助行为而言，通过提高受助人要求救助人承担赔偿时的证明标准，以加重受助人举证负担的方法，也许是"性价比"最高的法律措施。参见桑本谦《利他主义救助的法律干预》，《中国社会科学》2012 年第 10 期。

视立法的社会效果，对社会风气产生正面导向。鉴于未如实作证和诬告陷害等行为在侵犯救助人权益方面具有一定的同质性，建议将其与诬告陷害等责任做合并处理。

第四十六条【行政复议与行政诉讼】

有关个人和组织认为行政机关及其工作人员实施的与见义勇为认定、奖励和保护等相关的行政行为侵犯其合法权益，有权依照《行政复议法》或《行政诉讼法》提起行政复议或行政诉讼。

本条所称有关个人和组织包括见义勇为申请人、见义勇为人员及其近亲属、受助人、被救助单位或组织、加害人、受害人等。

【说明】

本条规定了与见义勇为有关的单位及个人的权利救济途径。由于见义勇为的确认、奖励与保护等工作涉及政府公权力的行使，当政府公权力损害有关单位及个人的合法权益时，该单位及个人自然有权主张救济。一是扩大权利救济的主体范围，即本条所称有关个人和组织包括见义勇为申请人、见义勇为人员及其近亲属、受助人、被救助单位或组织、加害人、受害人等；二是增加"有关单位及个人认为"与"侵害合法权益"等要件；三是确立了行政复议与行政诉讼的正式救济制度，实现与上位法的衔接。

【理由】

一　条文的规范意义

监督与见义勇为有关工作的开展，为公民救济权益提供合法途径。现代法治政府的运作，关键问题就在于公权力的监督机制和问责机制的建立完善。这既需要依靠公权力内部的相互制约，也需要社会公众的监督。社会公众对公权力的监督表现在两个方面：一是能够及时获取与之有关的政府信息，督促政府依法进行信息公开；二是当行政机关及其工作人员作出的具体行政行为时，公民个人或组织认为该行为侵害其权益能够主张权益救济。依照现代行政法领域确立的程序正当和权责统一的要求，公民个人或组织寻求权益救济主要依靠提起行政复议和行政诉讼两条途径。通过行政复议和行政诉讼，上级行政机关和人民法院对作出具体行政行为的行政机关进行审查，并对其违法或不当的行政行为作出改变或者撤销的纠正处理，反映出"有责必问、有错必纠"的法治理念，进而约束公权力的不作为、乱作为，保障公民等的合法权益。行政复议和行政诉讼具有明显的程序性，通过法律规定的一系列处理纠纷的流程和时间，能够保证纠纷处理的公正性和及时性。此外，行政复议和行政诉讼的处理结果一般是终局性的，能够有效保障公共资源的集约利用。

与见义勇为有关的行为具有可诉性和可复议性。考察《行政复议法》和《行政诉讼法》关于受案范围的规定，两部法律均采用了"列举加概括"的规范模式，除了明确列举如行政许可、行政处罚等典型的具体行政行为外，尚存在"其他行为"的兜底条款，能够有效涵盖可诉可复议的行政行为范围。① 而行政行为的可诉可复议性的判断标准就在于该项行政

---

① 《行政复议法》第六条："有下列情形之一的，公民、法人或者其他组织可以依照本法申请行政复议：（一）对行政机关作出的警告、罚款、没收违法所得、没收非法财物、责令停产停业、暂扣或者吊销许可证、暂扣或者吊销执照、行政拘留等行政处罚决定不服的；（二）对行政机关作出的限制人身自由或者查封、扣押、冻结财产等行政强制措施决定不服的；（三）对行政机关作出的有关许可证、执照、资质证、资格证等证书变更、中止、撤销的决定不服的；（四）对行政机关作出的关于确认土地、矿藏、水流、森林、山岭、草原、荒地、滩涂、海域等自然资源的所有权或者使用权的决定不服的；（五）认为行政机关侵犯合法的经营自主权的；（六）认为行政机关变更或者废止农业承包合同，侵犯其合法权益的；（七）认为行政机关违法集资、征收财物、摊派费用或者违法要求履行其他义务的；（八）认为符合法定条件，申请行政机关颁发许可证、执照、资质证、资格证等证书，或者申请行政机关审批、登记有关事项，行政机关没有依法办理的；（九）申请行政机关履行保护人身权利、财产权利、受教育权利的法定职责，行政机关没有依法履行的；（十）申请行政机关依法发放抚恤金、社会保险金或者最低生活保障费，行政机关没有依法发放的；（十一）认为行政机关的其他具体行政行为侵犯其合法权益的。"《行政诉讼法》第十二条："人民法院受理公民、法人或者其他组织提起的下列诉讼：（一）对行政拘留、暂扣或者吊销许可证和执照、责令停产停业、没收违法所得、没收非法财物、罚款、警告等行政处罚不服的；（二）对限制人身自由或者对财产的查封、扣押、冻结等行政强制措施和行政强制执行不服的；（三）申请行政许可，行政机关拒绝或者在法定期限内不予答复，或者对行政机关作出的有关行政许可的其他决定不服的；（四）对行政机关作出的关于确认土地、矿藏、水流、森林、山岭、草原、荒地、滩涂、海域等自然资源的所有权或者使用权的决定不服的；（五）对征收、征用决定及其补偿决定不服的；（六）申请行政机关履行保护人身权、财产权等合法权益的法定职责，行政机关拒绝履行或者不予答复的；（七）认为行政机关侵犯其经营自主权或者农村土地承包经营权、农村土地经营权的；（八）认为行政机关滥用行政权力排除或者限制竞争的；（九）认为行政机关违法集资、摊派费用或者违法要求履行其他义务的；（十）认为行政机关没有依法支付抚恤金、最低生活保障待遇或者社会保险待遇的；（十一）认为行政机关不依法履行、未按照约定履行或者违法变更、解除政府特许经营协议、土地房屋征收补偿协议等协议的；（十二）认为行政机关侵犯其他人身权、财产权等合法权益的。除前款规定外，人民法院受理法律、法规规定可以提起诉讼的其他行政案件。"

行为与公民个人、法人或其他组织的合法权益的相关性,① 这种相关性在现实中更多表现为对相对人等权益的侵害性。也有学者指出"不可诉行政行为的法律特征",包括实质特征和程序特征,实质特征是指不可诉的具体行政行为首先是一种行政诉讼法意义上的具体行政行为;程序特征是指不可诉的具体行政行为是程序法律规范明确规定不能进入行政诉讼程序的一种具体行政行为。②

据此,课题组认为在见义勇为的确认、奖励和保护工作中,行政机关及其工作人员作出的行政行为应当是符合可诉和可复议要求的,理由在于,《行政复议法》第六条第(十一)项明确规定了"认为行政机关的其他具体行政行为侵犯其合法权益的",在这种情形下,可以提起行政复议。《行政诉讼法》第十二条第一款第(十二)项也做了同样规定。见义勇为的确认、奖励和保护的每项工作都与见义勇为人员及其家属合法权益紧密相关,甚至直接关系到见义勇为人员的人身财产安全。就这个意义上来说,不妨将与此有关的行政行为视作《行政复议法》和《行政诉讼法》中兜底条款所规定的情形。

二 条文解读

关于有权提起行政复议与行政诉讼的主体范围。本条例为"鼓励见义勇为",故而规范立场多倾向于保护见义勇为个人及其家属的权益,而国内各省市对此的规定,也主要关照见义勇为人员等主体的权利救济。③ 然而,由于本条例所规定的"见义勇为责任豁免"和"见义勇为造成第三

---

① 有文章从可诉性行政行为的主体、对象、行为内容和形态四个方面界定了行政行为可诉性的构成要件。并指出凡是与公民、法人或其他组织的人身、财产等权益有关的具体行政行为,一般都是可诉的。有关性应当以实际影响到行政相对人的权利义务为根本标志,所谓实际影响是指已经影响或可能影响,但并非指已经给行政管理相对人造成了实际损害。参见崔闽榕《可诉性行政行为构建要件》,《人民司法》1990 年第 9 期。

② 崔巍:《不可诉的具体行政行为探究》,《行政法学研究》1996 年第 2 期。

③ 《安徽省见义勇为人员奖励和保护条例》(安徽省人民代表大会常务委员会公告第 34 号,2011 年 4 月 28 日发布)第十五条:"申报人、举荐人对见义勇为的确认结论有异议的,可以在接到确认结论三十日内向上一级综治机构申请复核,上一级综治机构应当自接到申请之日起三十日内作出复核决定并书面通知申请人;申报人、举荐人也可以依法申请行政复议或者提起行政诉讼。"

人损失"等内容，本质上属于《民法典》第一百八十四条等在本条例中的体现，这意味着，见义勇为行为一经有关机构确认，就意味着豁免了相应责任。这势必影响到被救助人等的权益。在防卫过当和避险过当行为中，"不法侵害人（加害人）"或"受害人"等主体的权益也可能因见义勇为的确认而难以保障。课题组认为不妨借助现行法上的行政复议和行政诉讼为上述主体（如被救助人、加害人、受害人等）提供受损权益的救济途径。在行政法理论上，与具体行政行为有关的主体除了有行政相对人外，尚有行政相关人概念。① 行政相关人也有权提起就有关具体行政行为提起行政复议和行政诉讼，获得权利救济。② 我们认为，立法除了要遵循既定规范目的，在具体技术上还要有全局视野，必须充分考虑到与见义勇为有关的各类主体权利义务责任配置是否均衡，进而实现规范性文件的法律效果和社会效果的统一，故而建议扩大权利救济的主体范围，即有关个人、组织，并在本条第二款将主体范围限缩为"见义勇为人员及其近亲属、被救助人、被救助单位或组织、加害人、受害人等"。

关于提起行政复议与行政诉讼的条件。本条规定，该条件为有关个人和组织认为行政机关及其工作人员实施的与见义勇为认定、奖励和保护等相关的行政行为侵犯其合法权益。各省、直辖市、自治区的地方性法规主要规定了申请人对见义勇为确认结果有异议的情形。③ 但事实上，见义勇为人员在奖励和保护环节均有可能未获奖励与保护，奖励与保护的救济也

① 所谓行政相关人是指参与一定的行政法律关系，与行政主体所实施的行政行为存在一定的法律上利害关系的除相对人之外的公民、法人或其他组织。参见肖金明、张宇飞《关于行政相关人问题》，《政治与法律》2005 年第 6 期；李荣珍、董文彬《行政相关人初探》，《海南大学学报》（人文社会科学版）2005 年第 1 期；李卫华《论行政法律关系的权利主体》，《新视野》2006 年第 4 期；李卫华、冯威《论行政相关人》，《行政法学研究》2005 年第 1 期。

② 实践中，行政相关人的存在非常普遍，并且主要存在于行政许可、行政确权、行政处罚等领域，或者主要存在于具有相邻关系、竞争关系或其他利害关系的权利主体之间。如治安处罚中的受害人；土地、房屋、专利权等确权案件中与申请人存在利益冲突或关联的人；建筑许可中的建筑区域的相邻权人；与被核发执照的商家存在竞争关系的其他商家等。参见肖金明、张宇飞《关于行政相关人问题》，《政治与法律》2005 年第 6 期。

③ 《福建省奖励和保护见义勇为人员条例》（2011 年 7 月 29 日发布）第 8 条："申请人对见义勇为确认结果有异议的，可以申请行政复议或者提起行政诉讼。"

应纳入规范范围中。而在实践中完全可能发生相关纠纷。① 如 2015 年 7 月 11 日，因路遇治安队员追赶劫匪，广东东莞市民欧某某挺身而出助擒歹徒受伤，其行为于同年 8 月 27 日被认定为"见义勇为"，并获得了荣誉证书及一次性奖励慰问金 1 万元。虽获得了"见义勇为先进分子"称号，也收到了慰问金，但是欧某某认为，这些慰问金还远远不符合规定的奖励标准。遂将东莞市政府告上法院。②

关于救济途径。各省市的规范性文件所规定的行政救济制度主要有四种，即行政申诉、行政复核、行政复议和行政诉讼：（1）行政申诉。如《辽宁省奖励和保护见义勇为人员条例》第十条。③（2）行政复核。如《南宁市奖励和保护见义勇为人员条例》第十二条。④（3）行政复议。如《贵阳市见义勇为奖励和保护暂行办法》第十二条。⑤（4）行政诉讼。《武汉市见义勇为人员奖励和保护条例》第十一条。⑥ 有的地方还规定了"重新确认"，如《山东省见义勇为人员奖励和保护条例》第十四条。⑦ 但

---

① 如"广东珠海邱某某等诉珠海市见义勇为评定委员会案"。

② 《男子见义勇为被刺 7 刀 状告政府未发抚恤金》，2016 年 10 月 19 日，http：//news. sohu.com/20161019/n470682920.shtml。

③ 《辽宁省奖励和保护见义勇为人员条例》第十条："申报人对不予确认有异议的，可以自收到不予确认书面说明之日起十日内，向市级社会管理综合治理工作机构申诉。市级社会管理综合治理工作机构应当自收到申诉之日起三十日内，完成调查、核实工作，并将核实结果书面告知申报人和县级社会管理综合治理工作机构。"

④ 《南宁市奖励和保护见义勇为人员条例》第十二条："见义勇为人员被确认的，县、区人民政府应当颁发确认书；见义勇为人员没有被确认的，县、区人民政府应当书面通知申报人；申报人不服的，可以向市人民政府申请复核，市人民政府应当在接到申请之日起三十日内书面答复申报人。"

⑤ 《贵阳市见义勇为奖励和保护暂行办法》第十二条："申报人对见义勇为确认和奖励决定有异议的，应当在接到通知之日起十五个工作日内向作出决定的见义勇为机构提出复核；对复核决定仍有异议的，应当在收到复核决定书之日起十五个工作日内向上一级见义勇为机构申请复议。"

⑥ 《武汉市见义勇为人员奖励和保护条例》第十一条："申请人、举荐人对不予确认的书面决定有异议的，可以依法申请行政复议或者提起行政诉讼。"

⑦ 《山东省见义勇为人员奖励和保护条例》第十四条："申请人、举荐人对不予确认的书面决定有异议的，可以自收到该书面决定之日起十日内，向上一级见义勇为确认机构申请再次确认。上一级见义勇为确认机构应当自收到再次确认申请之日起三十日内，组织评审或者重新评审。"

是上述行政救济制度仍存在相应问题。

关于行政申诉。我国并无统一的行政申诉法，实践中存在着诸如相关规定也极不完善，概念不严谨，制度定位不明晰，权利救济作用发挥有限等问题。[①] 目前的适用对象主要是行政机关、单位等内部人员的救济，如公务员、教师与学生等。在见义勇为确认领域适用行政申诉作为权利救济制度并不合理。关于行政复核。行政复核是各省市常用的权利救济制度，但是，行政复核仍有制度定位不清的问题。从《南宁市奖励和保护见义勇为人员条例》第十二条规定的情况来看，申请人不服见义勇为不予确认结果的，可以向市人民政府申请复核。此处的"复核"类似于行政复议制度。从《贵阳市见义勇为奖励和保护暂行办法》第十二条规定的情况来看，申报人对见义勇为确认决定有异议的，应当向见义勇为确认机关先复核，对复核决定仍有异议的，再向上一级见义勇为机构申请复议。此处的"复核"类似于行政复议的前置程序，显然不是指行政复议。[②] 实践中对复核制度也有争议。在陈某某、周某某等与鹰潭市社会治安综合治理委员会办公室案中，被告辩称，见义勇为复核不是具体行政行为，不具有可诉性。[③] 而在李某某等诉宜阳县公安局等行政确认行政纠纷案中，被告宜阳县公安局答辩称，该局作出的复核行为并非行政复议，不具有可诉性。[④] 由此引发问题：若依《南宁市奖励和保护见义勇为人员条例》规定，则地方性法规为何不直接采用行政复议制度？若依《贵阳市见义勇为奖励和保护暂行办法》规定，行政复核的法律性质为何？是具体行政行为还是其他？若将其规定为权利救济制度，是否有增加公民程序负担，甚至阻塞公民救济权利之嫌？

---

① 袁兵喜：《我国行政申诉制度的构建及完善》，《河北法学》2010 年第 10 期；彭君、王晓红：《作为基本权利的申诉权及其完善》，《法律适用》2013 年第 11 期。

② 刘燕玲、孟利民：《关于〈河北省奖励和保护见义勇为人员条例〉的几点修改建议》，载河北法学会主编《河北省见义勇为法治论坛论文集》，2012 年 7 月，第 477—484 页。

③ 陈某某、周某某等与鹰潭市社会治安综合治理委员会办公室案，（2017）赣 0602 行初 33 号，http：//www.pkulaw.cn/case/pfnl_a25051f3312b07f3d12d5e2c777747b9651867c3876bb03bbd-fb.html? keywords＝见义勇为%20 复核 &match＝Exact。

④ 李某某等诉宜阳县公安局等行政确认行政纠纷案，（2016）豫 0391 行初 12 号，http：//www.pkulaw.cn/case/pfnl _ a25051f3312b07f33b16d9d5f7a2ae5e64ebff39c4b51432bdfb.html? keywords＝见义勇为%20 复核 &match＝Exact。

据此，在见义勇为确认中，能够有效发挥作用且合理合法的行政救济制度当属行政复议与行政诉讼。依据《行政复议法》第二条、第六条和《行政诉讼法》第二条、第十二条的规定，见义勇为人员等认为见义勇为确认行为侵犯其合法权益的，有权申请复议或提起诉讼。另外，行政复议和行政诉讼具有程序性和终局性等特点，将这两者作为处理纠纷的手段也能够及时定纷止争，而不至于出现久处不决，违法上访等乱象。

第七章　附　　则

第四十七条【普通好人好事的奖励】

对尚未达到见义勇为认定标准、产生一定社会影响的善举、义举，所在单位、村（居）民委员会以及有关组织应当给予奖励。

【说明】

本条是针对尚未达到见义勇为认定标准，但产生一定社会影响的善举、义举的奖励条款。实施主体可以是有关人员所在单位、村（居）民委员会以及有关组织，形式为奖励，既可以是赋予荣誉称号，也可以是一定数额的物质奖励。

【理由】

由于见义勇为的认定标准较高，使得很多介于普通的好人好事行为与见义勇为行为之间的善举、义举难以得到应有的宣传与褒奖。这不仅打击了这部分行为人的积极性，也不利于弘扬社会正义。

其一，课题组在重庆綦江区调研时了解到，在审核过程中对好人好事以及见义勇为的区分存在困难，由于缺乏专业培训不能进行准确把握，在基层中见义勇为的情形主要是下河救人、救火、山体滑坡等紧急突发情况、自然灾害的预防性救助、协助警察破案等，但占主要的仍然是下河救人的情形。但是针对不同的危险性可以区分为见义勇为和好人好事，通过对见义勇为和好人好事的区分规定有助于见义勇为的具体确认。虽然要放宽见义勇为的认定标准，降低认定门槛，但同时也不能为了认定见义勇为而滥竽充数，否则会损害那些真正符合见义勇为认定标准的见义勇为人员的利益与积极性，使见义勇为的含金量降低。所以对于那些介于普通的好人好事行为与见义勇为行为之间的善举，应当在见义勇为的体系之外进行相应的宣传和表彰，既使这些行为得到了应有的宣传和褒奖，也不至于和见义勇为行为相混淆。

其二，结合目前对重庆实地调研的现实状况，即见义勇为宣传事迹匮乏、宣传工作不到位，有必要扩大被表彰的对象，进而更好地响应中央鼓励见义勇为的号召。在实际工作中，由于见义勇为的认定属于政府机关的行政行为，相关公民一旦获得见义勇为的确认将会获得奖金、抚恤金、保障性住房、户籍等各种优待政策，因此，见义勇为主管机关在进行确认工作时会相对谨慎，例如綦江区自2003年以来共计只有111人（71件）获得表彰，获得表彰人群体量过小，极大地影响了见义勇为先进个人的社会模范效应。在发放的767份问卷调查中，有67%的受访者认为应当放宽认定标准，21%的受访者未作答或不清楚，12%的受访者不赞成。由此可知，大部分民众认为应当放宽见义勇为的认定标准。此外，课题组在实地调研时，綦江区和九龙坡区政法委工作人员和曾经受过表彰的先进个人均提到应当加大对见义勇为的宣传工作。宣传工作是大众了解见义勇为的途径，报道宣传见义勇为先进事例，有利于鼓励更多的见义勇为，培育互帮互助的社会风气。实际工作中，宣传效果往往不尽如人意，难以落实。具体表现在宣传见义勇为长效机制的缺乏，宣传力度有待加强，所以不仅需要宣传具有杰出贡献的见义勇为行为，也应该关注平凡生活中的热心事、好心人。九龙坡区综治办同志提出办法，未来将在区里设置"身边的平安卫士"荣誉墙，举办突出事迹报告会，设置"九龙坡好人"荣誉称号等。这是在见义勇为体系之外对好人好事的宣传与弘扬，应当大力提倡和推广，以便充分发挥普通的好人好事对弘扬社会正气的积极作用。

第四十八条【属人适用】

中国公民在境外见义勇为的，参照本法执行。

【说明】

本条规定的是中国公民在境外见义勇为，其确认与奖励、优待与权益保护参照本法执行。

【理由】

本条是属人管辖原则在鼓励见义勇为领域的展开，扩大了见义勇为受表彰的范围。添加属人管辖更加有利于中国公民将见义勇为的美好品德在海外传扬，展现中国国家形象与公民个人素养。而事实上，中国公民在海外见义勇为，能否享受有关优待的问题也有显现。如赴美留学生杜某在美国为救落水的另一名中国留学生而不幸遇难，密歇根大学迪尔伯恩分校为其降半旗致哀，当地警署将其所能授予的最高荣誉奖——"生命救护奖"追授给杜某。① 但尴尬的是，杜某见义勇为的行为却可能因缺乏有关规定而无法在国内获得表彰。这种情况的背后，反映的是目前国内鼓励见义勇为立法的"短板"：它长期停滞在地方立法层面，认定范围、奖励标准不统一。从域外的规定来看，不少国家也建立了全国统一的褒扬善举制度的，不仅包括本国公民在境外行善，还包括外国公民在本国做好事。有的国家，虽然未出现过公民在境外行善、在国内申请荣誉称号的案例，但法律中明确规定，只要是本国公民行善，即有申请资格，与见义勇为地点是在国内或境外没有关系，而在现实操作中，也保持着执行灵活性。换句话说，对善举褒扬认定虽跟国籍绑定，但对本国公民在哪行善却没有硬性限定。因此，课题组建议对境外见义勇为的中国公民，参照本法规定，给予相应优待。

第四十九条【见义勇为群体】

对见义勇为群体的表彰、奖励和保护，参照本法相关规定执行。

【说明】

本条是关于见义勇为群体的表彰、奖励和保护的参照执行规定。

【理由】

群体荣誉称号在增强群体荣誉感、个人荣誉感的同时可以增加特定事件的影响力，本次修订将表彰对象由个人拓展到群体主要出于立法借鉴、法律统一性、见义勇为认定、见义勇为宣传四方面的考虑：

其一，其他省市有对群体授予荣誉称号的先例。在统计的 34 个省市

---

① 季鸿褚：《公民境外见义勇为，国内认定又何妨》，《新京报》2014 年 07 月 13 日 A03 版。

关于见义勇为的立法规定中，安徽①、海南②、福建③、天津④、湖北⑤、云南⑥六省市规定了个人与群体（或集体）两种荣誉称号。结合目前对重

---

① 《安徽省见义勇为人员奖励和保护条例》（2011 年 4 月 28 日公布）第十七条："见义勇为荣誉称号包括见义勇为先进个人或者先进集体、见义勇为模范或者模范集体、见义勇为英雄或者英雄集体。"

② 《海南省见义勇为人员奖励和保障规定》（2020 年 12 月 2 日公布）第十五条："见义勇为人员，视其贡献大小，由市、县（区）、自治县人民政府授予见义勇为积极分子称号，由省人民政府分别授予见义勇为先进分子、见义勇为英雄称号。对获得见义勇为积极分子称号的给予一万元以上的奖励，对获得见义勇为先进分子称号的给予五万元以上的奖励，对获得见义勇为英雄称号的给予十万元以上的奖励。"

③ 《福建省见义勇为人员奖励和保护工作委员会关于印发〈福建省见义勇为人员表彰奖励暂行办法〉的通知》（2012 年 11 月 5 日公布）第八条："授予'见义勇为模范（群体）'荣誉称号的，由县级以上见义勇为基金会（工作协会）申报，经同级见义勇为人员奖励和保护工作委员会审核同意后，报同级人民政府审批。"

④ 《天津市见义勇为人员奖励和保护条例》（2017 年 11 月 28 日公布）第十三条："对事迹特别突出的见义勇为人员或者群体，由市人民政府授予见义勇为模范、见义勇为先进个人或者见义勇为模范群体、见义勇为先进群体等荣誉称号。"

⑤ 《湖北省见义勇为人员奖励和保护办法》（2015 年 12 月 7 日公布）第十四条："见义勇为荣誉称号包括'见义勇为英雄'、'见义勇为模范'、'见义勇为勇士'、'见义勇为先进'四个类型，按照下列权限授予：（一）见义勇为英雄（群体）称号由省人民政府批准授予，见义勇为英雄享受省级劳动模范待遇；（二）见义勇为模范（群体）称号由市级人民政府批准授予，见义勇为模范享受市级劳动模范待遇；（三）见义勇为勇士（群体）称号由县级人民政府批准授予，见义勇为勇士享受县级劳动模范待遇；（四）见义勇为先进（群体）称号由省、市、县级综治机构会同见义勇为基金会（促进会）授予。"

⑥ 《云南省奖励和保护见义勇为人员条例》（2021 年 5 月 28 日公布）第十三条："对见义勇为人员，根据其贡献大小，给予下列表彰奖励：（一）有一定贡献的，由县（市、区）见义勇为工作机构报本级人民政府授予'见义勇为先进个人（群体、集体）'称号，颁发荣誉证书，给予5000 元以上奖金；（二）有较大贡献的，经县（市、区）见义勇为工作机构申报，由州（市）见义勇为工作机构报本级人民政府授予'见义勇为先进个人（群体、集体）'称号，颁发荣誉证书，给予 1 万元以上奖金；（三）有重大贡献的，经县（市、区）见义勇为工作机构逐级申报，由省见义勇为工作机构报省人民政府授予'见义勇为先进个人（群体、集体）'称号，颁发奖章和荣誉证书，给予 10 万元以上奖金；（四）有特别重大贡献，牺牲或者完全丧失劳动能力的，经县（市、区）见义勇为工作机构逐级申报，由省见义勇为工作机构报省人民政府授予'见义勇为英雄（群体、集体）'称号，颁发奖章和荣誉证书，由省、州（市）、县（市、区）共同以全省上一年度城镇居民人均可支配收入的 30 倍为标准一次性发给奖金；其奖金的三级比例为省 65%、州（市）30%、县（市、区）5%。表彰奖励应当公开进行，被表彰奖励人员要求为其保密或者有关部门认为应当保密的，可以不公开进行。"

庆实地调研的现实状况，即见义勇为宣传事迹匮乏、宣传工作不到位，有必要扩大被表彰的对象，增加集体荣誉称号，进而更好地响应中央鼓励见义勇为的要求。

其二，群体荣誉称号评定对象为群体共同实施的见义勇为行为，有利于解决实践中个人贡献认定难的问题。本条例第八条列举的见义勇为的具体类型如抢险救灾救人、同违法犯罪行为作斗争，在现实生活中很有可能出现由一人开始实施见义勇为，其他路人纷纷加入其中的情形，此时存在参与人员众多，情况认定复杂的难题，如果这一群体性的见义勇为行为的结果达到了第八条的标准，即可以授予见义勇为参与人员一项群体奖项，能在增强个人荣誉感的同时更好地鼓励参与人员继续实施见义勇为。

其三，丰富见义勇为宣传事迹，扩大见义勇为影响力，弘扬社会主义核心价值观。在问卷调研中，有94人针对重庆目前见义勇为现状提出针对性意见，其中有23人提出见义勇为事迹宣传不到位、影响力较小的问题，建议增强宣传力度。另外根据重庆区县实地调研反馈：重庆29个区县从2013年至2018年共有267人因见义勇为而获得表彰，每年直辖市范围内有将近45个人被表彰，其中綦江区和璧山区的奖励工作较为突出，近六年分别表彰见义勇为人员达77次、35次，但合川、巫溪、九龙坡、北碚、江津、彭水、丰都、垫江、南岸、万盛、武隆、酉阳、长寿、城口、两江新区、万州、南川17个区县近六年表彰人数均为个位数字，甚至黔江、大渡口、秀山三地近六年无1人被表彰。通过数据可推知宣传见义勇为事迹主要存在宣传力度不足和宣传事迹匮乏的困境，增加群体荣誉称号在丰富见义勇为事迹的同时，扩大了见义勇为的奖励人群，能更好地增强见义勇为的影响力。

第五十条 【生效时间】

本法自　　　年　　　月　　　日起实施。

参考文献

一 论文

陈朝阳：《见义勇为激励机制法律化探讨》，《道德与文明》1994年第4期。

陈华彬：《〈民法总则〉关于"民事责任"规定的视评》，《法律适用》2017年第9期。

崔建远：《关于无因管理的探讨》，《法学家》1989年第3期。

崔建远：《我国〈民法总则〉的制度创新及历史意义》，《比较法研究》2017年第3期。

崔巍：《不可诉的具体行政行为探究》，《行政法学研究》1996年第2期。

冯德淦：《见义勇为中救助人损害救济解释论研究》，《华东政法大学学报》2020年第2期。

冯彦军、张颖慧：《"劳动关系"判断标准的反思与重构》，《当代法学》2011年第6期。

傅昌强、甘琴友：《见义勇为行为的行政法思考》，《行政法研究》2002年第2期。

郭忠：《法律如何保卫良知》，《武汉大学学报》（哲学社会科学版）2017年第2期。

黄学贤：《行政法中的比例原则研究》，《法律科学》2001年第1期。

贾银生：《〈民法总则〉第184条之刑民秩序冲突及其解决》，《新疆大学学报》（哲学·人文社会科学版）2018 年第 7 期。

金强：《见义勇为权益保障的地方立法完善》，《东南大学学报》（哲学社会科学版），2011 年第 6 期。

邝少明：《法律视野下的见义勇为——基于立法进行补偿和奖励的角度》，《广东行政学院学报》2014 年第 6 期。

劳东燕：《防卫过当的认定与结果无价值论的不足》，《中外法学》2015 年第 5 期。

劳东燕：《论实行的着手与不法的成立依据》，《中外法学》2011 年第 6 期。

马云生、刘阳：《从"诬告反坐"到"讹诈有罚"——对被救助者诬赖救助者立法惩罚的再思考》，《河南科技大学学报》2012 年第 2 期。

彭君、王晓红：《作为基本权利的申诉权及其完善》，《法律适用》2013 年第 11 期。

秦小建、陈健夫：《见义勇为人员合法权益的法律保障与补偿机制》，《重庆社会科学》2012 年第 4 期。

桑本谦：《利他主义救助的法律干预》，《中国社会科学》2012 年第 10 期。

宋宗宇、张晨原：《救助他人受到损害私法救济的法制构造——兼评〈民法典（草案）〉第 183 条》，《法学评论》2020 年第 3 期。

孙日华：《见义勇为认定的法理反思与制度建构》，《东北大学学报》（社会科学版）2013 年第 1 期。

孙学华：《论见义勇为的法律性质——兼论专门立法的不必要性》，《云南民族大学学报》（哲学社会科学版）2006 年第 3 期。

王道发：《论中国"好人法"面临的困境及其解决路径》，《法律科学》2018 年第 1 期。

王利明：《民法总则的本土性与时代性》，《交大法学》2017 年第 3 期。

王轶：《作为债之独立类型的法定补偿义务》，《法学研究》2014 年第 2 期。

吴忠民：《公正新论》，《中国社会科学》2000 年第 4 期。

肖金明、张宇飞：《关于行政相关人问题》，《政治与法律》2005 年第

6 期。

肖新喜：《我国〈民法总则〉中见义勇为条款与无因管理条款适用关系的教义学分析》，《政治与法律》2020 年第 6 期。

徐国栋：《见义勇为立法比较研究》，《河北法学》2006 年第 7 期。

徐武生、何秋莲：《见义勇为立法与无因管理制度》，《中国人民大学学报》1999 年第 4 期。

杨海坤：《试析行政法意义上的见义勇为行为——兼评我国见义勇为法律制度之不足》，《法学论坛》2008 年第 1 期。

杨立新、贾一曦：《〈民法总则〉之因见义勇为受害的特别请求权》，《国家检察官学院学报》，2017 年第 3 期。

袁兵喜：《我国行政申诉制度的构建及完善》，《河北法学》2010 年第 10 期。

张晨原、宋宗宇：《见义勇为行政确认的判断标准》，《广东社会科学》2020 年第 2 期。

张善根：《从互害型社会走向互利型社会——中国社会主要矛盾的转化及应对》，《探索与争鸣》2018 年第 8 期。

张善根：《社会信任危机的法律治理》，《探索》2015 年第 1 期。

张素凤、赵琰琳：《见义勇为的认定与保障机制》，《法学杂志》2010 年第 3 期。

章程：《见义勇为的民事责任——日本法的状况及其对我国法的启示》，《华东政法大学学报》2014 年第 4 期。

郑丽清：《被救助者失信行为的法律规制——以打破"救人反被诬陷"怪圈为中心》，《兰州学刊》2014 年第 3 期。

郑丽清、俞煌霞：《被救助者讹诈行为的法律规制途径探析——以"扶老人被讹"为视角》，《行政与法》2016 年第 9 期。

郑晓剑：《比例原则在民法上的适用及展开》，《中国法学》2016 年第 2 期。

邹兵建：《正当防卫中"明显超过必要限度"的法教义学研究》，《法学》2018 年第 11 期。

Amelia H. Ashton, "Rescuing the Hero: the Ramifications of Expanding the Duty to Recue on Society and the Law", 59 *Duke L. J.* 69 (2009).

Christopher H. White，"No Good Deed Goes Unpunished：The Case for Reform of the Rescue Doctrine"，*Northwestern University Law Review*，2002（1）.

Mulheron Rachael，"Legislating Dangerously，Bad Samaritans，Good Society，and the Heroism Act 2015"，*Modern Law Review*，2017（1）.

二 著作

［美］富勒：《法律的道德性》，郑戈译，商务印书馆 2005 年版。

扈纪华编：《民法总则起草历程》，法律出版社 2017 年版。

黄茂荣：《债法通则之四：无因管理与不当得利》，厦门大学出版社 2014 年版。

［美］霍菲尔德：《基本法律概念》，张书友译，中国法制出版社 2009 年版。

齐建东：《行政资助法治化研究》，法律出版社 2016 年版。

钱叶六：《犯罪实行行为着手研究》，中国人民公安大学出版社 2009 年版。

王家福主编：《中国民法学·民法债权》，法律出版社 1991 年版。

曾世雄：《损害赔偿法原理》，中国政法大学出版社 2001 年版。

三 报纸文章

陈兴良：《赵宇正当防卫案的法理评析》，《检察日报》2019 年 3 月 2 日。

顾敏、朱秀霞：《劳动保障，别落下"快递哥"》，《新华日报》2015 年 12 月 10 日。

李光明：《罗腊英：逆向奔入火海的女英雄》，《法制日报》2017 年 8 月 24 日。

韦慧、周竟：《浙"最美保安"获授"见义勇为勇士"》，《新华每日电讯》2013 年 11 月 23 日。

习近平：《全面深入做好新时代政法各项工作 促进社会公平正义 保障人民安居乐业》，《人民日报》2019 年 1 月 17 日。

杨维松：《工伤四年终获赔偿》，《工人日报》2007 年 7 月 2 日。

张烁：《像火炬般传递光明》，《人民日报》2012 年 9 月 11 日。

重庆见义勇为问题调查问卷及结果分析

一 问卷设计

尊敬的女士/先生：您好！为了解和研究公众对见义勇为的认识和见解，我们组织了这次问卷调查。所有回答只用于学术研究，我们会对问卷信息严格保密，不会对您造成任何不利影响。问卷中各问题的回答，没有对错之分，请您根据平时的体会和见解作答，感谢您的参与！

二 基本信息

1. 您的性别：

①男　②女

2. 您的出生日期：_____年_____月

3. 您的受教育程度：

①小学及以下　　　②初中　　　③高中、中专　　④大专

⑤本科　　　　　　⑥研究生及以上　⑦未受过正规教育

4. 您的职业：

①学生　　　　　　②务农　　　　　③务工

④企、事业单位人员　　　　　　　⑤公务员

⑥军人　　　　　⑦经商　　　　　⑧离退休

⑨无业

5. 个人年收入：

①无收入　　　　　　　　　　　　②5 千以下

③5 千—2 万　　　　　　　　　④2 万—5 万

⑤5 万—10 万　　⑥10 万—20 万　　⑦20 万以上

6. 您是否有过见义勇为的行为？

①有　　　　　　　　　②没有

7. 您是否因为见义勇为行为而被表彰？

①有　　　　　　　　　②没有

8. 如果您曾受过表彰，表彰的级别如何？（可多选）

①国家级　　　　　②省级　　　　　③市级　　　　　④县级

9. 如果您曾受过表彰，可否因见义勇为受有物质奖励或其他政策优惠？

①有　　　　　　　　　②没有

10. 如果您曾受有物质奖励或其他政策优惠，具体为哪些？（可多选）

①奖金　　　　　②抚恤金　　　　　③就业优待　　　　④住房优惠

⑤子女教育优惠　　⑥其他_____

三　有关见义勇为的问题

11. 您认为现今社会总体的道德风气如何？

①很好　　　　　②较好　　　　　③一般　　　　　④较差

⑤很差　　　　　⑥不清楚

12. 对于见义勇为者反被讹诈的事件（例如"彭宇案"），您怎么看？

①应当严肃惩治讹诈之人　　　　　②见义勇为人活该

③无所谓，与我无关　　　　　④真相不清楚，不好做判断

13. 您认为见义勇为行为应当包括哪些要素？（可多选）

①情况危急　　　　②事迹突出　　　③行为合法

④对所救之人没有救助义务　　　　⑤成功救助人身或财产

⑥见义勇为人员自身身负重伤或英勇牺牲

⑦其他_____

14. 您认为下列哪几项属于见义勇为？（可多选）

①帮助司法机关将犯罪分子抓捕归案

②在自然灾害中救助他人，帮助挽回财产损失

③救助中暑之人

④男友将溺水的女友救出

⑤保安与犯罪分子作斗争，自身身负重伤

⑥警察成功制伏犯罪分子，自身身负重伤

⑦结伴出游的组织者救助溺水的同伴

15. 您认为见义勇为人员在见义勇为过程中遭遇的损失应当由谁来赔偿？（可多选可添加序号）

①加害人（例如犯罪分子）

②受益人（例如被救之人）

③政府

④见义勇为人所在的单位

⑤相关社会保险（例如医保、工伤保险）

⑥见义勇为基金会

⑦其他_____

16. 请您对上题勾选人员或机构的赔偿顺位进行排序：_____

17. 您认为如果见义勇人在见义勇为过程中对被救之人造成了伤害，见义勇为人是否应当赔偿？

①应当赔偿　　　　②不应当赔偿

③不清楚　　　　　④具体情况具体分析

18. 如果见义勇为人对被救之人造成了伤害，您认为下列哪些情形见义勇为人可不承担赔偿责任？（可多选）

①见义勇为人员收取了被救之人的报酬

②见义勇为人发现被救之人为仇人，之后进行故意伤害

③医生在施救过程中犯了医学常识性错误导致被救之人残疾

④施救过程中不慎将被救之人的手机损坏

⑤普通人因缺乏急救常识而对被救之人造成二次伤害

⑥以上行为都应承担责任

19. 您认为政府授予见义勇为人员的下列哪些优惠是合理的？（可多选）

①奖金　　　　　　②抚恤金

③住房优惠（例如优先分配公租房或经济适用房）

④子女教育优惠（例如见义勇为人员的子女参加中高考会有一定优待）

⑤税收优惠（例如见义勇为者的奖金或奖品免征个人所得税）

⑥扶持就业（例如优先安排见义勇为人员从事政府开发的公益性岗位）

⑦为见义勇为人员建立专项档案

⑧提供法律援助（例如为见义勇为人员参加的诉讼配给律师）

20. 请您按照最能激励公民进行见义勇为行为对上题所选选项进行排序：_____

21. 您认为政府提供给见义勇为者的优惠会促使您更多地参与见义勇为吗？

①会，不管有没有优惠都会

②会，优惠确实够诱人

③会，但也是在保证自己不会被讹诈的情况下

④不会，被讹诈的风险始终存在

⑤不会，事不关己无关紧要

22. 您认为是否可将见义不勇为纳入刑法规制？（即见义不勇为可判刑）

①可以，有助于改善社会风气

②可以，但施救不应当使自己陷入危险

③不可，对一般人负担太重

④不可，没有可操作性

23. 请您选择您对下列语句的认同程度，在相应数字上打 √ 即可。

	非常赞同	比较赞同	不清楚	比较不赞同	非常不赞同
现今社会道德风气较差					
应当放宽见义勇为的认定标准					
见义勇为者受有损害，受益人（被救之人）应适当补偿					
见义勇为受有损害，国家应当对赔偿兜底					
讹诈见义勇为者的行为应当被严肃惩治					

续表

	非常赞同	比较赞同	不清楚	比较不赞同	非常不赞同
见义勇为过程中对被救之人造成损害，见义勇为者不应赔偿，除非因为见义勇为者的故意或重大过失					
见义勇为者应当受到国家政府的优待					
国家对见义勇为的优待会促生更多的见义勇为					
见义不勇为应当进入刑法（即见义不勇为应当被判刑）					

24. 您觉得现今见义勇为领域还存在什么问题？如何进一步改善？

答卷人承诺：我知道我的回答将用于学术研究，同意被采用。　签名同意：＿＿＿＿＿＿＿

四　问卷结果分析

为了了解民众对见义勇为确认、奖励和保护的具体看法，课题组设计了"见义勇为问题调查问卷"，由市政法委统一下发到各区县（自治县）政法委，再由各区县（自治县）发放问卷并收集反馈。最终，课题组共收集重庆市 22 个区县（自治县）的 767 份问卷，运用 SPSS 统计软件进行数据分析，大致了解重庆民众针对见义勇为的总体观点和看法。

（一）问卷调查对象的基本情况

本次问卷调查中，受访者基本情况分为个人基本信息和见义勇为相关信息，前者包括性别、年龄、受教育程度、职业、年收入，后者包括是否实施过见义勇为行为、是否因见义勇为受过表彰等。

其一，受访者的个人基本信息。性别分布见表 1，年龄分布见表 2，受教育程度见表 3，职业分布见表 4，年收入分布见表 5。

表 1　　　　　　　　　　　　　**性别**

	人数	百分比（%）
男	416	54.2

续表

	人数	百分比（%）
女	338	44.1
合计	754	98.3
缺失①	13	1.7
合计	767	100.0

表 2　　　　　　　　　　　　　　　**年龄**

	人数	百分比（%）
18 岁以下	20	2.6
18—30 岁	225	29.3
31—40 岁	245	31.9
41—50 岁	164	21.4
51—60 岁	94	12.3
61 岁以上	6	0.8
合计	754	98.3
缺失	13	1.7
合计	767	100.0

表 3　　　　　　　　　　　　　　　**受教育程度**

	人数	百分比（%）
小学及以下	19	2.5
初中	75	9.8
高中（中专）	128	16.7
大专	199	25.9
本科	314	40.9
研究生及以上	29	3.8
未接受过正规教育	1	0.1
合计	765	99.7
缺失	2	0.3
合计	767	100.0

---

①　缺失是指问卷中该问题受访者未填写，在该事例中意为 767 份问卷中有 13 份问卷未填写性别。下文也会出现缺失值，不再赘述。

表 4 　　　　　　　　　　　　　　　　职业

	人数	百分比（％）
学生	55	7.2
务农	47	6.1
务工	165	21.5
企、事业单位人员	230	30.0
公务员	158	20.6
军人	3	0.4
经商	55	7.2
离退休	5	0.7
无业	35	4.6
合计	753	98.2
缺失	14	1.8
合计	767	100.0

表 5 　　　　　　　　　　　　　　　　年收入

	人数	百分比（％）
无收入	69	9.0
5000 元以下	93	12.1
5000—20000 元	118	15.4
20000—50000 元	203	26.5
50000—100000 元	215	28.0
100000—200000 元	61	8.0
200000 元以上	3	0.4
合计	762	99.3
缺失	5	0.7
合计	767	100.0

从以上各表可以看出，本次受访对象中男女数量基本持平，中青年占绝大多数，受教育程度、职业和年收入在各个变量区间均有分布，选取的样本较为合理，应当可以代表重庆市广大民众。

其二，与见义勇为有关的信息。主要涉及以下几个方面的内容：一是是否实施过见义勇为行为，受访者中有 286 人实施过见义勇为行为，占

37.3%，有 478 人未实施过见义勇为行为，占 62.3%，3 人未做回答。二是是否因见义勇为而受有表彰，受有表彰的有 54 人，占 7%，实施了见义勇为但未受表彰的有 232 人，占 30.2%。三是受有见义勇为表彰的级别，767 位受访者中只有 55 位因见义勇为受过表彰，其中国家级表彰 4 人，占 7.3%，省级表彰 4 人，占 7.3%，市级表彰 11 人，占 20%，县级表彰 64 人，占 81.8%。① 四是因见义勇为表彰而受有奖励，767 位受访者中只有 49 位受有奖励，只占 6.4%。五是受有见义勇为表彰的种类，获得奖金的有 49 人，占 70%，获得抚恤金的有 13 人，占 18.6%，就业优待 6 人，占 8.6%，住房优惠 1 人，占 1.4%，子女教育优惠 1 人，占 1.4%。从统计的基本情况来看，重庆市见义勇为认定数较少，表彰集中在县级，奖励以奖金为主，总体来说不甚理想，此种体量下见义勇为制度很难发挥改善社会风气的作用。

（二）见义勇为的确认

有关见义勇为的确认，问卷中共设计了四个问题，一是见义勇为的构成要件，二是见义勇为的举例，三是见义勇为的主管机关，四是是否应当放宽见义勇为的认定标准。前两题为多选题，第三题为半开放的单选题。经过统计分析，结果见表 6、表 7、表 8-1、表 8-2、图 1 和图 2。

表 6 　　　　　　　　　　　　　见义勇为构成要件

	个案数	百分比（%）	个案百分比（%）
见义勇为的构成要素：情况紧急	629	25.1	83.0
见义勇为的构成要素：事迹突出	430	17.2	56.7
见义勇为的构成要素：行为合法	503	20.1	66.4
见义勇为的构成要素：没有救助义务	376	15.0	49.6
见义勇为的构成要素：成功救助人身或财产	328	13.1	43.3
见义勇为的构成要素：见义勇为人员死亡或重伤	189	7.6	24.9
见义勇为的构成要素：其他	48	1.9	6.3
总计	2503	100.0	330.2

---

① 因为同一人可能因见义勇为受有多个级别表彰的事实，所以本题设计为多选题，因此此处的百分比相加大于 100%。

表 7　　　　　　　　　　　　　　　　见义勇为举例

	个案数	百分比（%）	个案百分比（%）
见义勇为举例：帮助司法机关抓捕犯罪分子	491	19.4	64.8
见义勇为举例：救灾抢险	659	26.0	86.9
见义勇为举例：救助中暑之人	472	18.6	62.3
见义勇为举例：男友将溺水的女友救出	118	4.7	15.6
见义勇为举例：保安与犯罪分子作斗争，身负重伤	367	14.5	48.4
见义勇为举例：警察成功制伏犯罪分子，身负重伤	145	5.7	19.1
见义勇为举例：结伴出游的组织者救助溺水同伴	284	11.2	37.5
总计	2536	100.0	334.6

表 8-1　　　　　　　　　　　　是否知晓见义勇为主管政府机关

	个案数	百分比（%）
知道，是_____	295	38.5
不知道	463	60.4
合计	758	98.8
缺失	9	1.2
合计	767	100.0

表 8-2　　　　　　　　　　　　　　具体的政府机关

	频率	百分比（%）
政府	14	7.2
民政部门	10	5.2
公安部门	18	9.3
政法部门	8	4.1
政法委	59	30.4
综治部门	78	40.2
公安局、财政局	1	0.5
民政局、公安局、政法委	2	1.0
见义勇为基金会	1	0.5
司法局	1	0.5
文明办	2	1.0

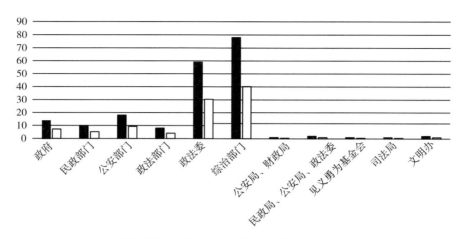

■表8-2具体的政府机关频率　　□表8-2具体的政府机关百分比

图1　见义勇为主管机关

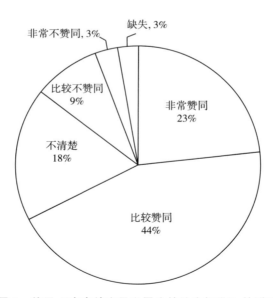

图2　关于"应当放宽见义勇为的认定标准"的看法

有关见义勇为的确认，问卷设计的问题主要包括见义勇为的构成要件和见义勇为的主管机关，以下结合问卷数据分析的结果综合分析。

其一，有关见义勇为的构成要件。从全国及各个省、直辖市、自治区的法律法规来看，见义勇为的构成要件包括危险性、紧急性、无义务、具有一定影响、合法性和贡献性。具体到问卷统计分析的结果来看，一方面，就各个要件选择的数量可以看出各要件之间的民众接受程度，接受度从高到低依次是：情况紧急、行为合法、事迹突出、没有救助义务、成功救助人身或财产、见义勇为人员死亡或重伤、其他。也就是说，重庆民众认为见义勇为的构成要件中，紧急性、合法性、影响性和义务排除较为重要，较为其次的为见义勇为的结果性要件和见义勇为者自身受伤。另一方面，就见义勇为具体事例选择的数量可以看出民众对见义勇为具体事例的认可度，认可度从高到低依次是：抢险救灾、帮助司法机关抓捕犯罪分子、救助中暑之人、保安与犯罪分子做斗争并身负重伤、结伴出游的组织者救助溺水同伴、警察成功制伏犯罪分子并身负重伤、男友将溺水的女友救出。重庆民众对见义勇为具体事例的认可程度也在一定程度上反映了其对见义勇为构成要件的判断，其中认可度排名前两位的抢险救灾和帮助司法机关抓捕犯罪分子都符合了紧急性和合法性要件，排名第三位的"救助中暑之人"在当下"扶老人"的语境下也有极大的可能被认定为具有极大的危险性和急迫性，排名第四位到第六位的事例包括保安、结伴出游的组织者、警察和男友，这类人群可能负有法律上、合同上或者道德上的某种救助义务，重庆民众也认为此种负有某种道德上救助义务的人员实施的行为不属于见义勇为的范畴。

其二，有关见义勇为的主管机关。《重庆市鼓励公民见义勇为条例》（重庆市人民代表大会常务委员会公告〔2005〕30号）中规定重庆市见义勇为主管机关为各区县（自治县）政法委综治部门，但问卷分析的结果来看，只有295位受访者知晓见义勇为主管机关，在上述人群中有78人明确见义勇为主管机关为综治部门，另有59人指出应为政法委，因为在实践工作中综治部门隶属于政法委，所以就等于只有17.8%的受访者明确知晓见义勇为的主管机关。分析其原因，一方面可能与民众从事见义勇为的行为较少，对见义勇为的确认、奖励和保护工作参与较少有关；另一方面，也与见义勇为主管机关宣传不够有关。所以，见义勇为法制知识的宣传科普应当是未来见义勇为工作的重点之一。

其三，有关应当放宽见义勇为认定标准。见义勇为的认定属于政府机关的行政行为，相关公民一旦获得见义勇为的确认将会获得奖金、抚恤金、保障性住房、户籍等各种优待政策。因此，见义勇为主管机关在进行确认工作时会相对谨慎，例如綦江区自 2003 年以来共计只有 111 人（71 件）获得表彰，获得表彰人群体量过小，极大地影响了见义勇为先进个人的社会模范效应。所以为了了解民众关于应当放宽见义勇为标准的看法和意见，课题组设计了此问题。经过数据统计分析得出图 2 的结论，大体来说，有 67% 的受访者认为应当放宽认定标准，21% 的受访者未作答或不清楚，12% 的受访者不赞成。由此可知，巨大部分民众认为应当放宽见义勇为的认定标准，因此建议在条例修订中适当放宽见义勇为的认定标准。

（三）见义勇为者私法的保障

有关见义勇为者私法的保障，问卷共设计了四个问题，一是见义勇为者的损失该由哪些主体赔偿，并对赔偿的顺序进行排位。二是见义勇为者受有的损失国家是否应当兜底。三是如果见义勇为过程中对被救助人造成了损害，见义勇为者是否应当承担责任。四是在前一个问题的前提下，有哪些情形见义勇为者可豁免被救助人的损失赔偿责任。问卷统计分析的结果见图 3、图 4、图 5、图 6、图 7、图 8、图 9、图 10、图 11、图 12。

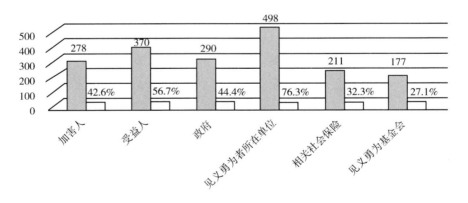

□ 个案数　　□ 个案百分比

图 3　见义勇为者损失赔偿各主体未被选择的比率

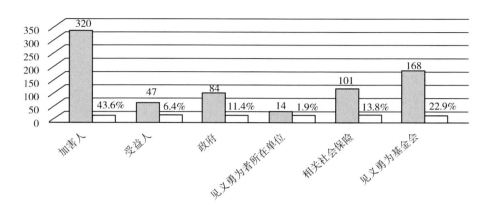

图 4　见义勇为者损失赔偿各主体排名第一顺位的比率

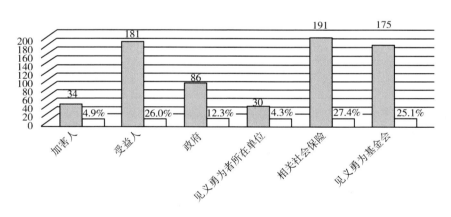

图 5　见义勇为者损失赔偿各主体排名第二顺位的比率

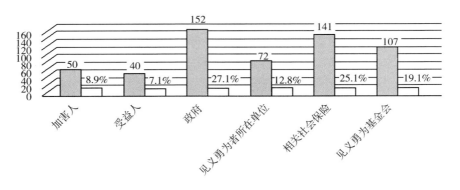

图 6　见义勇为者损失赔偿各主体排名第三顺位的比率

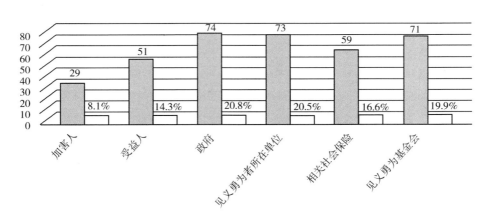

图 7　见义勇为者损失赔偿各主体排名第四顺位的比率

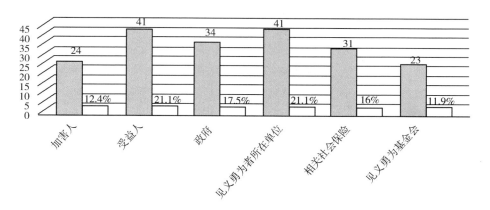

图 8　见义勇为者损失赔偿各主体排名第五顺位的比率

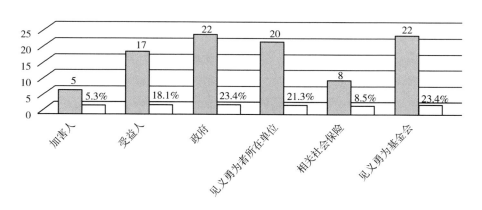

图 9　见义勇为者损失赔偿各主体排名第六顺位的比率

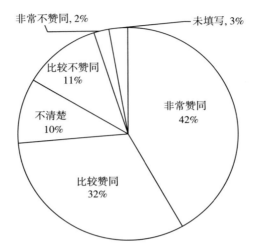

图 10　关于"见义勇为者受有的损失国家应该兜底"的看法

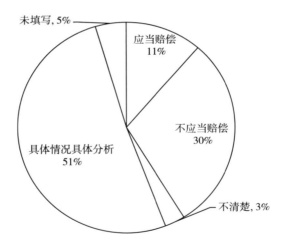

图 11　见义勇为者造成被救助人损害是否应当赔偿

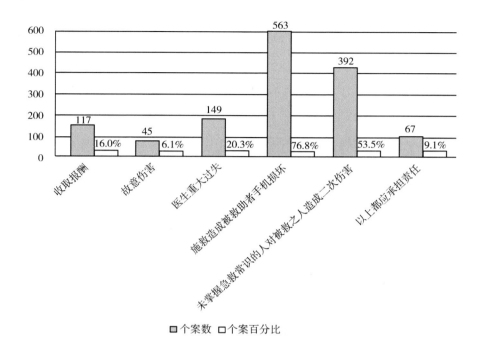

图 12 见义勇为者造成被救助人损害的豁免事由比率

其一，有关见义勇为损失赔偿及其顺位的问题。经过上述分析可得出以下结论：首先，有超过半数的民众的认为见义勇为者所在单位（76.3%①）、受益人（56.7%）不宜赔偿见义勇为者遭受的损失。此种现象的原因可能有两点，一是当今时代单位与员工只是靠劳动合同维系，单位对员工大包大揽的年代已经过去；二是受益人本身对于见义勇为者的损失没有过错，所以也就没有可归责性。其次，按照第一到第六的赔偿顺位，每个顺位中选择较多的包括加害人（43.6%），相关社会保险（27.4%），政府（27.1%），见义勇为者所在单位（20.5%），受益人（21.1%），见义勇为基金会（23.4%）。所以，根据民众朴素的法律观念，见义勇为者损失赔偿的顺位应当依次是加害人、相关社会保险、政

---

① 此比例为未选择见义勇为占勾选此题的总人数的比率，下同。

府、见义勇为者所在单位、受益人、见义勇为基金会。① 这其中第一到第五顺位的赔偿主体应基本无异议，至于为何见义勇为基金会被选择到了第六位，这与课题组采用的分析方法有关。实质上见义勇为基金会的选择数量在第一顺位为 168 （排名第二）、第二顺位为 172 （排名第三）、第三顺位为 107 （排名第三）、第四顺位为 71 （排名第三）、第五顺位为 23 （排名第六）、第六顺位为 22 （排名并列第一），无论从选择的数量还是在每个顺位里的排名来看，见义勇为基金会的赔偿顺位都不应当是末尾，应当处于中游位置。因此，调整后的赔偿顺序应为加害人、相关社会保险、见义勇为基金会、政府、见义勇为者所在单位、受益人。

其二，有关"见义勇为者受有的损失国家应该兜底"的看法，如图 10，有 74% 的受访者赞同，13% 的受访者不赞同，13% 的受访者不清楚或未填写。这也充分表明，民众也认为见义勇为者不应"流血又流泪"，其损失如果经由民事手段不能得到完全赔偿，国家应该对剩余部分进行兜底，这也证明了见义勇为损失垫支制度的正当性。

其三，有关见义勇为过程中造成被救助人的损害的赔偿问题，包括是否应当赔偿和赔偿的豁免两个层面的问题。一方面，如图 11，除了 59% 的受访者对此问题持观望态度外，30% 的受访者认为不应当赔偿，11% 的受访者认为应当赔偿。这也表明：第一，民众对此问题没有内心完全确信的答案；第二，不应当赔偿的观点相对站主流。另一方面，如图 12，可以得出结论：第一，如果见义勇为造成的是财产损失，则可以豁免（该事由占比 76.8%）；第二，故意造成的损失不得豁免（仅占比 6.1%）；第三，重大过失可豁免（占比 73.8%），但重大过失的认定应考虑见义勇为者的职业，比如医生重大过失时仅有 20.3% 的受访者认为可以豁免，普通人重大过失时则有 53.5% 认为可以豁免，显然民众认为医生实施见义勇为的责任豁免的标准更高；第四，收取报酬的不得豁免（仅占比 16.0%）。

（四）见义勇为的奖励和保护

有关见义勇为的奖励和保护，问卷共涉及三个层面，一是有关"见义

---

① 此种顺序的排列依照以下标准：第一，每个顺位以按照选择最多的为准；第二，如果下一顺位选择最多在之前的顺位中也是最多，则按照数量次多的为准。

勇为者应当受到国家的优待"的看法。二是见义勇为者所受的奖励种类及其激励公民参与见义勇为的顺序。三是有关"国家对见义勇为的优待会促生更多的见义勇为"的看法和政府对见义勇为的优惠政策是否会激励公民参与见义勇为。详情请见图 13、图 14、图 15、图 16、图 17、图 18、图 19、图 20、图 21、图 22、图 23、图 24。

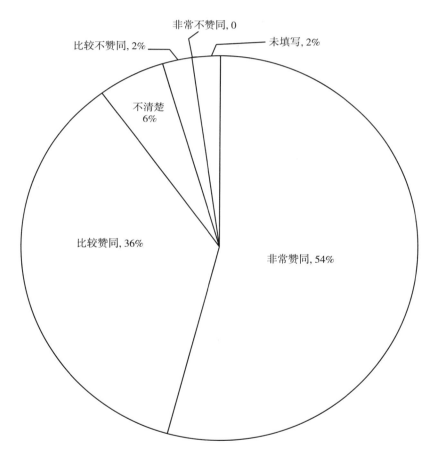

图 13　有关"见义勇为者应当受到国家的优待"的看法

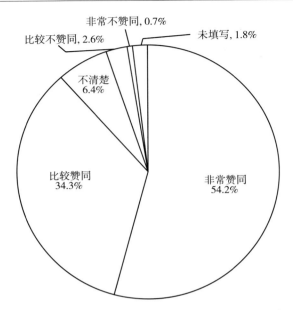

图 14　有关"国家对见义勇为的优待会促生更多的见义勇为"的看法

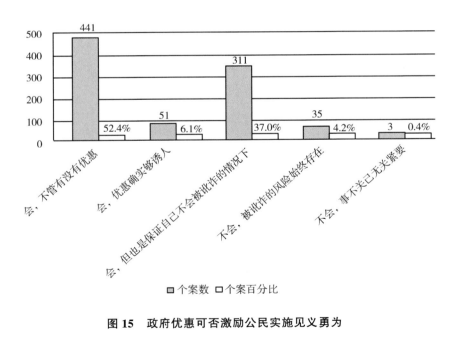

图 15　政府优惠可否激励公民实施见义勇为

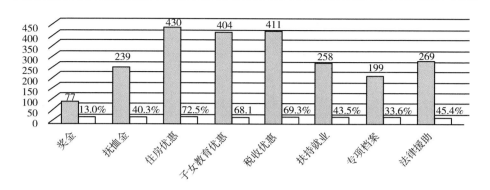

图 16　见义勇为奖励未选择的比例

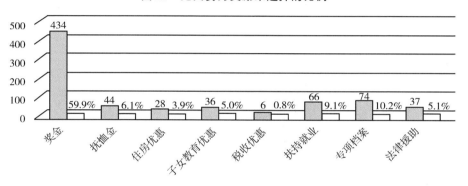

图 17　见义勇为奖励第一顺位比例

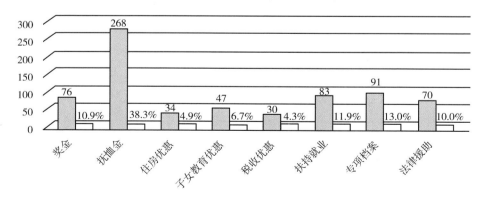

图 18　见义勇为奖励第二顺位比例

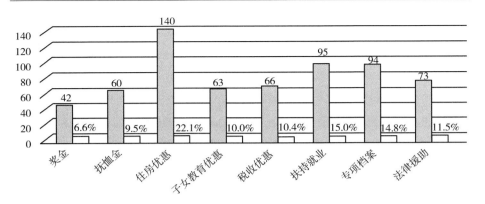

图 19 见义勇为奖励第三顺位比例

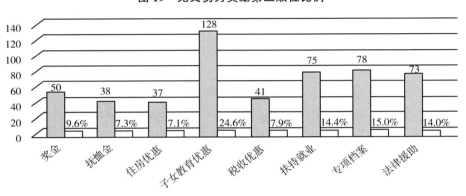

图 20 见义勇为奖励第四顺位比例

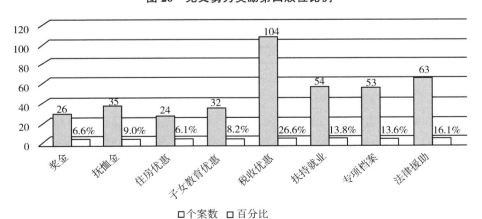

图 21 见义勇为奖励第五顺位比例

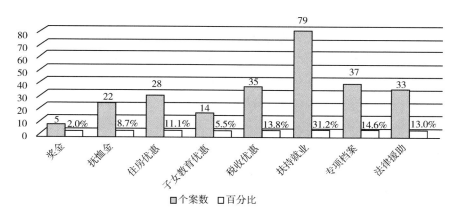

图22　见义勇为奖励第六顺位比例

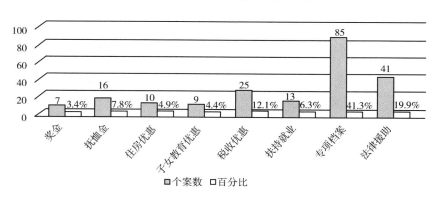

图23　见义勇为奖励第七顺位比例

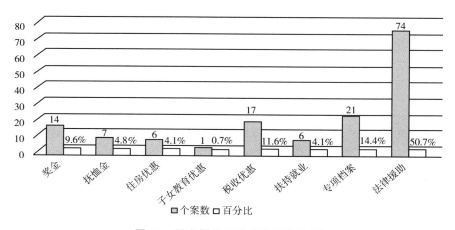

图24　见义勇为奖励第八顺位比例

其一，见义勇为应当受到国家优待是社会主流意见。在受访者中，绝大部分（90%）受访者认为见义勇为者应当受到优待，明确持不赞同意见的只占2%，剩下的8%受访者对此观点不清楚或未作答。

其二，国家对见义勇为的优待会激励公民的见义勇为行为。一方面，绝大部分民众认为国家对见义勇为的优待会催生更多的见义勇为，具体有88.5%的受访者持上述观点，只有3.3%的受访者明确表示不赞同，剩下8.2%的受访者保持中立。另一方面，有52.4%的受访者认为不论是否有政府的优惠政策，他们都会实施见义勇为行为，可见还是有超过半数的民众社会责任感较强；有6.1%的受访者会因为优惠足够诱人而去实施见义勇为，此部分占比太小，证明当下见义勇为的优惠还不够；有41.2%的受访者忌惮于被讹诈，其中37.0%的受访者在保证不被讹诈的情况下会见义勇为，4.2%的受访者认为被讹诈的风险始终存在，可见被救助人的讹诈已经成为阻碍公民见义勇为的重要现实；剩下0.4%的受访者认为事不关己，不会实施见义勇为，此部分人数较少，不是主流观点，可以忽略不计。

其三，具体到见义勇为奖励的具体措施，可分为两个层面来分析。一是各奖励措施中未选择的比例，其中奖金（13%）未选择的比例最高，说明民众都认为奖金应作为见义勇为的奖励之一，其余的住房优惠（72.5%）、子女教育优惠（68.1%）、税收优惠（69.3%）、抚恤金（40.3%）、扶持就业（43.5%）、法律援助（45.4%）未选择的比例较高，这也反映了重庆市当下针对见义勇为奖励措施配套严重不足，而这些措施急需要在条例修订中明确。二是各项奖励措施对见义勇为激励的顺位问题，根据柱状图分析可得，各奖励措施排名从第一顺位到第六顺位应当是奖金（59.9%）、抚恤金（38.3%）、住房优惠（22.1%）、子女教育优惠（24.6%）、税收优惠（26.6%）、扶持就业（31.2%）、专项档案（41.3%）、法律援助（50.7%）。上述顺序反映了重庆市民众对于见义勇为奖励措施对见义勇为的激励程度的认识，可为具体奖励措施的制定提供一定的指导。

后　　记

2020 年 12 月，中共中央印发了《法治社会建设实施纲要（2020—2025）》，要求"完善弘扬社会主义核心价值观的法律政策体系，加强见义勇为、尊崇英烈、志愿服务、孝老爱亲等方面立法"。这是因应"鼓励见义勇为，弘扬社会正气"的现实需要，南京"彭宇案"、佛山"小悦悦案"、万州"公交车坠江案"、福州"赵宇案"、"江歌案"所折射出的严峻社会问题就是明证。事实上，早在 2017 年公安部就公布了《见义勇为人员奖励和保障条例（草案公开征求意见稿）》，截至目前已有 31 个省、自治区、直辖市出台了有关见义勇为的条例或者规章，地方实践积累了大量见义勇为案例，学界针对见义勇为相关法律制度已有较为丰富的研究成果，这些条件为见义勇为全国性立法奠定了基础。

本书在归纳梳理国家和地方立法基础上，结合学界已有研究成果，辅之以各个地方见义勇为实践案例，起草了《见义勇为人员奖励和保护法（专家建议稿）》并阐述了立法理由。通过研究，建议全国性见义勇为立法应当首要解决见义勇为的概念界定问题，即见义勇为应当具有三个要件：一是无法定或约定的救助义务；二是见义勇为行为应当具有利他性和危险性；三是见义勇为的行为结果应当弱化。针对具体制度构建，建议重点设置如下规则：建立见义勇为工作联席会议机制；明确见义勇为行政确认可诉；增添见义勇为人员政策优待的种类（新增录用优待、税收优待、户籍优待、出行优待）；将见义勇为政策优待扩展到见义勇为人员的配偶、父母和子女；明确可能评定为见义勇为人员的紧急救治；见义勇为专项基金对于因见义勇为负伤产生费用的先行垫付；保护见义勇为人员的公益诉讼；见义勇为造成第三人损害由见义勇为基金适当补偿。期望这些建议能为全国人大立法提供有价值的参考。

本书是中国法学会 2021 年度部级法学研究课题"《见义勇为人员奖励和保护法》立法建议稿研究"的结项成果，也是 2021 年重庆市社会科学规划青年项目"《重庆市见义勇为人员奖励和保护条例》适用研究"、2021 年重庆市教育委员会人文社会科学规划项目"民法典见义勇为条款司法适用研究"阶段性成果，还是 2018 年中共重庆市委政法委员会委托项目"《重庆市鼓励公民见义勇为条例》修订起草"、2018 年重庆市研究生科研创新项目"鼓励见义勇为法律制度研究"、2019 年重庆大学中央高校基本科研项目"紧急救助保护的法律制度研究"的后续研究成果。除本书作者外，重庆大学杨春平教授和吴如巧教授、西南政法大学张力教授和唐旭博士、重庆电子工程职业学院马笑春副教授、重庆市司法局李建勋一级巡视员、中共重庆市委政法委员会赵佩处长、重庆市人大谢清清同志、兰州大学祝睿博士以及重庆大学何文浩、陈洁斌、贺永豪、孙一平、文晓露、张元禾、王丹琦、阮思蕴、段力萍、潘悦、郭天爱、程奕、谭铮、毛立志、柳青、张永超、张诚、谭继权、孙静科、刘华栋等同志参加了上述系列课题研究，因此本研究成果也是集体智慧的结晶。上述同志对本课题的顺利完成做了大量工作，在此一并致谢。

宋宗宇　张晨原
2022 年 2 月 8 日